Antonio Carlos M. Mattos

Sistemas de Informação
Uma Visão Executiva

2ª edição

ISBN 978-85-02-09021-7

DADOS INTERNACIONAIS DE CATALOGAÇÃO NA PUBLICAÇÃO (CIP)
(CÂMARA BRASILEIRA DO LIVRO, SP, BRASIL)

Mattos, Antonio Calos M.
Sistemas de informação : uma visão executiva / Antonio Carlos M. Mattos. — 2. ed. — São Paulo : Saraiva, 2010.

Bibliografia.
ISBN 978-85-02-09021-7

1. Administração de empresas 2. Mudança organizacional 3. Sistemas de informação gerencial 4. Tecnologia da informação - Administração I. Título.

09-11236   CDD-658.4038011

Índices para catálogo sistemático:
1. Sistemas de informação executiva :
Administração de empresas 658.4038011

Copyright © Antonio Carlos M. Mattos
2010 Editora Saraiva
Todos os direitos reservados.

Editora
Saraiva

Rua Henrique Schaumann, 270
Pinheiros – São Paulo – SP – CEP: 05413-010
PABX (11) 3613-3000

SAC | **0800-0117875**
De 2ª a 6ª, das 8h30 às 19h30
www.editorasaraiva.com.br/contato

Diretora editorial	Flávia Alves Bravin
Gerente editorial	Rogério Eduardo Alves
Planejamento editorial	Rita de Cássia S. Puoço
Editores	Jean Xavier
	Patricia Quero
Produtores editoriais	Daniela Nogueira Secondo
	Rosana Peroni Fazolari
	William Rezende Paiva
Comunicação e produção digital	Nathalia Setrini Luiz
Arte e produção	Laser House
Capa	Bum Design
Produção gráfica	Liliane Cristina Gomes
Atualização da 4ª tiragem	ERJ Composição Editorial
Impressão e acabamento	Edições Loyola

2ª edição
1ª tiragem: 2009
2ª tiragem: 2014
3ª tiragem: 2014

Nenhuma parte desta publicação poderá ser reproduzida por qualquer meio ou forma sem a prévia autorização da Editora Saraiva. A violação dos direitos autorais é crime estabelecido na lei nº 9.610/98 e punido pelo artigo 184 do Código Penal.

352.987.002.003

Para as minhas filhas.

Sobre o Autor

Antonio Carlos M. Mattos é engenheiro de eletricidade pela Escola Politécnica da Universidade de São Paulo (EPUSP), especialista em Informática pelo Instituto Nacional de Pesquisas em Informática e Automação, França (INRIA) e mestre em Administração pela Escola de Administração de Empresas de São Paulo da Fundação Getulio Vargas (FGV-EAESP).

Ex-aluno de instituições renomadas como Instituto Tecnológico de Aeronáutica (ITA), Instituto de Física da Universidade de São Paulo (IFUSP) e Instituto de Pesquisas Energéticas e Nucleares (IPEN), foi executivo de Informática e também consultor da Organização das Nações Unidas (ONU) em Sistemas de Informação.

É professor da Escola de Administração de Empresas de São Paulo da Fundação Getulio Vargas (FGV-EAESP) e autor de livros e artigos. Tem lecionado Sistemas de Informação e Matemática Financeira.

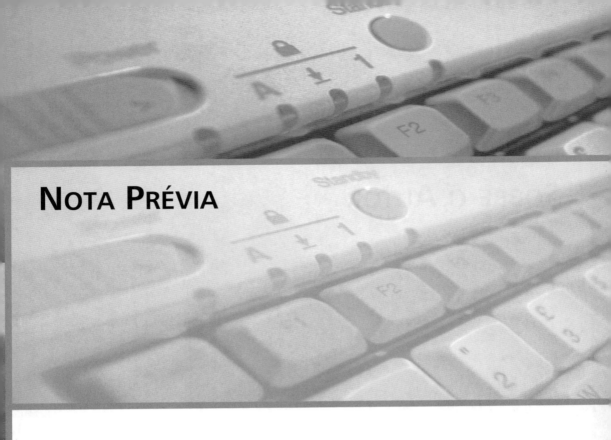

Nota Prévia

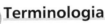

Terminologia

A Tecnologia da Informação (TI), como qualquer ciência, possui termos técnicos específicos. Embora tenhamos evitado abusar dos termos técnicos, alguns precisarão ser usados, como hardware e software, sem tradução adequada em português.

Desde 1945, quando surgiu, o assunto *computador* foi recebendo diferentes nomes:

1. Cérebro Eletrônico;
2. Computador;
3. Processamento de Dados;
4. Informática;
5. Engenharia da Informação;
6. Sistemas de Informação;
7. Tecnologia da Informação.

Esses termos são praticamente sinônimos, exceto pelo fato de que os últimos são mais abrangentes, talvez até demais. Por exemplo, o jornalista e o juiz lidam tipicamente com (complexos) Sistemas de Informação, mesmo que não usem computadores. No entanto, o assunto *Jornalismo* e *Direito* não são incluídos em *Sistemas de Informação*. Na prática, *sistemas* e *tecnologia* têm sido mais associados à *Engenharia*.

Junto com qualquer tecnologia, sempre vem a terminologia, que acaba com o tempo se incorporando à língua, como *leiaute, futebol, deletar, online, know-how, feeling* e tantas outras. Felizmente, nós, brasileiros, não somos tão radicais quanto os franceses, que resolveram traduzir todos os termos de informática, criando palavras como *matériel* para hardware, *logiciel* para software, *octet* para byte etc. Alguns tentaram fazer o mesmo no Brasil ao criar, entre outras, *logicial* e *octeto*, palavras que não são usadas por profissionais de TI. Na França, chegou mesmo a ser proibido haver sites em inglês, o que acabou afugentando compradores internacionais.

Há também alguns jargões *polêmicos*, como *disco senhor* e *disco escravo* (*master* e *slave disk*), que não seguem a atual onda do politicamente correto [1]*.

Os números entre colchetes dentro de cada capítulo representam hyperlinks e seu conteúdo pode ser visualizado no endereço www.saraivauni.com.br.

Dicionários

Para termos específicos de Sistemas de Informação, consulte os dicionários online (via Internet) *What is* [2], *Jargon Lexicon* [3] e *Webopedia* [4].

Use também o excelente dicionário online (local) Babylon [5], desenvolvido em Israel em 1997. Você clica na palavra inglesa e aparece a tradução para o português, e vice-versa. Na versão gratuita, ele instala programas de propaganda em sua máquina, que podem ficar espionando seu comportamento (adware ou spyware) e enviando essas informações para agências de publicidade. Na versão paga, você está livre disso. Afinal, "não há almoço de graça". Aliás, isso é comum em programas gratuitos na Internet (mas alguns também instalam vírus).

Quem é Quem

Conheça as maiores empresas de informática, por vendas [6]. E também algumas pessoas que controlam conhecidas empresas (e o mundo) [7].

Bibliografia

Um bom livro (em inglês) sobre Administração de Sistemas de Informação e que serve como complemento a esta obra é o de Laudon e Laudon, de título *Management Information Systems*, 6ª ed. (2000), 7ª ed. (2002), 8ª ed. (2004, 572 p., formato 8.5" x 11"). A 6ª edição foi traduzida para o espanhol [8].

Introdução

Este livro foi concebido para atingir dois objetivos.

Em primeiro lugar, fornecer ao executivo – a pessoa responsável pelos destinos da empresa – um conjunto de informações sobre Sistemas de Informação, necessário à *tomada de decisões com segurança e conhecimento de causa*.

Em segundo lugar, para servir de *texto básico em cursos de Administração de Sistemas de Informação de 30 horas*, como MBA, mestrado, especialização, graduação e assemelhados.

A consecução desses objetivos se dá por meio das principais características deste livro, apresentadas a seguir:

1. Clareza

Ao usar a linguagem do executivo, evitamos o excesso de chavões e termos técnicos, que somente especialistas da área compreendem. No entanto, por vezes, tais termos têm sido inevitáveis – como hardware e software, sem tradução adequada em português. Nesses casos, uma cuidadosa explicação dos vocábulos, seguida de exemplos práticos, é sempre acrescentada.

2. Relevância

Na infinidade de informações disponíveis sobre Tecnologia da Informação (TI), boa parte é dispensável para a tomada de decisões executivas. Por exemplo, convém saber que o computador necessita de vários componentes para poder funcionar, como impressoras, leitoras de CD etc., mas não é necessário saber como um raio laser lê um CD, que é assunto de engenharia. Assim como, para dirigir um carro, precisamos saber para que serve o pedal do acelerador e o volante, mas não necessitamos conhecer como esses dois componentes são construídos pelos técnicos.

3. Riscos

Toda moeda tem duas faces. No entanto, é muito comum apresentar propostas de investimentos em TI *apenas com suas vantagens*. Os projetos normalmente são constituídos de Balanços sem Passivo. Essa omissão pode levar a grandes prejuízos para a empresa – como mostraremos em inúmeros casos reais – sempre que os riscos ocultos se manifestarem. Ou pode até mesmo conduzir uma empresa à falência, como ocorreu com o Banco Bamerindus, que embarcou na onda do microcomputador, então muito em voga. No último capítulo, apresentamos indicações de casos práticos e reais, que mostram o outro lado da TI: os desastres que ocorreram em conhecidas empresas pela ocultação ou minimização dos riscos envolvidos. De fato, a chance de um projeto dar certo como previsto *não tem passado de* 20%, seu custo geralmente tem sido duas vezes ou mais que o aprovado, e o prazo costuma ser mais que o dobro do estimado, como as estatísticas internacionais têm mostrado claramente. Nesta obra, os riscos envolvidos são sempre apresentados.

4. Praticidade

Este não é um livro especulativo. É um livro *prático e objetivo*, escrito de profissional para profissional e recheado de exemplos reais obtidos de jornais, revistas, da Internet e da própria experiência executiva do autor. São usados para exemplificar e reforçar os conceitos emitidos, mostrando que a afirmação tem embasamento no mundo real. As mais de cem ilustrações também servem para mostrar com imagens o que mil palavras não conseguiriam esclarecer.

5. Síntese

Este livro tem umas 200 páginas escritas *em português*, pelas quais o leitor pode ficar a par do assunto em poucas horas. Embora haja bons livros sobre TI, alguns podem ter de um a três inconvenientes. Em primeiro lugar, *são escritos em inglês*, a segunda língua mais falada no mundo (depois do chinês) e o idioma oficial da Internet. Isso restringe bastante o acesso às informações, já que não é a língua predominante no Brasil. Embora os editores nacionais tenham tentado publicar traduções em português, essas geralmente surgem quando edições em inglês mais recentes já foram lançadas nos Estados Unidos. Esta é uma característica da área de TI: um desenvolvimento rápido demais, em que livros como o Laudon e Laudon (US$ 130) tem tido edições anuais (sua oitava edição, lançada em meados de 2003, veio com data de 2004). Em segundo lugar, os livros da área *são volumosos*, impossíveis de serem lidos em poucas horas. O Laudon de 2004 tem quase 600 páginas em formato grande (22cm x 28cm), o que equivale a umas *mil páginas* em formato normal (16cm x 23cm). Por fim, tais livros *abusam dos termos técnicos*, acabando por serem mais lidos pelo próprio pessoal de TI, o que não é bom, já que um investimento em TI nunca é decidido apenas por seus profissionais, mas envolve também executivos das áreas financeira, de produção, de marketing, jurídica e o próprio presidente. Um consultor comentou certa vez que, "enquanto uma reforma do pátio de estacionamento pode levar horas de discussão, pois todos conhecem o assunto, um investimento em TI, de milhões de dólares, pode ser decidido em poucos minutos".

6. Abrangência

Procuramos incluir em 15 capítulos os assuntos que consideramos mais relevantes para a tomada de decisões, tentando não deixar nada de lado. No entanto, se algum item importante tiver sido omitido, solicitamos ao leitor nos informar via e-mail (acmmattos@editorasaraiva.com.br), para que o lapso possa ser sanado na próxima edição deste livro (incluindo sua menção, se autorizada). Abordamos assuntos como o significado de TI, tipos de computadores, sistemas operacionais (incluindo a "guerra" Windows *versus* Linux), bancos de dados, Internet e comércio eletrônico, segurança, confiabilidade e desperdício em TI, projeto e implantação de sistemas, inteligência artificial e, por fim, o que o futuro pode nos reservar.

7. Atualidade

Uma área tão dinâmica e inovadora como a TI precisa estar constantemente atualizada, e isso também foi mantido neste livro, que está recheado com notícias recentes. No entanto, informações mais antigas *também* foram incluídas, desde que relevantes. Tal é o caso do foguete Atlas Aegena (Mariner 18), dirigido a Vênus, a um custo de US$ 80 milhões, que teve de ser explodido pela Nasa em 1962 por ter entrado em pane, devido à simples falta de um hífen no seu programa de controle. Esse caso ficou conhecido como "o hífen mais caro da história", e está relatado no capítulo referente à confiabilidade dos sistemas.

8. Modelo de Curso

Como esta obra também pode ser usada em cursos de Administração de Sistemas de Informação, fornecemos, no Apêndice 1, um modelo no qual ela se encaixa como uma luva.

9. Hyperlinks

Um **hyperlink** é um recurso que só existe em páginas da Internet: quando clicamos com o mouse em uma frase (geralmente sublinhada) ou em uma figura, vamos automaticamente para outra página. Como o papel não aceita hyperlinks, estes foram incluídos em www.saraivauni.com.br, onde o leitor poderá ter acesso aos endereços da Internet (www) referenciados neste livro, bem como a inúmeros documentos, tabelas, figuras e até mesmo a um filme em espanhol (que também pode ser baixado da Internet) mostrando como a Rede Global funciona. Esse esquema também permite tornar o livro mais barato e atual. Os hyperlinks estão aqui indicados por um número entre colchetes. Esses números são seqüenciais: [1] [2] etc. *dentro de cada capítulo.*

10. Knoppix

No Apêndice 2, mostramos como trabalhar com documentos confidenciais com alto nível de segurança usando o Knoppix Privacy Edition, um sistema operacional especialmente desenvolvido para essa situação. O Knoppix dispensa o uso do disco rígido e inclui criptografia e editor de textos. Estando em formato ISO (imagem de CD), pode ser baixado da Internet (do site do Knoppix, na França), e gravado diretamente em um CDR, esse usado para dar a partida no computador (*bootable*).

Antonio Carlos M. Mattos

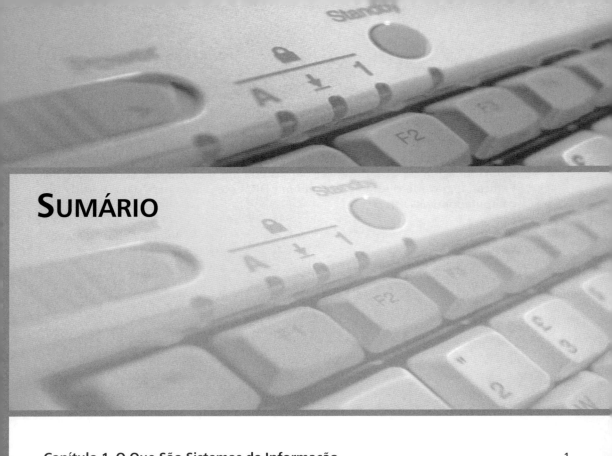

Sumário

Capítulo 1 O Que São Sistemas de Informação 1
    O que é um sistema 1
    Dado, informação e conhecimento 2
    Módulo de comunicação 2
    Memória 3
    Processador 4
    Módulo de controle 4
    Sistema de informação 5
    A rede neural 6
    Sistemas de informação empresarial 7

Capítulo 2 Tipos de Computadores e Suas Histórias 9
    As pedrinhas 9
    Computadores mecânicos 10
    Computadores eletrônicos analógicos 10
    Computadores eletrônicos digitais 11
    Lógica booleana: AND OR NOT XOR 11
    O primeiro computador digital 14
    As três gerações de computadores 15
    A IBM entra no mercado 17
    Surgem os microcomputadores 18
    Computadores portáteis (laptops) 20
    Supercomputadores 21

O monopólio dos Estados Unidos 23

Capítulo 3 Sistemas Operacionais 25

História dos sistemas operacionais 26
Um sistema amigável 27
Surge um concorrente 27
Como dominar o mercado 28
Como segurar o freguês 30
Técnicas de marketing no governo 30
O sistema operacional no controle 30
Linux ou Windows? 31
Máquinas virtuais (*virtual machines*) 35

Capítulo 4 Por Dentro do Computador 37

Três módulos básicos 37
Funcionamento 38

Capítulo 5 Sistemas Integrados e Bancos de Dados 43

O que é um banco de dados 43
Tipos de banco de dados 45
Apoio à decisão (*decision support*) 46
Sistemas integrados 49
Vantagens e desvantagens 50
Vantagens dos sistemas integrados 50
Desvantagens dos sistemas integrados 50
Sistemas integrados comercializados 53
Alerta 54
E-business on demand 54

Capítulo 6 As Redes Globais e a Internet 57

O que é a Internet 57
Conectando computadores 60
Origens da Internet 61
Nomes de domínio 63
Intranet e extranet 64
A Internet-2 65
A Internet e a bolsa de valores 65
Usos da Internet 67

Capítulo 7 O Impacto da Internet na Sociedade 69

Uma mudança cultural 70
Mundo real e mundo virtual 72
Impacto na sociedade 75
Fábricas de brinquedos 76
Empresas que exigem a presença dos trabalhadores no local de trabalho 76
Cirurgia médica 78

Headhunters, firmas de contratação de pessoal e departamento de pessoal 78
Manifestações públicas.. 78
Bibliotecas, editoras, livrarias... 79
Universidades e escolas... 80
Revelação de fotos e filmes cinematográficos. Videolocadoras........................... 82
Jornal, rádio e televisão 82
Agências de publicidade... 83
Cartórios e tabelionatos... 84
Companhias telefônicas, provedores de serviços de
  Internet (ISPs) e radioamadores... 85
Correios, telegramas e fax.. 85
Gravadoras de CDs, lojas de discos 86
Agências bancárias 87
Casa da Moeda... 87
Farmácias e drogarias 88
Lojas comerciais, *shopping centers*, supermercados, fornecedores, atacadistas,
  varejistas, vendedores ambulantes, representantes comerciais...................... 88
Corretores da bolsa de valores 88
Corretores de imóveis 89
Agências de turismo e de viagens 89
Leilões... 89

Capítulo 8 O Comércio Eletrônico.. 91
Uma lucrativa aplicação.. 91
Dois modelos operacionais de comércio eletrônico.. 93
SET: uma transação eletrônica segura.. 94
Propaganda 95
Spam 96
Web design.. 96
Divulgando o site.. 98
O mercado da Internet... 100
Os limites da Internet no Brasil 102
Onze regras para a nova loja... 103

Capítulo 9 A Confiabilidade dos Sistemas de Informação................................... 105
Teoria da confiabilidade.. 105
Tipos de falhas e custos 108
O selo de qualidade da UL 109
Casos reais de falhas no hardware 109
Confiabilidade do software.. 111
Casos reais de falhas de software 113
Confiabilidade do peopleware 116
Casos reais de falhas do peopleware... 116
É ilegal comentar as falhas dos sistemas... 118
Bibliografia 118

Sumário **XV**

Capítulo 10 A Segurança dos Computadores 121

"Lasciate ogne speranza, voi ch'intrate" 121
Outros casos reais 123
Hackers 127
Malwares: vírus, worms, trojans, applets 132
DDoS: ataque por atacado 135
Redes P2P: difíceis de controlar 135
Adware e spyware 136
Scammers 136
Furto de identidade 139
Extorsão 140
Como se proteger 140
Criptografia 143
Trabalhando com documentos sigilosos em segurança 146
Esteganografia 146
Redes estratégicas 147

Capítulo 11 Projeto e Implantação de Sistemas de Informação 149

As etapas do processo 149
Riscos envolvidos 151
As causas das falhas nos projetos 153
Os cargos básicos da área de TI 156
Bibliografia 157

Capítulo 12 O Desperdício na Informática 159

O desperdício 159
Causas do desperdício 159
Os beneficiados com o desperdício 163
Evitando o desperdício 164

Capítulo 13 Inteligência Artificial 165

Origens da inteligência artificial 165
Tipos de inteligência artificial 167
Redes neurais artificiais (*artificial neural networks* – ANNs) 170
As redes neurais 172
Modelagem matemática do cérebro 174
Como a rede neural aprende 176
As origens das redes neurais artificiais 177
Aplicações práticas 179
Vantagens e desvantagens das redes neurais 179
Bibliografia, software, links 181

Capítulo 14 O Futuro dos Sistemas de Informação 183

O choque do futuro 184
Computadores e Internet geram desemprego? 185
Profissões novas e obsoletas 189

O Grande Irmão 191
A informática banalizada 195
Integração das mídias 195
Comunicação sem fio... 196
Divisão digital 196
Doze regras para vencer na era digital 197
Terceirizar ou fazer em casa? 198
Dez revoluções tecnológicas 199
Mantenha-se atualizado sobre o futuro 200

Capítulo 15 Casos Práticos em Sistemas de Informação........................ 201

Apêndice 1 Programa de um Curso de Administração de Sistemas de Informação 203
Objetivo.. 203
Critério de avaliação 203
Bibliografia 204
Programa.. 204

Apêndice 2 Trabalhando com Documentos Sigilosos em Segurança.................. 205
Introdução... 205
Preparando seu notebook.. 207
Usando o Knoppix pela primeira vez 209
Configurando o primeiro PenDrive... 209
Configurando o segundo PenDrive 210
Criando o documento sigiloso 210
Usando o Knoppix outras vezes 211
Usando um CDR com dados externos 211
Configurando o teclado... 212
Considerações Finais... 213

Bibliografia 215
Índice Remissivo 219

CAPÍTULO **1**

O QUE SÃO SISTEMAS DE INFORMAÇÃO

Costumamos separar o mundo concreto da matéria do mundo abstrato das idéias. No entanto, não há nada mais abstrato do que a matéria, constituída de um espaço quase vazio, onde existem minúsculas partículas, que também podem não ser partículas, mas ondas, que nunca se sabe ao certo onde se encontram, nem que velocidade têm. Também, a matéria só existe porque nós existimos. E, quanto ao tempo, o que chamamos de "agora" não passa de uma ilusão.

*Modernos princípios da Mecânica Quântica
e da Teoria da Relatividade de Einstein.*

O Que é um Sistema

Um dos termos mais utilizados na era digital é *sistema*.

Um **sistema** é constituído de dois elementos: uma *coleção de objetos*, por um lado, e uma *relação lógica entre eles*, por outro. Esses elementos físicos e lógicos fazem com que o sistema se comporte como um *organismo*.

Assim, o *Sistema Bancário* é constituído pelos Bancos (objetos), que seguem uma série de regras e leis específicas do setor (relação lógica). O *Sistema Solar* é constituído pelo Sol e seus planetas (objetos), que seguem as leis gravitacionais de Newton (relação lógica). Um *Sistema de Informação Empresarial* é constituído por uma série de emissores e receptores de dados, conectados por canais de comunicação (objetos) por onde fluem dados relacionados com o funcionamento da empresa (relação lógica).

Observe que um Sistema de Informação *não precisa ter computadores* para o seu funcionamento, como, aliás, ocorria antes de 1945.

Por outro lado, um pacote de dinheiro não é um sistema (não há relação lógica estabelecida), assim como o Direito Romano também não é um sistema (são relações lógicas que não se aplicam a nenhum objeto).

> Para quem gosta de Matemática, existe uma definição rigorosa de sistema em Ellis e Ludwig *Systems Philosophy*. A definição também está exposta em *System Engineering Handbook*, de Robert Machol (Ed.), McCraw-Hill, 1965, p. 1-12.

Dado, Informação e Conhecimento

Dados: "Theremin 1919 Leon instrumento".

Os **dados** são armazenados dessa forma em um arquivo. *Não têm qualquer significado para as pessoas, muito menos* para os computadores. São armazenados unicamente como uma seqüência de bits (*binary digits*): 100101..., obtidos por meio de uma tabela, como a Tabela ASCII [1]. Assim, por exemplo, o número decimal 1 é armazenado internamente na memória como o número binário 0011 0001 (ou 49, em decimal). Mas há também outras formas de representação.

> A Tabela ASCII (American Standard Code for Information Interchange), ou Código Padrão Americano para Intercâmbio de Informação, converte os símbolos que conhecemos (letras, números etc.) para um código binário (1's e 0's), que é o *único* que o computador aceita. É muito usada em microcomputadores. Há também outras tabelas, como a *Tabela* EBCDIC (*Extended Binary--Coded Decimal Interchange Code*), ou Código de Intercâmbio Decimal Estendido Codificado em Binário, usada em mainframes (computadores de grande porte) da IBM, e a *Tabela Unicode* (*Unicode Worldwide Character Standard*), ou Padrão Mundial de Código Único para Caracteres, uma extensão da Tabela ASCII para incluir tanto o alfabeto latino como os não latinos de 24 linguagens diferentes, como o russo, árabe, chinês etc. Por meio dela, pode-se ler um texto em russo ou em chinês na Internet.

Informação: "Em 1919, Leon Theremin inventou o instrumento musical Theremin".

Somente as pessoas têm condições de transformar um dado em **informação**, por meio de sua *interpretação*. Essa é geralmente fornecida por quem gerou os dados. Assim, a frase comum "as informações armazenadas no computador" não faz sentido. Se você recebe um relatório ou uma planilha, e não há uma explicação do seu significado, você está recebendo dados inúteis, e não informações.

Outro exemplo: radioastrônomos estão continuamente varrendo os céus em busca de comunicação inteligente. Recebem muitos dados pelo rádio, mas nenhuma informação (pelo menos até agora).

No entanto, se você quiser que um texto inteligível se transforme em dados desconhecidos para terceiros, como no caso de um e-mail ou relatório confidenciais, então você deve *encriptá-los*. Nesse caso, somente quem conhecer a sua senha poderá decriptar (decifrar) o seu documento. Veja o Capítulo 10 e o Apêndice 2.

CONHECIMENTO: um texto sobre a história do Theremin [2].

Aqui, um *conjunto de informações interligadas e logicamente relacionadas* transforma-se em um **conhecimento**, um nível mais elevado do que um mero conjunto de informações. Outro exemplo de conhecimento: Teoria da Administração.

Módulo de Comunicação

A comunicação se dá por meio de quatro elementos: emissor, receptor, canal e protocolo, assim conectados:

Capítulo1 • O Que São Sistemas de Informação

Emissor → canal de comunicação com protocolo → receptor

O **emissor** (*information source*) emite dados codificados, por meio de ondas de rádio, sonoras etc.

Os dados não devem ser confundidos com o *suporte dos dados*. Por exemplo, aqui neste texto que você está lendo, o "suporte" são as *ondas luminosas* (eletromagnéticas) que seus olhos estão recebendo deste papel, e os dados são os sinais lógicos que seu cérebro está assimilando, resultado da *variação* das ondas luminosas (intensidade e cor). *Sem variação não há informação*. Assim, *os dados são abstratos e os suportes são físicos*.

O **receptor** (*information receiver*) recebe os dados, passando-os para a frente.

O canal de comunicação (*communication channel*) é o meio *físico* pelo qual passam os dados do emissor para o receptor. Pode ser de fibras ópticas, ar, água (sonar) etc.

O **protocolo** (*protocol*) é uma *linguagem comum* entre o receptor e o emissor, inteligível para ambos. Por exemplo, este texto somente está sendo entendido por você porque usamos um protocolo comum – a língua portuguesa – entre o emissor (este livro) e o receptor (o leitor). Se o protocolo não for conhecido por um dos dois, a comunicação não será possível. Exemplo: um orador falando em chinês para uma platéia brasileira.

A codificação realizada pelo emissor e pelo receptor é sempre baseada no protocolo *comum entre ambos*, para que possam se entender. É por isso que às vezes um equipamento não consegue se comunicar com outro: seus protocolos são diferentes.

Um exemplo de **módulo de comunicação** é uma aula expositiva com um emissor (professor), um canal (o ar), um protocolo (língua portuguesa) e um receptor (aluno).

Memória

Memória é um dispositivo físico que *armazena dados* durante certo tempo (curto ou longo). Exemplos: cérebro humano, folha de papel, parede de uma caverna com inscrições arqueológicas, DVD (*digital video disc*), RAM (a *random access memory* dos computadores), discos magnéticos (*hard disks*) etc. Os dados ficam armazenados segundo certo formato (como se fosse um protocolo), para que possam ser depois lidos e entendidos. Por exemplo, em formato TXT, PDF, EXE, GIF etc. Sem que se conheça esse formato, o arquivo não pode ser decodificado. No padrão Windows, o formato faz parte da extensão do arquivo. Em Linux e Unix, o formato está codificado dentro do arquivo, sem necessidade de extensões.

Na pirataria de multimídia, arquivos de música e de filmes são intercambiados em formatos TXT, GIF etc., dificultando o rastreamento. Ao receber o arquivo, o usuário simplesmente troca a extensão de TXT, GIF etc. para MP3, MPEG, VCD etc. Naturalmente, muitos arquivos são encriptados com WinZip, CripText ou PGP, impedindo sua identificação e seu controle.

Processador

Processador é o dispositivo responsável pela *transformação dos dados de entrada (input) em dados de saída (output)*. Por exemplo, ao se realizar uma soma no computador, as parcelas vão para o processador (CPU — *central processing unit*), que as transformam na respectiva soma. O cérebro humano também opera como um processador quando estamos pensando, embora os neurocientistas ainda não saibam onde se localizam a memória e o processador (se é que se localizam em algum lugar fixo).

Módulo de Controle

Quem primeiro abordou sistematicamente esse assunto foi o matemático Norbert Wiener em seu livro *Cibernética ou controle e comunicação no animal e na máquina*.

Todos os entes animados, dotados de alguma inteligência, sejam eles reais — animais ou vegetais — ou virtuais — empresas, organizações, associações, clubes etc. — estão continuamente processando dados e informações com um objetivo específico: ter um comportamento ora defensivo, ora ofensivo, ora inerte, como o seu único meio de sobrevivência. Esse comportamento é resultado da existência de um módulo de controle em seu organismo (do grego *órganon*: hábil, ativo, esperto).

Todo módulo de controle é constituído de quatro elementos básicos (ver Figura 1.1).

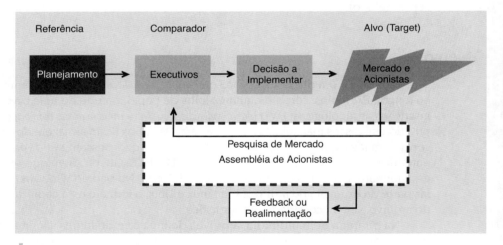

FIGURA 1.1 Um sistema de controle empresarial

1. Alvo (target)

É constituído pelo *mercado*, a ser satisfeito e controlado, e pelos *proprietários* (acionistas ou cotistas), a serem atendidos em suas reivindicações.

2. Realimentação (feedback)

São as informações oriundas do alvo, que dizem respeito ao desempenho da empresa. Exemplos: pesquisas de mercado, satisfação dos consumidores, expectativas dos proprietários, cotação das ações na Bolsa de Valores, atitudes dos competidores, situação política e econômica nacional e internacional, tendências do mercado etc.

3. Referência ou objetivo a ser atingido (reference)

São as informações que fazem parte do planejamento empresarial, definindo o estado em que o alvo (*target*) deve permanecer, tais como a fatia de participação no mercado, o nível de preços dos produtos, a rentabilidade mínima do capital da empresa, as decisões das assembléias dos proprietários etc.

4. Comparador (comparer)

É *o trabalho realizado pelos executivos da empresa*. Recebem as informações do planejamento (input), comparam-nas com as informações relativas ao alvo (*feedback*) e, havendo discrepâncias entre ambas, produzem informações corretivas (output) — as *decisões executivas* —, que procuram levar o alvo ao seu estado esperado (como definido no planejamento).

Note-se que o trabalho de um executivo é tipicamente *o de uma* CPU: recebe informações de entrada, processa-as e gera informações de saída. Assim, *a matéria-prima do executivo são as informações*, exatamente aquelas produzidas pelo Sistema de Informações Empresarial. Se essas informações forem deficientes, falsas ou deformadas, suas decisões também serão falhas, impedindo que o objetivo seja atingido no alvo.

Naturalmente, jamais as informações que fluem pelo Sistema de Informação serão precisas, perfeitas e completas, o que acarretará, em conseqüência, imprecisões nas tomadas de decisão. Além do mais, o alvo é dinâmico e está sempre *mudando de posição*, um complicador adicional para o executivo.

Saber contornar essas dificuldades informacionais e manter o alvo próximo dos objetivos traçados é a receita básica para o executivo se manter no cargo e a empresa progredir.

Sistema de Informação

Um **Sistema de Informação** é um sistema especializado no processamento e na comunicação de dados (máquinas) ou de informações (organismos vivos).

É constituído por um conjunto de *módulos* (objetos) de comunicação, de controle, de memórias e de processadores, *interligados* entre si por meio de uma rede com protocolo comum. As relações lógicas entre esses módulos são definidas pelos *programas* executados pelo Sistema de Informação.

É importante frisar que as *pessoas também são parte integrante desse sistema*, embora por vezes se costume esquecer esse importante detalhe. De nada adianta investir grandes montantes em equipamentos, *se as pessoas não estiverem preparadas para aceitá-los e usá-los adequadamente*. Por mais *high-tech* que sejam as máquinas, o sistema, como um todo, não funcionará a contento, com os conseqüentes prejuízos para a empresa, que terá um Sistema de Informação deficiente.

A Rede Neural

Um exemplo de Sistema de Informação — talvez o mais complexo e perfeito que exista — é o sistema nervoso do corpo humano, também chamado de rede neural humana.

Seus inputs (entradas) são as informações que lhe chegam do meio ambiente por meio dos seis orgãos dos sentidos: olfato (nariz), audição (ouvidos), gustação (língua), visão (olhos), tato (pele e músculos) e *sexto sentido* (telepatia, premonição, *feeling* e outros fenômenos conhecidos, mas ainda não explicados).

Os outputs (saídas) são constituídos pelos movimentos musculares e pela fala.

Seis inputs e dois outputs tem o corpo humano. Como diz um ditado chinês, "fomos feitos mais para ouvir do que para falar".

Os canais de comunicação são os nervos (axônios e dendritos).

A memória e o processador se encontram espalhados pelo sistema nervoso, mais concentrados no cérebro e no cerebelo.

O funcionamento dessa rede neural, muito sofisticada e *infinitamente* mais avançada que os computadores, ainda é desconhecido pelos neurocientistas. Seu princípio de funcionamento, embora aparentemente digital, baseia-se em processamento paralelo, oposto ao da maioria dos computadores, que tem processamento serial (isto é, realiza uma operação de cada vez). A velocidade de processamento do cérebro é baixa — cerca de 100 sinais por segundo — mas, por operar em paralelo, ele consegue realizar até 10 quatrilhões de operações por segundo, com seus 100 bilhões de neurônios.

> Mais detalhes sobre o cérebro humano pode ser visto em "100 Bilhões de Neurônios", de Roberto Lent, Editora Ateneu, 2001.

Como comparação de velocidades, um dos mais rápidos computadores da atualidade, o supercomputador Cray X1 [3], chega a processar 52 trilhões de operações por segundo (Tflops), usando 4.096 CPUs de 64 bits rodando em paralelo (*massive parallel processing*), com até 66.000 gigabytes de memória RAM.

Mas, até o momento, o máximo que se conseguiu dos computadores, em termos de comportamento inteligente, foi o mesmo que de uma criança com poucos anos de idade. Mas já há algumas exceções: o Deep Blue [4] da IBM ganhou uma competição internacional de xadrez, jogando com o grande mestre Garry Kasparov.

Sistemas de Informação Empresarial

A Figura 1.2 mostra, de forma simplificada, um Sistema de Informação Empresarial, notando-se a interligação dos vários departamentos — finanças, produção, marketing etc. — e seu relacionamento com o principal ambiente externo – os proprietários (acionistas) e os clientes (mercado).

Assim como nas redes neurais, em que qualquer perturbação ou mau funcionamento redunda em deficiência comportamental das pessoas (neurose, demência, disfunções), também nas empresas as falhas de seus sistemas de informação podem levar à perda de competitividade ou mesmo à morte (falência). Os vários casos reais que serão vistos mais adiante mostram os efeitos danosos dessas anormalidades.

Um sistema de informação saudável é fundamental para o bom desempenho da empresa. Observemos novamente que ele inclui *máquinas* e *pessoas*.

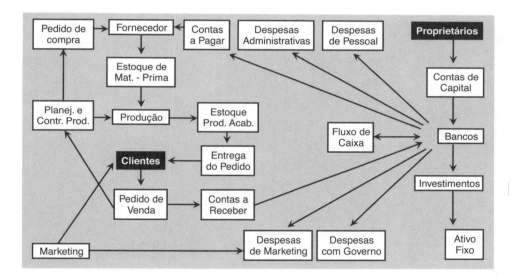

FIGURA 1.2   Uma indústria vista como um Sistema de Informação

CAPÍTULO 2

TIPOS DE COMPUTADORES E SUAS HISTÓRIAS

O computador surgiu para resolver problemas que antes não existiam.

As pessoas sempre quiseram transferir para as máquinas os trabalhos tediosos, repetitivos e não criativos. De fato, utilizar o sofisticado cérebro humano para tais atividades é como tentar matar uma mosca com uma bomba atômica.

A primeira tentativa bem-sucedida dessa transferência se deu com a Revolução Industrial, na época da Revolução Francesa, quando os músculos foram substituídos pelas máquinas a vapor: locomotivas do tipo maria-fumaça (ou, como diziam os índios, "o fumegante cavalo de ferro"), navios a vapor como o famoso Titanic ("Nem Deus consegue afundá-lo", segundo seu soberbo fabricante), guindastes e muitas outras.

Um outro trabalho cansativo, candidato à substituição, eram as operações aritméticas: somar, multiplicar, contar etc.

As Pedrinhas

Desde tempos imemoriais, as pessoas têm lançado mão de pedrinhas para ajudar a fazer contas (pedrinha, em latim, é *calculus*). Ainda hoje as crianças aprendem a contar com bolinhas enfileiradas em um eixo, chamado de *ábaco* (do latim *abacus*, tabuleiro de jogo).

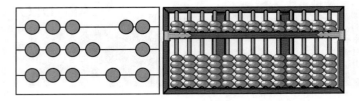

Bolinhas de Cálculo   Soroban

Os chineses aprimoraram essa idéia criando o *soroban* no século XVI.

Computadores Mecânicos

Seguindo a linha da Revolução Industrial, logo se começou a pensar em construir máquinas para calcular. Associando-se engrenagens a mostradores, como nos odômetros mecânicos dos automóveis, pode-se realizar somas ou subtrações. Como a multiplicação (ou divisão) é obtida por somas (ou subtrações) com deslocamentos (*shifts*), as quatro operações se tornam possíveis a partir da soma e da subtração apenas.

> Um odômetro, em que se vê no painel quantos quilômetros o carro já rodou, consiste em um cabo que vai girando junto com a roda; essa rotação é transmitida a pequenas engrenagens que fazem com que o mostrador do painel aumente 1km a cada x voltas da roda (x depende do diâmetro da roda). Esse instrumento nada mais é que um somador.

Tais máquinas foram muito usadas até os anos 70, como as caixas registradoras e calculadoras da Facit, Remington e Olivetti.

Computadores Eletrônicos Analógicos

Com a invenção da válvula eletrônica (*vacuum tube*) por Lee De Forest, em 1906, novas possibilidades se abriram. Por meio de circuitos eletrônicos foi possível realizar operações aritméticas. Por exemplo: se aplicarmos dez volts em dois resistores iguais, ligados em série, a voltagem no meio dos dois será de cinco volts, ou seja, esse circuito serve para dividir um número por dois.

Com isso foram criados os primeiros **computadores analógicos**, em que o usuário montava os circuitos de acordo com as contas que desejava fazer. A vantagem dessa nova máquina era uma velocidade milhares de vezes maior que a das mecânicas.

> *Analógico* (do grego *análogos*, proporção) quer dizer que os números variam continuamente, como nos antigos *relógios de corda*, em que os ponteiros se movimentavam suavemente no mostrador. Em oposição, *digital* (do latim *digitus*, dedo, que é usado para contar) significa que os números vão "pulando" de um valor para outro, como nos relógios digitais: 1, 2, 3 etc.

Capítulo 2 • Tipos de Computadores e Suas Histórias   11

Válvula eletrônica com cerca de 10cm de altura.
As válvulas foram inventadas porque *Lee De Forest* notou que, soldando um fio no bulbo
de uma lâmpada incandescente, por esse fio atravessava uma corrente elétrica,
que vinha do filamento, passando pelo vácuo interno da lâmpada.

Computadores Eletrônicos Digitais

Durante a Segunda Guerra Mundial, outra inovação ocorreu, com o desenvolvimento dos **circuitos digitais**, em que as voltagens só podem ter dois valores: zero volts ou x volts, sendo x definido pelo engenheiro projetista (nos computadores, x costuma ser igual a cinco volts). Um computador construído com tais circuitos é chamado de computador digital (em oposição ao analógico) e só trabalha com os números 0 (que equivale a 0 volts) e 1 (x volts). Os computadores mais conhecidos atualmente são todos digitais, bem como as máquinas de calcular de bolso que se compram nos supermercados.

Lógica Booleana: And Or Not Xor

Fazer contas aritméticas com circuitos digitais só foi possível graças à invenção da **lógica booleana**, pelo matemático George Boole (1815-1864). O nome é complicado, mas sabemos o que é isso, pois já nascemos com essa lógica "gravada" em nosso cérebro. Afinal, *é com ela que raciocinamos diariamente*.

Na lógica booleana, quando uma afirmação é verdadeira (TRUE), atribuímos a ela o número 1 (por convenção). Se ela for falsa (FALSE), vale 0.

Assim, admitindo ser verdadeira a afirmação "Maria é morena", então:

Maria é morena = 1.

Se quisermos negar uma afirmação, usamos a operação booleana NOT:

NOT (Maria é morena) = Maria não é morena = 0

ou, o que dá na mesma:

NOT (Maria não é morena) = Maria é morena = 1

ou seja: NOT 1 = 0 e NOT 0 = 1.

Essas duas expressões significam simplesmente que "o oposto de uma afirmação verdadeira é sempre falsa, e vice-versa".

Outra operação booleana é o AND.

Quando dizemos que "Maria é morena" e "Maria não é morena" (uma contradição), o resultado desse raciocínio é falso, pois Maria não pode ser morena e, ao mesmo tempo, não ser morena. Assim, o cálculo booleano fica:

(Maria é morena) AND (Maria não é morena) = 0

ou seja: 1 AND 0 = 0.

Pela mesma razão, dizemos que:

(Maria não é morena) AND (Maria é morena) = 0

ou seja: 0 AND 1 = 0.

Agora, se dissermos que "Maria é morena" e, ao mesmo tempo, que "Maria é morena", então o resultado do raciocínio será "Maria é morena", o que é verdade:

(Maria é morena) AND (Maria é morena) = 1

ou seja: 1 AND 1 = 1.

Finalmente, dizendo que "Maria não é morena" e também que "Maria não é morena", concluímos então que "Maria não é morena", uma afirmação falsa, como já vimos:

(Maria não é morena) AND (Maria não é morena) = 0

ou seja: 0 AND 0 = 0.

Dessa forma, acabamos de construir, como se vê no Quadro 2.1, a *tabuada do AND* da lógica booleana:

QUADRO 2.1   Tabuada do AND da lógica booleana

Primeira variável booleana	Segunda variável booleana	Operação AND
0	0	0
1	0	0
0	1	0
1	1	1

Observemos que ela é idêntica à *tabuada da multiplicação*, como aprendemos na Aritmética.

Embora pareça incrível, um computador digital, por mais complexo que seja, precisa apenas destas duas operações para funcionar: NOT *e* AND.

De fato, qualquer operação aritmética (ou lógica) pode ser reduzida a uma combinação de NOTs e ANDs em uma *expressão booleana*.

Existem mais duas operações booleanas, OR e XOR, o que resulta nas quatro operações, como na Aritmética. Os engenheiros também costumam usar essas operações na construção dos computadores, dependendo da conveniência.

O OR é o nosso *ou*, como na frase: "Maria gosta de laranja OU de maçã", entendendo-se que ela pode gostar de uma delas ou de ambas. A frase booleana é:

Capítulo 2 • Tipos de Computadores e Suas Histórias **13**

Maria gosta de (laranja OR maçã).

O XOR (*exclusive or* ou *ou exclusivo*) é usado quando apenas uma das alternativas deve ser escolhida, como na frase: "Maria pode cursar Engenharia ou Medicina" (mas não consegue freqüentar ambas as faculdades ao mesmo tempo). A expressão booleana fica:

Maria pode cursar (Engenharia XOR Medicina).

As tabuadas do OR e do XOR são obtidas de forma semelhante à do AND, como visto acima.

> O computador só trabalha com dados contendo 0 ou 1. Por exemplo, o número 2 é representado por 0011 0010. O digito 0 ou 1 é chamado de bit (*binary digit* ou *digito binário*). Assim, o número 2 tem 8 bits. Alem disso, 8 bits = 1 byte. Logo, o número 2 precisa de 1 byte para ser representado. A codificação dos caracteres se encontra na Tabela ASCII [1]. Nela, o número 2 tem o código decimal 50, que em cógido binário é 0011 0010.

Usamos todo dia, talvez sem o saber, expressões booleanas. Por exemplo, as consultas a bancos de dados nada mais são do que expressões booleanas, como neste exemplo: "Listar os funcionários que ganhem mais que um salário mínimo AND que sejam estrangeiros". Os técnicos usam uma linguagem chamada SQL (*structured query language*) para fazer consultas a bancos de dados como o Oracle [2] por meio de expressões booleanas.

Quando usamos o Google [3] na Internet, para procurar alguma informação, também usamos expressões booleanas: "Procurar páginas contendo as palavras informática OU computadores, E que NÃO contenham jurisprudência". Nesse caso, usamos a frase booleana: *Procurar* (*informática* OR *computadores*) AND (NOT *jurisprudência*).

Na página "Pesquisa avançada" do Google, temos o que mostra o Quadro 2.2.

> A Lógica Booleana nada mais é do que a *expressão matemática* de uma ciência desenvolvida na antiga Grécia, denominada Lógica Aristotélica (criada por Aristóteles), ou "as leis do raciocínio correto". A Lógica Formal (como hoje é chamada) costuma ser ensinada nos cursos de Filosofia e de Direito, mas parece estar caindo em desuso. Por exemplo,

QUADRO 2.2 Equivalências na pesquisa avançada do Google

A frase...	... equivale à expressão booleana
com **todas** as palavras *a b c*	AND *a* AND *b* AND *c*
com a **expressão** *a b c d*	AND (*a b c d*)
com **qualquer** uma das palavras *a b c*	OR *a* OR *b* OR *c*
sem as palavras *a b c*	AND (NOT *a*) AND (NOT *b*) AND (NOT *c*) ou então (o que dá no mesmo): AND NOT (*a* OR *b* OR *c*)

Fonte: http://www.google.com.br/advanced_search?hl=pt.

ela ensina que "de duas negações, nada se pode concluir". No entanto, não é difícil encontrar discursos onde conclusões são tiradas justamente de frases negativas.

Posteriormente, a Lógica Formal foi expressa por símbolos lógicos, passando a se chamar "Lógica Simbólica". O livro de Bertrand Russel e Alfred Whitehead, "Principia Mathematica" é um exemplo típico (e ilegível).

Por fim, a Lógica pode ser visualizada pela Teoria dos Conjuntos (Diagramas de Venn), tornando suas leis mais intuitivas.

Uma obra clássica é "Introdução à Lógica", de Irving M. Copi (Ed. Mestre Jou, 1974).

O Primeiro Computador Digital

De maneira geral, a engenharia para construir uma CPU (onde residem as operações básicas realizadas pelo computador) segue dois passos: a) construir a expressão booleana da operação desejada (por exemplo, uma soma aritmética); b) construir fisicamente, na pastilha de silício, um circuito digital que execute essa expressão booleana.

Dizem que "a guerra é a mãe das grandes realizações", e o computador seguiu esse ditado. De fato, foi com o objetivo de realizar cálculos para a construção da primeira bomba atômica que o computador digital foi criado em 1945, com o nome de ENIAC (*electronic numerical integrator and computer*, ou computador e integrador numérico eletrônico). Ele foi desenvolvido pelos engenheiros Eckert e Mauchly, na Universidade da Pensilvânia, Estados Unidos, para o exército norte-americano (Projeto Manhattan).

A máquina era monstruosa: pesava 30 toneladas e consumia 200.000 watts de potência (o chuveiro do box consome uns 4.000 watts). Tinha 19.000 válvulas eletrônicas, e sua programação era feita ligando-se 3.000 conectores nos painéis de controle, de acordo com o programa de cálculo a ser executado. A entrada dos dados era feita por uma leitora de cartões holerite da IBM, e a saída era obtida por uma perfuradora de cartões holerite da IBM. Com uma velocidade de 100 kHz (clock), realizava 5.000 somas por segundo (em 2004, um notebook realizava 2 bilhões de somas por segundo).

A palavra *bug* (erro de computador) surgiu com o ENIAC. Devido ao calor gerado, os insetos (*bugs*) atravessavam as grades de ventilação, procurando um lugar morno para ficar. Mas, ao entrar em contato com os fios, com tensões de 300 volts ou mais, morriam eletrocutados, virando carvão. Como este é condutor de eletricidade (o pólo positivo de uma pilha comum é feita de carvão), provocava curto-circuito dentro do ENIAC, que passava a apresentar erros de cálculo. Os engenheiros explicavam que os erros eram devidos aos *bugs*.

Dr. Eckert conectando cabos no painel de controle do ENIAC.

As Três Gerações de Computadores

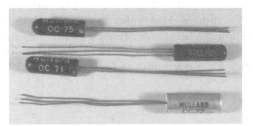
Transistores antigos (1cm de altura, sem as três pernas).

O ENIAC, baseado em válvulas eletrônicas, foi chamado de **computador de primeira geração** (1945-1960). Hoje em dia, uma das poucas válvulas ainda em uso é também a mais conhecida e admirada: o *tubo de imagens* (CRT), pelo qual se assiste aos programas de TV. No entanto, também ela está sendo substituída pelos *displays de cristal líquido (liquid crystal displays* — LCD), já usados nos notebooks.

Em 1948, os prêmios Nobel doutores Bardeen, Brattain e Shockley, cientistas da Bell Laboratories (do grupo AT&T) inventaram uma nova tecnologia revolucionária: o transistor, que rapidamente substituiu as válvulas, por ser bem menor (hoje com dimensões de poucos milímetros), mais rápido, mais barato e por consumir pouca energia elétrica (alguns milésimos de watt, contra uns dez watts de uma válvula).

Os computadores construídos com transistores foram chamados de **computadores de segunda geração** (1960-1964). Nessa geração, um computador mais potente que o ENIAC não ocupava mais que o espaço de umas duas geladeiras (excluídos os periféricos: discos, fitas, impressoras etc.).

Um circuito integrado da Intel (2002).

A **terceira geração**, de 1964 em diante, corresponde aos computadores que utilizam **circuitos integrados** (CI). No CI, um dispositivo inventado em 1958, cabem milhões de transistores em uma área de uns poucos centímetros quadrados. Graças a essa enorme miniaturização, o tamanho e o preço dos computadores caíram vertiginosamente. Hoje, uma calculadora de bolso, muito mais potente que o ENIAC, custa poucos dólares e se compra em supermercados.

Existe a famosa lei de Moore, enunciada em 1965 por Gordon Moore — então diretor de pesquisa da Fairchild e um dos fundadores da Intel —, segundo a qual a integração tem dobrado a cada dois anos (pelos dados de 2000, ver Figura 2.1). Em outras palavras, o volume dos CI tem se reduzido aproximadamente à metade a cada dois anos. É por essa razão que os circuitos internos de um rádio transistorizado de pilha, que tinham, na década de 1960, o tamanho da palma da mão, em 2003 tinham o tamanho da unha do dedo [4].

No entanto, a lei de Moore parece ter chegado ao fim em outubro de 2004, quando o presidente da Intel declarou que a fabricação de CPUs com mais de 3,6 GHz de clock é comercialmente inviável. (V*eja*, 03 de nov. de 2004, p. 64).

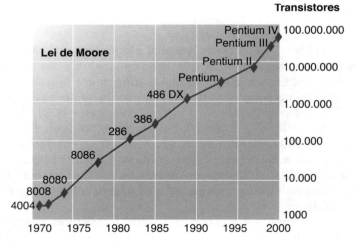

Fonte: www.intel.com

FIGURA 2.1 Lei de Moore

Outro exemplo de compactação é o PC desktop da Hyperdata, com todos os recursos de um PC normal (Pentium-4 de 3 GHz, 256 MB RAM, HD 60 GB, CD-RW, áudio e vídeo), mas do tamanho de seis estojos de CD empilhados (157 x 146 x 58mm) e com peso de 1,1kg (modelo PowerPack 478 SlimDesktop), custando no lançamento (2003) US$ 1.300.

Alguns chamam de **quarta geração** os computadores com CIs de maior nível de integração de componentes (*very large scale integration* — VLSI, ou integração em escala muito grande), mas talvez isso seja apenas um lance de marketing dos fabricantes de computadores.

O PC da Hyperdata, do tamanho de seis estojos de CD empilhados.
Fonte: www.hyperdatabrasil.com

Em uma feira de informática (Comdex), Bill Gates comparou a indústria de computadores com a indústria automobilística e declarou:

"Se a GM tivesse evoluído tecnologicamente tanto quanto a indústria de computadores, estaríamos hoje dirigindo carros que custariam 25 dólares e fariam 420 km por litro".

A resposta da General Motors não tardou:

"Sim, mas vocês gostariam que seus carros quebrassem duas vezes por dia?" [5].

A IBM entra no Mercado

Embora os primeiros computadores digitais tenham sido destinados às pesquisas militares, logo se notou que seriam de grande utilidade nas empresas.

A IBM foi uma das pioneiras no desenvolvimento de máquinas especificamente para uso nas empresas, em que a capacidade de armazenamento (memória, discos e fitas magnéticas) era o principal recurso necessário.

Os primeiros computadores lançados foram da linha /360, na década de 60. O modelo G6 da linha /390 foi lançado em 2003.

Sistemas de Informação – Uma Visão Executiva

Sistema IBM/370, da década de 70. A moça está operando uma unidade de disco (*disk pack*), o rapaz de barba está no console de operação e o de gravata, na impressora. A CPU está à esquerda do console de operação.

Mainframes IBM/390 (CPU), modelos G5 e G6 (ano 2003), sem os periféricos

Essas máquinas podem atingir a casa do milhão de dólares, são de grande porte e se chamam **mainframes**. São destinadas a grandes volumes de processamento, como em sistemas para reserva de passagens aéreas ou para os Bancos.

Surgem os Microcomputadores

Na década de 70, com a popularização dos CIs, muitos hobbistas procuraram montar um computador barato e pequeno, para uso pessoal, desenvolvido na garagem de suas casas. Nascia o **microcomputador pessoal** ou *personal computer* (**PC**).

Um dos primeiros PCs de sucesso foi o Apple-1 ("a maçã" que tirou Adão do Paraíso Terrestre), criado por Steven Wozniak nos Estados Unidos, em 1976, com 4.000 bytes de RAM e velocidade de 1 MHz (clock), ou 2.000 vezes mais lento que um notebook em 2004. Era vendido por US$ 666,66 [6] (o número da Besta do Apocalipse), incluindo apenas a placa interna. O vídeo era uma TV comum. Não usava as caras máquinas de teletipo da época (TTY), mas um barato teclado como o de hoje. O gravador de fita cassete era usado para os arquivos de programa e de dados, como se fazia com as músicas.

Apple-1, feito em casa   Placa interna do Apple-1

Foi a *democratização do computador*, permitindo que empresas pequenas também pudessem usá-lo. O sucesso foi tão grande que logo começou a incomodar os detentores do mercado, principalmente a IBM. A princípio, ela disseminava a idéia de que "isso é brinquedo de criança, para ser usado em joguinhos".

Mas, enquanto ela dizia isso, começava a montar um projeto secreto para o desenvolvimento de um IBM-PC, para combater o Apple. Embora percebendo que iria perder muitas encomendas de seus caros mainframes, a IBM também notou para onde o mercado estava se dirigindo, e não quis *perder o trem*.

O IBM-PC foi lançado em 1981, por cerca de US$ 5.000, configurado para ser usado por empresas médias e pequenas. Também foi um tremendo sucesso de vendas.

O IBM-PC quase acabou por levar a Apple à falência, por uma razão muito simples: enquanto a Apple mantinha o seu monopólio, não licenciando sua tecnologia para ninguém, a IBM permitiu que todos *copiassem livremente* o seu PC. Com isso, o IBM-PC acabou virando padrão no mercado, com preços declinantes, devido à economia de escala. O 666 não deu certo.

No entanto, por ironia do destino, a maior prejudicada pelo PC foi a própria IBM, que teve, pela primeira vez em sua história de mais de meio século, vultosos prejuízos em seus balanços anuais. Ela foi vítima do *downsizing*.

O *downsizing* (redução do tamanho) surgiu também por uma razão muito simples: os acionistas das grandes corporações começaram a perguntar a seus executivos: "Por que vocês gastam milhões de dólares com mainframes, para rodar uma folha de pagamento, se isso pode ser feito com um PC de 5.000 dólares?"

Como não havia resposta para essa pergunta, iniciou-se uma verdadeira guerra dentro das empresas, com os gerentes de processamento de dados tentando a todo custo manter seus privilégios e seus empregos, enquanto os executivos começavam a inundar as empresas com PCs comprados em supermercados. Foi um verdadeiro caos. A onda do *downsizing* foi avassaladora, transformando os mainframes em "dinossauros" [7].

Mas nem tudo estava perdido. Os anos 90 acabaram por mostrar que "a virtude está no meio", pois algumas empresas chegaram mesmo a falir ao entrar na onda do *downsizing*, como o Banco Bamerindus (que contou com a consultoria da Andersen Consulting e depois da Hewlett-Packard) [8].

O que a experiência mostrou é que a máquina deve ser dimensionada de acordo com a aplicação, sem regras radicais. Assim, em situações em que o número de transações é muito grande, o mainframe deve ser adotado, como nos Bancos e nos sistemas militares de defesa. No outro extremo, usam-se PCs nas empresas médias e pequenas. E, nos casos intermediários, equipamentos de porte intermediário (minicomputadores). Esse meio-termo foi chamado de *rightsizing* (tamanho certo) pela IBM.

Não há "receita de bolo" para dimensionar adequadamente computadores. Especialistas devem estudar as necessidades *futuras* e escolher a melhor solução para os próximos anos. O *downsizing* foi mais um modismo em Administração que não funcionou.

> O empresário Antonio Ermírio de Moraes, CEO do Grupo Votorantim, declarou em entrevista: "Sempre procurei não seguir nenhuma moda. Não acredito em nenhum guru. Acredito que 2 + 2 = 4. Tudo o que estiver fora disso me parece esquisito" (*Veja*, São Paulo, 05 nov. 2003).

A tendência que se nota hoje é utilizar mainframes no controle estratégico das redes corporativas e, à sua volta, instalar PCs para uso dos funcionários, com aplicativos *amigáveis*, como o Office da Microsoft. Esses PCs se comunicam com o mainframe, onde também está instalado o banco de dados central da empresa.

Computadores Portáteis (Laptops)

Uma necessidade de muitos usuários, sejam vendedores, empresários, palestrantes etc., é levar o PC consigo. Para isso, a indústria desenvolveu o notebook (*caderno de anotações*), o palmtop (*em cima da mão*) e os telefones celulares com funções de PC (acesso a e-mails etc.).

Tais **portáteis** (laptops) se caracterizam por uma grande miniaturização de seus componentes, que ficam alojados como "sardinha em lata", além de usarem uma tela de cristal líquido (LCD). Isso faz com que, além de eles serem bem mais caros que um desktop (computador de mesa), sua manutenção seja mais cara e especializada: as peças são específicas do fabricante e do modelo do equipamento, não sendo facilmente encontradas nas lojas, como ocorre com o PC. Por essa razão, convém sempre se certificar de que existem oficinas de manutenção na cidade onde reside o usuário.

Os portáteis também estão mais sujeitos ao *obsoletismo planejado* do que os desktops.

> **Obsoletismo planejado** é uma técnica de vendas usada pelas empresas para forçar o consumidor a trocar o equipamento. Consiste em fabricar peças de reposição durante certo tempo, descontinuando depois sua produção. Ao ser interrompida essa fabricação, o equipamento deixa de poder ser consertado, por falta de peças, tendo de ser substituído por um modelo mais recente. O livro *Estratégia do desperdício*, de Vance Packard, analisa essa tática de marketing. Tradução do original

americano The Waste Makers, de 1960. Por exemplo, a HP tentou obsoletar sua calculadora HP-12C, mas teve de voltar atrás, por pressão do mercado. E a Microsoft tentou obsoletar seu Windows 98 em 2003, mas também teve de prorrogar a assistência técnica para esse produto.

Outro problema dos portáteis, principalmente dos notebooks, é que, sendo equipamentos caros, são mais suscetíveis a furto e roubo. Se o usuário tem dados confidenciais em seu notebook, deve mantê-los sempre encriptados, para que não possam ser lidos e entendidos por terceiros (mais detalhes no Capítulo 10).

Certa vez, uma revista publicou o caso de um notebook roubado em uma cidade do interior. Nele havia fotos de festas íntimas, com pessoas conhecidas, que depois apareceram na Internet, causando-lhes muitos problemas. Claro que as fotos não estavam encriptadas.

Supercomputadores

Por fim, existem os **supercomputadores**, os *topline* da informática. São utilizados em aplicações que requerem uma quantidade enorme de *cálculos matemáticos* com máxima *rapidez*. Aí se incluem empresas de projetos avançados, como a Boeing, a NASA e universidades, bem como aplicações militares — segurança do espaço aéreo e simulação de guerras (o filme *War Games* envolve uma situação desse tipo), por exemplo. Há determinados modelos tão poderosos que são classificados como arma estratégica, sendo usados somente pelas forças armadas norte-americanas, como é o caso de alguns modelos do Cray (www.cray.com), um dos primeiros supercomputadores lançados no mercado.

 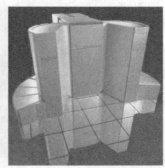

Supercomputador Cray-1 (1980). Supercomputador Cray YMP (1992).

A característica principal dos supercomputadores é o **processamento paralelo** (*massive parallel processing* — MPP), isto é, possuindo centenas de processadores que trabalham em paralelo, ele é programado de tal modo que um complexo programa, seccionado em módulos independentes, tenha cada módulo executado em um processador diferente. À medida que cada módulo termina, seus resultados são enviados aos módulos que dependem desses resultados, como se fosse um jogo de dominó. Aliás, o cérebro humano também usa processamento essencialmente paralelo.

No Brasil, entre outros, usam supercomputadores os Correios, a Petrobras, a Receita Federal, o Instituto Nacional de Pesquisas Espaciais (INPE), a Caixa Econômica Federal (CEF), a TAM e a Empresa Brasileira de Aeronáutica (Embraer). Veja os maiores supercomputadores do mundo no Quadro 2.3.

QUADRO 2.3 Os maiores supercomputadores do mundo (2003)

Nome do Sistema	Hardware e Sistema Operacional	Local	Aplicação	Foto do Sistema
Earth Simulator	Supercomputador NEC. Unix.	Yokohama, Japão.	Meteorologia. Previsão de Terremotos.	
ASCI Q	Rede HP AlphaServer SC. Unix.	Los Alamos, National Laboratory, Estados Unidos.	Pesquisas Militares. Bombas Nucleares.	
Virginia Tech's X	Rede Apple G5. Linux. Grid Computing.	Blacksburg, Estados Unidos.	Pesquisas em Engenharia.	
Tungsten	Rede Dell. Linux. Grid Computing.	National Center for Supercomputing (NCSA), Urbana-Champaign, Estados Unidos.	Pesquisa Científica Avançada.	
MPP2	Rede HP Intel Itanium. Linux. Grid Computing.	Molecular Science Computing Facility (MSCF), Richland, Estados Unidos.	Pesquisas de Biologia e Química Molecular. Projeto Genome (DNA).	

Fonte: www.top500.org.

O Monopólio dos Estados Unidos

Desde a invenção do computador pelos Estados Unidos durante a Segunda Guerra, o monopólio desse país na área se manteve. Os norte-americanos logo compreenderam que os computadores eram uma arma estratégica e criaram uma infra-estrutura tecnológica que se revelou imbatível.

Vários países tentaram competir, sem sucesso. Nos anos 70, a Alemanha, a França (com seu Plan Calcul), o Japão, a União Soviética e o Brasil procuraram fabricar chips de memória e de CPU. Mas a rapidez com que os Estados Unidos realizavam as inovações tornava obsoleta qualquer tentativa de copiar sua tecnologia: enquanto um país tentava fabricar um chip, os norte-americanos já estavam lançando um chip mais avançado, fazendo com que o produto da concorrência não tivesse mercado, pois já estava superado em seu lançamento.

O Brasil tentou ser auto-suficiente nos anos 70 a 90, começando por fechar seu mercado aos produtos de informática importados. Ao mesmo tempo, deu um prazo de uns 20 anos para que a indústria nacional, então sem competidores, pudesse ganhar autonomia e no futuro concorrer internacionalmente com IBM, Intel, Motorola, Microsoft e outras. Essa política se chamou "**reserva de mercado da informática**" e era comandada pelos militares do tempo da ditadura.

A Marinha de Guerra do Brasil, percebendo (corretamente) a importância para as Forças Armadas da auto-suficiência em informática, resolveu apoiar as universidades para o desenvolvimento de um know-how nacional.

> O argumento da Marinha era de que, como seus navios dependiam de computadores importados (da Ferranti inglesa) para funcionar, bastaria que o fornecedor das peças de reposição proibisse a exportação para pôr a pique todo o poder de fogo de seus navios. Era um assunto de *segurança nacional*.

O produto final desse convênio foi o nascimento, na Universidade de São Paulo (USP), do primeiro computador nacional, o *Patinho Feio*, uma alusão ao Cisne Branco, o hino da Marinha brasileira. Sua construção contou com a vinda de um cientista da IBM, Glen G. Langdon Jr., Ph. D. [9], que transferiu seu know-how para a fabricação do minicomputador nacional.

Passados uns 15 anos, o resultado prático da Reserva [10] foi que o consumidor brasileiro se viu obrigado a comprar equipamentos obsoletos a preços até dez vezes mais caros que os do mercado internacional. A Reserva terminou nos anos 90, quando as indústrias nacionais haviam se tornado meras montadoras — a partir de componentes importados (ou contrabandeados) —, mas cujos computadores vinham com um selo da bandeira brasileira na embalagem.

O mercado acabou com a Reserva e recuperou a liberdade. O consumidor voltou a ser soberano. Na mesma época, o Brasil assistiu ao fim da ditadura militar.

CAPÍTULO 3

SISTEMAS OPERACIONAIS

Informação é poder.
Quem está desinformado não tem comando.

Um computador (hardware), ao ser ligado, é um "elefante branco": não serve para nada. Para que ele possa fazer alguma coisa de útil é necessário fornecer-lhe as ordens de execução, estabelecidas pelos *programadores* de computador.

Há dois tipos ordens: a) as de caráter geral, que supervisionam o computador para que ele realize todas as suas tarefas de forma organizada e eficiente; e b) as ordens específicas, como rodar uma folha de pagamentos, uma simulação financeira, receber um e-mail etc.

As **ordens gerais** estão agrupadas no *sistema operacional*. As **ordens específicas** são chamadas de *aplicativos*. O Office da Microsoft, o Media Player para multimídia e o McAfee Internet Security são exemplos de aplicativos.

Hardware é a parte física e palpável do computador: impressora, memória, vídeo, cabos, eletricidade etc. **Software** são as ordens a serem executadas pelo hardware, também chamadas de *programas*. Fisicamente, um programa é um conjunto de 0's e 1's que fica dinamicamente armazenado na memória principal (RAM), enquanto está sendo executado. Cada seqüência de dígitos 0's e 1's (por exemplo 16 dígitos seguidos) é uma ordem de execução para o hardware.

Os usuários costumam dizer que "Hardware é a parte que você chuta, Software é a parte que você xinga".

Existem vários tipos de sistemas operacionais, sendo os mais comuns o *Windows* da Microsoft e o *Unix*, desenvolvido há mais de trinta anos pelo Bell Labs da AT&T e praticamente de domínio público (mas a Microsoft diz que não, como veremos adiante). O Unix deu origem a vários sistemas semelhantes, como o *Linux* (de Linus Torvalds, da Universidade de Helsinki, Finlândia), o AIX (da IBM), o *Solaris* (da Sun Microsystems), o HP-UX (da HP), o BSD (de Berkeley), o SVR4 (da AT&T), o *MacOS* (da Apple) etc.

O Windows é o mais usado nos PCs dos usuários finais (desktops e laptops), enquanto que o Unix é muito usado em mainframes, em PCs que atuam como servidores de redes (controlam redes de computadores), em aplicações científicas e militares (Engenharia, Matemática, Física etc.) e em supercomputadores.

História dos Sistemas Operacionais

Antes dos PCs, cada fabricante (IBM, CDC, Burroughs, Cray) tinha o seu próprio sistema operacional, que já estava incluído no preço do computador (o software da IBM era gratuito, no início, mas depois ela se viu obrigada a vendê-lo).

Quando surgiu o Apple, o sistema operacional era constituído do BASIC e mais um pequeno programa que já vinha gravado em uma memória especial (BIOS). O BASIC mais usado era o desenvolvido por um desconhecido estudante de Harvard chamado Bill Gates.

> O BASIC (Beginner's All-purpose Symbolic Instruction Code) é uma linguagem de programação que foi criada por um professor do Dartmouth College com o objetivo de tornar fácil o ensino da programação. Quanto ao nome BASIC, é comum em informática procurar primeiro um acrônimo sugestivo e depois inventar uma frase correspondente. Mas, por vezes, nenhum nome sugestivo é encontrado, como no caso do conhecido driver para gerenciar scanners, que se chama TWAIN = *Task Without Any Interesting Name* (rotina sem qualquer nome interessante).

Ainda nos anos 70, surgiu um sistema operacional mais elaborado, o CP/M (*Control Program for Microcomputers*), desenvolvido pelo Dr. Kildall, da Digital Research, com mais de 600.000 cópias vendidas (além das pirateadas).

Quando a IBM resolveu entrar no mercado dos PCs (1981), procurou inicialmente Kildall para propor uma associação entre ambos, mas Kildall, talvez com medo de ser "engolido pelo gigante", virou-lhe as costas. A IBM contatou então um desconhecido, mas já bem-sucedido programador de BASIC, chamado Bill Gates, que então desenvolveu um sistema chamado MS-DOS, que foi incorporado ao IBM-PC a partir daí.

> MS-DOS veio de *Microsoft Disk Operating System*, ou sistema operacional residente em disco, da Microsoft, pois o sistema ficava em um disquete, e era carregado para a memória principal toda vez que o computador desse a partida (boot).

Com o sucesso do IBM-PC, e com os direitos autorais do MS-DOS, Bill Gates entrou para a lista dos novos-ricos norte-americanos. O CP/M faliu.

Um Sistema Amigável

O MS-DOS, que ainda hoje existe no Windows (C:\system32\cmd.exe) não é um sistema amigável (*user friendly*) para o pobre usuário do computador, que mal sabe ler inglês. No DOS, cada comando tem de ser escrito em inglês, como se fosse um telegrama para o sistema operacional. Por exemplo:

XCOPY C:%a%* %v%%a%* %x% >> %y%

serve para automatizar um backup (cópia de segurança de arquivos) e gravar o log ("diário de bordo") do que ocorreu.

A Microsoft de Bill Gates [1], já constituída e crescendo vertiginosamente junto com o IBM-PC, resolveu então copiar uma idéia da Apple, que por sua vez já a tinha copiado da Xerox (Palo Alto Research Center): uma interface visual, colorida, cheia de ícones, de sons e de animações, usando um mouse, para facilitar a comunicação do usuário comum com o computador. Esse novo sistema veio a se chamar Windows (janelas), pois cada aplicativo rodava em uma "janela" diferente, um conceito avançado na época do DOS e que veio a ser um tremendo sucesso comercial, dominando hoje cerca de 90% do mercado dos PCs para usuário final (mercado dos desktops e laptops).

Surge um Concorrente

Nesse meio tempo, em 1990, um outro estudante finlandês de informática, Linus Torvalds, pobre e sem dinheiro para comprar um sistema operacional, resolveu ele mesmo desenvolver um para uso próprio. Partindo do Unix (considerado o mais avançado e seguro sistema operacional desde 1969, quando foi criado pela Bell Labs da AT&T), Linus desenvolveu um sistema que se chama LINUX, uma mistura de Linus com Unix. Esse sistema começou a ser distribuído gratuitamente pela Internet e acabou por se tornar uma séria ameaça ao caro Windows da MS.

Para combater essa crescente ameaça, Bill Gates resolveu, em 2003, comprar uma empresa, a SCO (Santa Clara Operation), que tinha os direitos autorais do Unix, embora a própria SCO fosse também uma das distribuidoras do gratuito Linux. Ao mesmo tempo, Bill Gates enviou uma carta aos executivos das 1.500 principais empresas norte-americanas, informando que, se elas usassem o Linux, Unix, AIX ou qualquer outro sistema baseado no Unix, correriam o risco de serem processadas judicialmente por violação de direitos autorais. Ao mesmo tempo, a MS entrou com um processo de US$ 1 bilhão contra a IBM, que comercializa o AIX e distribui o Linux.

A guerra estava declarada. Mas aparentemente nem a comunidade Linux nem a IBM se preocuparam muito com a ameaça, por entenderem-na sem sentido. Vai ser uma longa jornada discutir se partes de um programa foram ou não copiados do Unix, além da complicada discussão da validade ou não dos direitos autorais de um sistema aberto, sem segredos industriais, distribuído e usado pelo mundo todo há mais de trinta anos [2] [3].

Como Dominar o Mercado

O sucesso do Windows e de outros programas (MS Office, Norton AntiVirus etc.) foi conseguido por meio de uma inteligente estratégia de marketing, que pode ser chamada de "*Técnica do Amendoim da Praia*".

Quando estamos na praia, sossegadamente tomando nosso sol de fim de semana, vemos de repente passar um vendedor de amendoim, jogando um amendoim para cada banhista e indo embora.

Sendo o amendoim de graça, nós o abrimos e comemos. Entretanto, como "para comer e coçar, basta começar", logo ficamos com vontade de comer outro amendoim. Nesse momento o vendedor está de volta, *vendendo* saquinhos de amendoim para todos. Um sucesso de vendas. Como dizia São Francisco de Assis, "É dando que se recebe".

Semelhante técnica tem sido usada por alguns fabricantes de software, seguindo o pioneirismo da IBM com seu PC.

Inicialmente, o fabricante pode lançar um produto e começar a vendê-lo, ou então a distribuí-lo gratuitamente. Se o produto for útil e interessante, logo começa a se espalhar. Se for vendido, usuários começam a pirateá-lo (tirar cópias do original sem pagar nada): o fabricante não se importa com isso [4].

Adicionalmente, o fabricante distribui para as universidades e escolas cópias gratuitas (ou com 90% de desconto) para serem usadas pelos professores. Ou então oferece "free downloads" de versões Demo (demonstração) ou Student Edition (edição do estudante). São as *licenças educacionais* do produto. Os professores começam a usar o produto e a ensinar seus alunos a usá-lo. Como eles são *formadores de opinião*, logo começam a ampliar o mercado para o produto, pois esses alunos, ao se formarem, *vão querer usar esse mesmo produto nas empresas onde trabalharem*. Afinal, já o conhecem.

> Como disse Matthew Berk, diretor da Jupiter Research: "Quem adquire um hábito está sob controle". (GOOGLE tests desktop search. CNet *News.com*. Disponível em: <http://news.com.com>).

Passados alguns anos, quando muitos já estão "viciados" no software, o fabricante muda o jogo. Começa a contratar advogados para "combater a pirataria, que está causando enormes prejuízos para a empresa".

Não há solução. Os "viciados", que não vão querer abandonar anos de uso do produto e trocá-lo por outro (essas trocas são dolorosas para o cérebro), vão ter de comprá-lo, se tiverem dinheiro para isso. Caso contrário, vão buscar as novas versões do produto nos camelôs, como no "Marché aux Puce", nos arredores de Paris, ou na rua Santa Ifigênia, em São Paulo.

De qualquer modo, o produto já terá se consolidado no mercado.

Assim fizeram Bill Gates com o BASIC, DOS, Windows e Office; Peter Norton com seu antivírus (antes de perder o controle de sua empresa para a Symantec, por descuido, na Bolsa de Valores); a McAfee (antivírus); e vários outros. Não vai ser fácil desbancá-los agora.

Convém, no entanto, ressaltar que a "*Técnica do Amendoim*" não funciona para os *sistemas abertos*, como Linux, Unix, GNU etc., cujo significado veremos adiante.

Cabe também aqui uma observação sobre a pirataria. Com a popularização da Internet, está mais difícil o pirata se "esconder" do fabricante. De fato, ao ser instalado, rodado, ou atualizado, o programa automaticamente procura informar ao fabricante em qual máquina está rodando. Se não conseguir enviar a informação, ele trava e não roda (a não ser que tenha sido bem *crackeado* pelos hackers). Tendo o registro dos compradores, é fácil para o fabricante saber onde estão os piratas. O problema é que não há advogados nem juízes para processar eventuais 600 milhões de internautas em 200 países.

Aliás, a profissão de promotor público, advogado e juiz, especializados em Sistemas de Informação e Internet, é *promissora e de futuro garantido*. Mas, para tanto, esses profissionais terão de conhecer bem os assuntos abordados neste livro. Exemplos de casos judiciais sobre a Internet no Brasil podem ser encontrados no site *Jus Navegandi* (em latim, *o Direito do Navegador*) [5].

Charge publicada em revistas dos Estados Unidos e na Veja.
Na ratoeira estão os concorrentes e os consumidores.

Distribuído pela Internet em 1999.

Como Segurar o Freguês

Uma vez dominado o cliente, é preciso mantê-lo fiel ao produto, afastando-o da concorrência. A técnica, usada pela IBM desde os anos 60, foi depois adotada pela Microsoft (de quem aquela foi associada, no desenvolvimento do sistema operacional OS/2, que não vingou). Consiste em anunciar, com grande estardalhaço, o lançamento de uma nova versão do produto "para breve". Com isso, o usuário, mesmo diante da concorrência, prefere "esperar um pouco para ver", mantendo-se assim fiel ao produto. Às vezes, o "novo produto" não tem nada além de algumas "perfumarias" novas. Por exemplo, em novembro de 2003, a Microsoft reuniu 8.000 pessoas em Los Angeles, Estados Unidos, para informar que seu novo sistema operacional, apelidado de Longhorn (*Chifrudo*) será melhor que o Windows XP, com lançamento previsto para 2006, ou três anos depois do anúncio. Com isso, ela põe pedras no caminho dos usuários que eventualmente estejam pensando em migrar para outros sistemas operacionais [6]. Ver, no Quadro 3.1.

QUADRO 3.1 Sistemas operacionais usados para acessar o Google (out./nov. 2003).

Sistema	%
Windows XP	42
Windows 98	27
Windows 2000	19
Windows NT	3
Macintosh	3
Windows 95	1
Linux	1
Outros	4
Soma	**100**

Fonte: http://www.google.com/press/zeitgeist.html.

Técnicas de Marketing no Governo

O controle do mercado, no âmbito dos governos, baseia-se em outras estratégias, diferentes das do mercado competitivo, em que o *lobby* é o fator predominante [7].

O Sistema Operacional no Controle

Uma vez instalado na máquina, o sistema operacional assume o controle, podendo o seu fabricante usá-lo contra a concorrência. Foi o que sucedeu, por exemplo, com a Real Networks, fabricante de software para multimídia, que compete

Capítulo 3 • Sistemas Operacionais

com o Windows Media Player e com a Apple [8], ou com a Blue Mountain Arts, caso em que o sistema operacional foi usado como mecanismo de censura [9].

Linux ou Windows?

A decisão entre usar Linux ou Windows na empresa, ou em casa, deve levar em conta os fatores a seguir descritos. Não há ainda uma resposta definitiva para essa pergunta. (A seguir, L *significa ponto para o Linux*, e W, *ponto para o Windows*).

> Para uma análise mais aprofundada do Linux, veja a entrevista com Linus Torvalds, o seu criador [10].

1. Preço (L)

Cada cópia (*licença de uso*) do Windows-XP-Pro custava US$ 270 (*street price*) em 2003. Assim, se a empresa tivesse 1.000 PCs, deveria pagar à Microsoft US$ 270.000 (menos um desconto de quantidade). O Linux é gratuito.

> Há dois preços para um produto: o *preço de mercado* (*street price*), que o comprador está disposto a pagar, e o *preço de tabela* (*suggested retail price* ou *list price*), sempre mais alto, definido pela associação dos fabricantes. Por exemplo, em novembro de 2003, o preço de mercado de um aparelho da Novak (código 1785) era US$ 147, enquanto o preço de tabela era US$ 249.

2. Facilidade de uso (W)

O Windows foi feito para tornar mais fácil a vida do usuário comum (não especialista em informática), enquanto o Linux é muito usado por profissionais de informática e por cientistas (matemáticos, físicos, engenheiros etc.) Mas existem ambientes muito parecidos com o Windows desenvolvidos para o Linux (Gnome e KDE).

3. Segurança (L)

O Linux é menos sujeito a ataques de hackers, por três motivos:

1. o Linux tem uma estrutura mais segura, pois foi baseada na filosofia Unix, além de ser controlado por uma única pessoa — o próprio Linus —, o que garante uma uniformidade de princípios e de concepções no software; já o Windows tem sido alterado por vários profissionais diferentes ao longo do tempo, o que o torna um *produto de comitê*; na prática, o Windows tem se mostrado menos seguro que o Linux;

> O OpenBSD (www.openbsd.org), padrão Unix, é considerado o sistema operacional mais seguro que existe, com apenas um leve ataque em sete anos. Mas é apenas para uso de profissionais de informática.

2. praticamente todos os hackers usam Linux;

3. com a "declaração de guerra" da MS, ao comprar a SCO e ameaçar a comunidade Linux, houve um contra-ataque a todas as instalações que rodam Windows. A MS, em represália, ofereceu um prêmio de US$ 500.000 para quem denunciar os hackers responsáveis pelos vírus MSBlast e Sobig, que fizeram grande estrago em empresas que usam o Windows [11]. Em paralelo, a MS instalou o Linux para proteger seu site [12].

4. Confiabilidade (L)

O Windows, como costuma ocorrer com os softwares comerciais, tem prazos para lançamento no mercado, por causa da concorrência.

> Bill Gates declarou, certa feita: "Torno meus produtos obsoletos, antes que alguém o faça".

Isso faz com que ele não possa ser bem depurado, nem corrigidos todos os seus bugs (falhas) antes do lançamento. Essas correções vão, então, sendo feitas à medida que os usuários vão detectando os erros (travamento do computador ou de programas, perdas de arquivos etc.).

Além do mais, a MS procura sempre incluir as solicitações de novos recursos feitas pelos seus clientes (*marketing-oriented*), o que aumenta a freqüência das revisões e alterações do sistema.

Já o Linux é mais conservador, com revisões e alterações que levam anos para serem incluídas.

Alguns chamam de *estabilidade* o que aqui chamamos de *confiabilidade*.

5. Mercado de desktops (W)

O Windows detém (2003) a maior parte do mercado dos desktops (usuários domésticos e funcionários normais), o que o torna bem conhecido entre todos. Já o Linux requer um treinamento prévio, pois a maioria não sabe usá-lo. Mas, no segmento dos servidores (computador que controla uma rede de desktops, operado somente por profissionais), o mercado do Windows era de 38%, em 1999, segundo

QUADRO 3.2 Distribuição do mercado de sistemas operacionais – dados de 1999 (em %)

	Desktops (*clients*)	Servidores (*servers*)
Unix		15
Linux	4	25
Windows	89	38
Outros	2	22
Mac	5	
SOMA	100%	100%

Fonte: http://www-1.ibm.com/linux/.

Capítulo 3 • Sistemas Operacionais

o relatório distribuído pela IBM, A *business case study of open source software* [13]. Ver, a propósito, o Quadro 3.2.

O Linux já conta com clientes importantes, como Amazon, America Online (AOL), Merril Lynch e Morgan Stanley (instituições financeiras), prefeituras de Munique (Alemanha) e Tucson (Arizona, Estados Unidos) e setores das forças armadas dos Estados Unidos. Além de ser usado em supercomputadores e pela IBM. No Brasil, várias empresas já usam Linux, como as Lojas Marabraz (204 servidores e 1.200 estações de trabalho) e a DataPrev (1.100 agências).

Não se sabe ao certo qual a porcentagem de computadores, *em nível mundial*, que usam Windows ou Linux. Tudo indica que: a) a maioria dos desktops usa Windows; b) o número de usuários de Linux está crescendo; e c) a maioria dos servidores não usa Windows. Mas os números exatos parecem não existir pois, a cada nova pesquisa, várias controvérsias surgem. Eis alguns exemplos de contestações de usuários de Linux:

1. a participação no mercado é baseada em vendas em dólares — como o Linux é gratuito, ele acaba não entrando nas estatísticas;

2. no Windows, para cada novo PC, deve ser adquirido uma nova cópia; no Linux isso não acontece: a mesma cópia é instalada em todas as máquinas da empresa;

3. estão nas estatísticas as cópias do Windows incluídas nos PCs vendidos; mas há usuários que substituem o Windows pelo Linux logo após a compra, e esses casos não aparecem nas estatísticas;

4. boa parte das estatísticas se referem apenas a Estados Unidos e Canadá, não incluindo o resto do mundo;

5. com a guerra Windows x Linux, os números tendem a ser mais difusos.

Por fim, Israel também pretende adotar o Linux, e a China vai instalar duzentos milhões de cópias nos próximos anos [14].

6. Compatibilidade (W)

Como o Windows domina o mercado, a maioria dos arquivos, tanto nas empresas como na Internet, segue o padrão e o formato da MS. Isso não ocorre com o Linux. Além do mais, converter arquivos de um padrão para outro é um calvário que poucos se dispõem a trilhar.

7. Aplicativos (W)

A grande maioria dos aplicativos foi desenvolvida para o Windows, pois este domina o mercado. Os fabricantes não se dispõem a incorrer em altos custos desenvolvendo seus produtos para fatias não significativas do mercado.

8. Documentação (W)

A documentação (manuais do usuário, help etc.) do Windows é mais completa e bem elaborada que a do Linux, por falta de recursos por parte deste, que é gratuito.

9. Assistência técnica (W)

No preço do Windows está incluída uma assistência técnica durante certo prazo. No Linux, essa assistência tem um custo adicional, embora pequeno, cobrado pelas distribuidoras do produto, como a RedHat (www.redhat.com). Naturalmente, a assistência técnica da MS tem mais recursos.

10. Sistema aberto e fechado (L)

Um **sistema aberto** (open source) é aquele em que é fornecido o *programa-fonte* para o usuário. Por meio do programa-fonte, os técnicos podem saber *exatamente* o que o sistema faz. Além do mais, o fonte pode ser compilado (gerando o executável EXE) especificamente para dado ambiente, tornando-o mais eficiente.

Um site de programas científicos gratuitos, abertos e de ótima qualidade é o GNU (www.gnu.org). Existe também a comunidade que defende o open source (www.opensource.org).

O Linux e o Unix são sistemas abertos.

> A seqüência para criar um software começa pela elaboração do programa em uma linguagem como BASIC, C++, Pascal, Fortran etc. Esse é o programa-fonte (*source program*) ou programa aberto (*open source*). Depois, esse programa é "compilado", gerando um outro programa, cifrado e ininteligível (o nome do arquivo termina em EXE). Esse é o programa executável (*executable*) ou programa fechado (*closed source*). A maioria não é *opensource*.

Nos **sistemas fechados**, o fonte é *segredo industrial* e não é fornecido. O cliente recebe apenas o executável (EXE), compilado para um *ambiente médio* de mercado. Por exemplo, se uma empresa usa uma CPU Pentium-4, pode ocorrer que executáveis tenham sido compilados e vendidos apenas para o Pentium-3, não usando pois os recursos adicionais do Pentium-4.

O Windows é um sistema fechado (ou " sistema proprietário").

Os sistemas fechados têm um sério inconveniente: o comprador *não sabe* exatamente tudo o que eles fazem. Por exemplo, um sistema fechado pode estar espionando a empresa e enviando informações para o fabricante, via Internet. Tal suspeita foi levantada pelo W*ashington Post* (04 set. 1999) acerca da Microsoft, mas desmentida por esta [15]. A Real Networks é outro caso de *software espião* [16].

Um sistema fechado também pode estar executando rotinas e consumindo recursos da máquina sem necessidade. Por exemplo, o Windows pode ficar meia hora compactando arquivos ainda não comprimidos, toda vez que se resolve fazer uma limpeza no disco. Enquanto isso, o usuário pode ficar parado esperando, caindo sua produtividade.

Veja o relatório A *business case study of open source software*, distribuído pela IBM [17].

Capítulo 3 • Sistemas Operacionais (35)

11. Alto volume de transações (L)

Quando o sistema requer uma quantidade muito grande de transações, o Windows nem sempre tem se mostrado adequado, ao contrário do Linux, que é usado nos computadores de maior porte da IBM e até no poderoso Cray.

> Segundo notícia da VNUnet [18] e do UOL, quando a MS comprou o Hotmail, em dezembro de 1997, este funcionava em uma máquina da Sun Microsystem (sistema Solaris, ambiente Unix e servidor de e-mails Apache open source). A MS resolveu substituir o sistema do concorrente pelo seu próprio, o Windows NT. Ocorre que, com mais de 10 milhões de usuários na época, o número de transações foi muito alto e o NT entrou em pane. A MS teve de voltar a usar o sistema Solaris do concorrente.

12. Personalização (L)

A **personalização** consiste em alterar o comportamento do sistema operacional, a fim de adequá-lo às necessidades da empresa. Também é chamada de *customização* (*customization*).

O Windows, por ser um sistema fechado, restringe a personalização àquilo que a MS permite. Na prática, só se podem alterar os valores dos parâmetros do Windows (como no Internet Options ou no Registry).

Já no Linux, não há qualquer restrição, pois o sistema é aberto. Basta ser programador. É o que se chama total *liberdade de uso*.

Mas essas customizações têm um risco: tanto no Windows como no Linux, se o usuário não souber bem o que está fazendo, poderá destruir o sistema, sendo obrigado a reinstalar a versão original.

***

Por fim, contando apenas *aritmeticamente* a pontuação acima, o Linux se mostrou melhor em seis itens, e o Windows, em seis. Notemos que esse resultado é simplesmente *numérico* e não qualitativo.

Observemos também que um só item pode ser suficiente para se tomar uma decisão, como ocorreu c o exército norte-americano, que deixou de usar o Windows por ser vulnerável a ataques de hackers, passando a usar o Apple. No caso, foi o item 3 acima (segurança) que predominou [19].

Máquinas Virtuais (Virtual Machines)

Uma **máquina virtual** é um gerenciador de sistemas operacionais online. Com ela instalada no micro, é possível mudar de um sistema operacional para outro a um simples clique de mouse. Por exemplo: você pode elaborar uma planilha Excel no Windows, depois mudar para Linux e realizar uma simulação em ambiente rápido, em seguida rodar um antigo programa em DOS e, então, voltar ao Excel, incorporando na planilha os resultados assim obtidos.

Uma tarefa após a outra, sem necessidade de dar a partida no computador para mudar de sistema operacional (*dual boot*) e usando o mesmo espaço físico do disco rígido para passar os dados de um sistema operacional para o outro. Naturalmente, o espaço comum (uma partição do disco rígido) deve ter sido formatado de acordo (no caso, em FAT-16, devido ao DOS).

Outra possibilidade é usar o Windows com o Office, e então mudar para o Linux ao acessar a Internet, para ficar menos sujeito aos ataques dos hackers.

Esse gerenciador, oriundo dos mainframes, está disponível no software VMware, da EMC Corporation (www.vmware.com). Foi desenvolvido por ex-técnicos da IBM, que transplantaram para os microcomputadores um recurso comum nos mainframes IBM.

Com o VMware, não mais é necessário decidir sobre um sistema operacional ou outro: podem-se usar vários, aproveitando as vantagens de cada um, conforme a aplicação em vista.

CAPÍTULO 4

POR DENTRO DO COMPUTADOR

1 + 1 = 10.
Aritmética dos computadores

Para poder dirigir um automóvel, precisamos conhecer seus componentes básicos, assim como o médico precisa conhecer anatomia para poder tratar seus pacientes. Este é o objetivo do capítulo: uma autópsia no computador.

Três Módulos Básicos

Embora haja vários tipos de computadores — mainframe, PC, notebook etc. —, todos possuem três módulos necessários ao seu funcionamento: entrada, processamento e saída (ver Figura 4.1). Vamos examinar um PC, que é mais simples, sem entrar em detalhes secundários.

Basicamente, o computador é uma máquina que recebe dados do ambiente externo, transforma esses dados e envia os dados transformados de volta ao ambiente externo (ou os deixa arquivados). Por exemplo, ele recebe os dados "Pedro" e "Antonio", coloca-os em ordem alfabética e envia para fora "Antonio" e "Pedro".

O recebimento dos dados se dá por meio dos equipamentos periféricos de entrada, que geralmente são: scanner, teclado, mouse, disco rígido, leitora de disquete, leitora de CD-ROM ou de DVD e placa de rede. Exceto o scanner, teclado e mouse, os demais periféricos ficam dentro de um armário chamado gabinete.

A saída dos dados geralmente é feita por meio do vídeo, alto-falantes, impressora, disco rígido, gravadora de disquete, gravadora de CD-ROM ou placa de rede. Exceto o vídeo, alto-falantes e impressora, os demais periféricos se encontram dentro do gabinete.

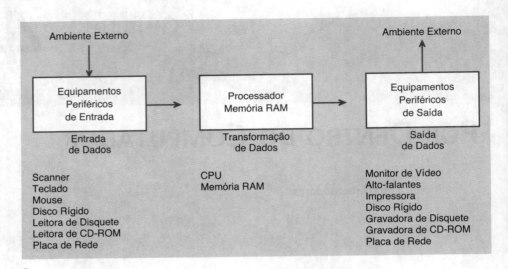

FIGURA 4.1 Os três módulos básicos de qualquer computador

Gabinete ATX padrão.
Fonte: www.mycase.com.

Gabinete ATX de acrílico.
Fonte: www.mycase.com.

Como os periféricos são de conhecimento geral, vamos apenas mencionar suas funções no Quadro 4.1.

Funcionamento

A transformação dos dados de entrada em dados de saída é realizada pela CPU (unidade central de processamento) (ver imagem acima). É chamada de *central* porque há outros processadores: de vídeo, disco rígido, som, chipset (controla periféricos) etc. A transformação é chamada de **processamento de dados**.

Capítulo 4 • Por Dentro do Computador

QUADRO 4.1 Funções dos periféricos

Nome do equipamento periférico	Serve para...
Scanner	ler uma imagem ou foto
Teclado	digitar dados
Mouse	posicionar o cursor no vídeo
Disco rígido	armazenar dados (recebe/envia)
Leitora/gravadora de disquete	ler/gravar disquetes
Leitora/gravadora de CD-ROM/DVD/CDRW	ler/gravar CD-ROM/DVD/CDRW
Placa de rede	receber/enviar dados pela rede
Vídeo	mostrar imagens para o usuário
Alto-falantes	emitir sons e ruídos
Impressora	imprimir dados em papel

A CPU usa a memória principal RAM (*random access memory*, ou memória de acesso aleatório) para saber o que deve fazer, além de usá-la também como área de rascunho.

CPU Intel Pentium-4.

Fonte: www.intel.com

A medida da capacidade de armazenamento de dados na memória se chama byte (igual a 8 bits). Cada byte corresponde a um caracter digitado no teclado (como definido na Tabela ASCII) [1]. Assim, um texto com 7.000 caracteres (7.000 toques) ocupa 7.000 bytes de memória, ou 7 Kbytes. A RAM de um PC costuma ter 250 Mbytes ou mais. Essa medida também se aplica aos discos: um disco de 50 Gbytes. Os prefixos são: K (quilo = 10^3), M (mega = 10^6), G (giga = 10^9), T (tera = 10^{12}), P (peta = 10^{15}), E (exa = 10^{18}), Z (zetta = 10^{21}) e Y (yotta = 10^{24}).

Para processar os dados, comandada pelo programa que está no controle da máquina (*o programa que está rodando*), a CPU segue três passos.

1. Lê na RAM uma instrução do programa em execução, para saber o que ela deve fazer; cada instrução é uma ordem conhecida a ser executada. Se lhe for dada uma ordem desconhecida ou impossível de ser executada, a máquina "trava" (pára), sendo necessário dar a partida novamente (*dar um*

reset, apertando o botão *reset* do gabinete). Nesse caso, temos um bug no programa, que precisa ser corrigido pelo fabricante do software.

2. Acessa a RAM para: (a) ler os dados que ela deve processar, ou então para (b) gravar os dados que ela acabou de processar.

3. Comunica-se com os periféricos, para receber ou enviar dados, ou receber ordens de controle (como um *Control Alt Del* para reiniciar, o chamado *warm boot* ou *partida a quente*; já o *cold boot* se dá quando ligamos o computador pela primeira vez no dia).

Essa rotina 1-2-3 se repete até o término do programa em execução (o *aplicativo*), quando então o controle volta para o sistema operacional, que vai buscar outro programa para ser executado, ou fica esperando alguma ordem nova do usuário (fica em *wait* ou em *idle process*).

Entretanto, o sistema operacional pode eventualmente interromper qualquer processamento, para executar tarefas mais prioritárias (como no caso de o usuário resolver enviar um e-mail), devolvendo depois o controle para o aplicativo que estava sendo executado.

A CPU e a RAM ficam na *placa-mãe* (*motherboard*), que se situa dentro do gabinete (veja figura *motherboard* Intel em cores em [2]).

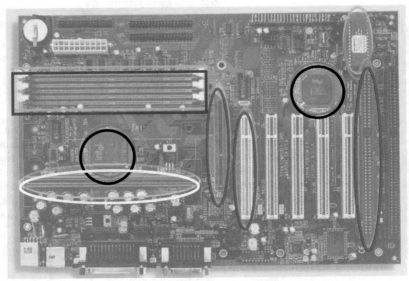

Motherboard Intel, modelo 440 BX.

Capítulo 4 • Por Dentro do Computador

QUADRO 4.2 Localização física dos componentes e suas funções

Componente	Função	Localização	Observações
Conector da CPU	Conectar a unidade central de processamento.	Círculo branco à esquerda.	A CPU será instalada na vertical (ainda não foi instalada). Em outros modelos, a CPU pode ficar na horizontal.
Chipsets	Responsáveis pelo acesso a alguns periféricos.	Círculos pretos à esquerda e à direita.	
Slots	Conectores para espetar placas de vídeo, de som, de rede etc.	Círculos cinza claro (sete conectores à direita)	O slot da esquerda (preto) é um rápido Slot AGP. Os cinco slots brancos são Slots PCI. Os dois da direita (pretos) são antigos e lentos Slots ISA. Há três tipos de slots para haver compatibilidade com as placas existentes no mercado.
BIOS	Memória permanente, na qual há um pequeno programa, responsável pelo acesso a algumas partes do hardware.	Círculo verde claro à direita, na parte de cima.	**BIOS** significa *binary input-output system* ou *sistema de entrada-saída binária*. Sempre vem junto com a placa-mãe (é fornecido pelo fabricante da placa).
RAM	Memória principal.	Retângulo verde, à esquerda, na parte de cima.	Há seis *pentes de memória*. O número determina a quantidade de RAM que a máquina possui.
Clocks	Osciladores ou "marca-passos" que sincronizam as operações da CPU.	Embaixo, no canto à esquerda, vêem-se dois cristais de quartzo com encapsulamento de alumínio.	Os cristais fazem parte dos *circuitos de clock* e determinam as velocidades da CPU e da memória. A cada "passo" do clock principal, a CPU executa uma instrução simples (como 2 + 2). Se uma instrução for mais complicada (como uma divisão aritmética), serão necessários mais passos para executá-la. Por essa razão, a velocidade do clock principal determina a velocidade de processamento do computador (por exemplo, uma CPU de 1 gigahertz executa 1 bilhão de instruções simples por segundo).
Bateria	Manter sempre ligado o relógio (dia e hora), bem como evitar que se apague uma pequena memória permanente chamada ROM-BIOS, na qual reside a configuração básica da máquina.	Canto superior esquerdo (presa com um clipe).	
Conectores (serial e paralelo)	Ligar periféricos.	Embaixo, à direita dos clocks (dois conectores).	Conector serial é a *porta COM*. Conector paralelo é a *porta LPT*.

Como exemplo de placa que pode ser espetada nos slots da placa-mãe, a figura abaixo mostra uma placa de vídeo Matrox G450. Ela permite usar dois monitores de vídeo ao mesmo tempo, ou usar ambos como se fossem um só monitor grande. Como dois monitores menores são mais baratos que um monitor grande, essa é uma solução econômica.

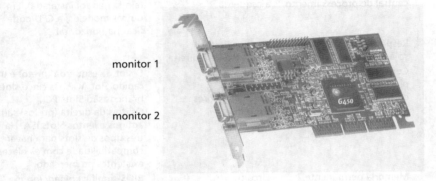

Placa de vídeo Matrox Dual Head AGP, modelo G450.
Fonte: www.matrox.com.

CAPÍTULO

5

SISTEMAS INTEGRADOS E BANCOS DE DADOS

Por si mesma, a ordem inevitavelmente se transforma em caos.

Princípio físico da Entropia, ou Segunda Lei da Termodinâmica

Não há nada mais desagradável para um executivo do que estar mal informado. Ou porque não tem acesso rápido às informações de que necessita para decidir, ou porque recebe informações contraditórias, dependendo da fonte consultada.

Os sistemas integrados a bancos de dados vieram para diminuir esses dois problemas do tomador de decisões.

Diminuir, e não *eliminar*, por dois motivos. Primeiro, nenhuma pessoa jamais vai ter acesso a todas as informações existentes, nem mesmo às necessárias, pois isso seria ter o controle do Universo.

Segundo, porque, mesmo tendo um moderno sistema de informações, nada impede que este contenha dados erroneamente introduzidos pelos funcionários ou por fontes inconfiáveis ou mal informadas, ou que tenha programas com bugs, gerando erros internamente.

Em TI, existe a sigla GIGO, que significa *Garbage In, Garbage Out*, ou seja, se introduzirmos lixo no sistema, obteremos lixo na sua saída.

O Que é um Banco de Dados

Um **banco de dados** (*database* ou *databank*) é um conjunto de dados *logicamente organizados*, no sentido de que sabemos como encontrar, com rapidez, *qualquer* dado lá armazenado.

Constitui-se a principal aplicação dos computadores na empresa, pois as informações são a *matéria-prima* essencial para o dia-a-dia do executivo. Sem elas, ele não tem o que fazer.

O banco de dados é o oposto de um arquivo morto, em que há um amontoado de dados sem organização, exceto talvez pela data em que foram gerados: o arquivo morto é um *bando de dados*.

Embora seja possível ter bancos de dados em papel, como ocorria antigamente, o computador se revelou muito mais eficiente nessa tarefa.

Tomemos como exemplo a *Encyclopædia Britannica* (www.britannica.com) em papel (que custa US$ 1.400). Ela é um banco de dados, do tipo não numérico, pois contém textos, números, fotografias, gráficos etc. É um conjunto de dados organizado por assuntos, além de possuir um enorme índice remissivo, permitindo descobrir muitas das informações procuradas.

Para obter as informações que desejamos, podemos procurar um assunto em seus 32 volumes, consultando antes seu índice remissivo. Em seguida, acessamos os vários volumes para selecionar aquele de que precisamos. Esse trabalho pode levar horas, e provavelmente não teremos acesso a tudo o que procuramos.

Coloquemos agora esse mesmo banco de dados em um DVD (a *Britannica* em DVD custa US$ 50) e instalemos essa enciclopédia em um computador. Agora, em segundos, obtemos uma lista das páginas em que existe alguma referência às palavras-chave (assuntos) que escolhemos. Em mais alguns segundos, podemos descobrir o que queremos. A economia de tempo, de dinheiro e de espaço ocupado é evidente. Além de outra grande vantagem: o DVD tem hyperlinks para a Internet, animações, filmes, programas interativos, músicas etc., tudo isso impossível de se ter em papel.

Na empresa, o banco de dados permite rápido acesso ao que lá estiver armazenado. Mas é preciso usar uma linguagem específica para consultá-lo, geralmente chamada SQL (Structured Query Language), ou *linguagem para consultas estruturadas*. Programar em SQL é uma especialização de profissionais de TI. **Estruturada** significa *não heurística* ou *programável*.

Como esse banco de dados é alimentado continuamente com os dados transacionais da empresa — funcionários admitidos, vendas realizadas, produtos estocados etc. —, é possível ao executivo se manter informado sobre o que está acontecendo naquele momento.

> Isso é o que se chama acesso em real-time, ou em *tempo real*. A possibilidade de acesso por meio de um terminal (sem ter de esperar pela emissão de um relatório em papel) chama-se acesso online.

É diferente do que ocorria antes dos computadores, quando os dirigentes só tomavam conhecimento de um problema financeiro um mês (ou mais) depois de sua ocorrência, ao receber o balancete mensal.

Desse modo, o banco de dados reduz o primeiro problema dos executivos, mencionado no início: a rapidez de acesso a qualquer informação armazenada.

> Fisicamente, um moderno banco de dados nada mais é do que um conjunto de *tabelas de dupla entrada* (como o cadastro dos funcionários, a listagem do estoque etc.) armazenadas nos discos do computador. Para as

Capítulo 5 • Sistemas Integrados e Bancos de Dados 45

consultas, elaboram-se programas em SQL. Os bancos de dados mais usados em grandes transações são o Oracle (seu proprietário, Lawrence J. Ellison, era o quinto homem mais rico em 2002) [1] e o DB2, da IBM. Para volumes menores, há o SQL Server, da Microsoft. Empresas pequenas podem usar o Oracle Lite e o Access (MS Office, da Microsoft). Todos esses cinco bancos de dados são chamados de relacionais, por se basearem em tabelas. Um banco de dados mais antigo e menos usado, o IMS (1970), da IBM, é chamado de hierárquico, por se basear em uma estrutura parecida com um organograma de empresa. Os bancos de dados também são chamados de DBMS (*Database Management System*), ou sistema de gerenciamento de base de dados.

Tipos de Banco de Dados

Há dois tipos básicos de banco de dados: o numérico e o não numérico.

No **numérico**, os dados são todos codificados e representam números ou nomes de pessoas, de produtos etc. Nesse banco, é fácil encontrar o que se deseja, e nenhum dado fica perdido. Os DBMS relacionais e hierárquicos foram feitos para esse tipo de banco de dados.

Já no banco de dados **não numérico**, as coisas são mais complicadas. Como ele contém gráficos, vídeos, fotos, músicas, desenhos, além de números e códigos, nem sempre se acha o que se procura, mesmo que o dado desejado esteja lá. Por exemplo, o FBI (Federal Bureau of Investigation) pode estar interessado na foto de alguém que seja *semelhante* ao de um retrato falado. Talvez ele encontre, talvez não, embora a pessoa procurada possa estar no *database*. Isso porque essa pesquisa depende de sofisticados algoritmos de reconhecimento de padrões (*pattern recognition*), que nem sempre funcionam bem.

Um banco de dados bibliográficos, como o usado pelo Google.com, é do tipo não numérico, bem como aquele que armazena projetos de engenharia elaborados em CAD (*Computer Aided Design*), ou projeto auxiliado por computador.

Outro exemplo é procurar um filme em que apareça determinada pessoa. Provavelmente, ela não será encontrada.

Um **algoritmo determinístico (ou estruturado)** é uma seqüência lógica de passos bem definidos para obter um resultado. Por exemplo, o conjunto de passos necessários para dividir um número por outro se chama *algoritmo da divisão*. O oposto (antônimo) se chama *algoritmo heurístico* (ou não estruturado): há uma seqüência de passos, mas alguns são indefinidos, não rigorosos ou até desconhecidos. Por exemplo, Bach usava algoritmos heurísticos para compor sua música barroca. Outro exemplo interessante: o Deep Blue [2], o computador RS/6000-SP da IBM que ganhou um torneio internacional de xadrez, usou algoritmos determinísticos, enquanto o campeão mundial Garry Kasparov usou algoritmos heurísticos durante o jogo. Em 1997, o Deep Blue ganhou o prêmio de US$ 700.000, e Kasparov, o de US$ 400.000. O algoritmo do Deep Blue está sendo usado pela IBM em três áreas complicadas: a) dinâmica molecular (Química); b) análise de risco em investimentos; e

c) sistemas de apoio a decisões executivas com data mining (*mineração de dados*, ver adiante).

Para acessar bancos de dados não numéricos usam-se DBMS Orientados a Objetos (OODBMS), que no entanto, são lentos por serem mais complexos.

Apoio à Decisão (*Decision Support*)

As informações obtidas de um banco de dados podem ser classificadas em três tipos (em geral ligados à posição do usuário no organograma da empresa).

1. **Informações operacionais**, como listagem das vendas diárias, situação semanal do estoque etc. São os *dados primários*, usados pelas áreas operacionais da empresa. Período de tempo envolvido: passado e presente.

2. **Informações gerenciais**, como a média mensal das vendas, giro dos estoques etc. São os *dados secundários*, usados pela gerência. Período de tempo envolvido: passado, presente e curto prazo.

3. **Informações executivas**, como previsão das vendas para os próximos cinco anos em vários cenários, simulação do comportamento do consumidor frente a novos produtos, jogos de empresas (*business games*) etc. São os *dados terciários*, usados pela alta administração. Período de tempo envolvido: médio e longo prazos.

> Um dado primário é aquele existente no banco de dados, como o valor das notas fiscais. Um dado secundário é obtido dos dados primários, por meio de operações simples, como tirar uma média, colocar em ordem alfabética etc. Um dado terciário é obtido dos dados primários pelo uso de algoritmos sofisticados, como simulações, redes neurais, *cluster analysis* etc

Um sistema especializado em gerar informações para executivos, a partir de consultas ao banco de dados, chama-se **Apoio à Decisão** (AD).

Como geralmente os executivos estão preocupados com o futuro (pois devem conduzir a empresa nessa direção), as técnicas envolvidas para a obtenção de informações relevantes são bastante sofisticadas, atingindo freqüentemente os limites do conhecimento analítico disponível. No entanto, não há uma definição muito precisa para AD.

> Bohanec [3], Ph.D. em AD da Eslovênia, afirmou, num artigo de 2001 [4]: "Infelizmente, embora o termo *Apoio à Decisão* (AD) pareça intuitivo e simples, é de fato definido muito vagamente. Significa diferentes coisas para pessoas distintas em contextos variados. Seu significado também tem mudado em sua história recente. Hoje em dia, AD está provavelmente associado, com mais freqüência, a *Data Warehouses* (armazéns de dados) e OLAP. Há dez anos, era ligado a *Sistemas de Apoio à Decisão* (SAD). Antes disso, havia uma estreita relação com *Pesquisa Operacional* e *Análise da Decisão*. Isso causa muita confusão e desentendimento, e acaba requerendo esclarecimento. A confusão é mais exemplificada pelo monte de termos e acrônimos relacionados, ou iguais, a AD: *Apoio à*

Decisão, Ciências da Decisão, Sistemas de Decisão, Sistemas de Apoio à Decisão (SAD) etc."
Obs.: **Online Analytical Processings** (OLAP) é um software que acessa o banco de dados e mostra os dados em gráficos tridimensionais.

Sem entrar nessa discussão, vamos dar uma idéia geral de como funciona um AD, retendo apenas o essencial.

Basicamente, o que desejamos é: a) produzir alguma informação útil; b) usando um banco de dados; e c) com base em um modelo matemático adequado ao objetivo da análise (ver Figura 5.1).

Modelo matemático, ou modelagem matemática, é um conjunto de algoritmos convenientes para a obtenção de um resultado desejado. Um exemplo bem simples é a *determinação da média de dois números*: (7 + 3) / 2 = 5. O modelo, nesse caso, é: "Some dois números e divida a soma por 2". Já um exemplo sofisticado é a *rede neural*, que procura reproduzir o funcionamento do cérebro humano (ver Capítulo 13, "Inteligência artificial").

Há ainda quatro termos muito usados e associados ao Apoio à Decisão:

1. DM – Data Mining (*Garimpagem de Dados*);
2. CRM – Customer Relationship Management (*Administração do Relacionamento com o Cliente*);
3. BI – Business Intelligence (*Inteligência ou Conhecimento nos Negócios*);
4. SCM – Supply Chain Management (*Administração da Cadeia de Suprimentos, ou Logística*).

A **garimpagem de dados** (data mining – DM) corresponde ao termo inglês *numbers crunching*, isto é, *mastigação de números* (*sic*), e se refere ao uso de técnicas

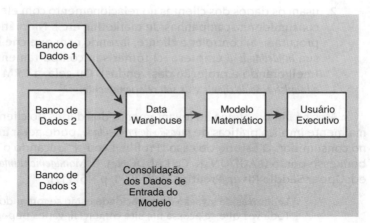

FIGURA 5.1 Funcionamento de um apoio à decisão. Dados relevantes são buscados em bancos de dados e armazenados em um *armazém de dados*. Em seguida, um modelo matemático usa esses dados para produzir informações relevantes, destinadas ao usuário final.

matemáticas avançadas para buscar relações ou associação entre grande quantidade de dados. Como exemplo, um Banco pode classificar os clientes que solicitam empréstimos (tomadores) em categorias que indiquem a chance de estes se tornarem inadimplentes.

As técnicas usadas em Data Mining podem incluir análise de correlação e regressão, *cluster analysis*, análise de discriminantes (categorização), redes neurais etc.

> O uso das técnicas estatísticas deve ser feito com muito cuidado e bom senso, para não se chegar a conclusões absurdas. Tal foi o caso de um estudo de Slemrod e Kopczuk, das escolas de administração das Universidades de Michigan e de British Columbia, que chegaram à conclusão de que as pessoas procuram adiar as suas mortes, desde que isso reduza as alíquotas do imposto sobre a herança. Esse brilhante estudo ganhou o prêmio Ig Nobel de Economia em 2001 [5]. Também deve ser evitado o mau uso da Estatística, como mostrado no livro *Como mentir com estatística* [6]. (HUFF, D. *Como mentir com estatística*. Rio de Janeiro: Ediouro-Tecnoprint, [199-?]).

Uma das empresas pioneiras em Data Mining é a WalMart. As transações dos caixas registradores — há mais de 3.000 lojas em vários países — são continuamente transmitidas para sua data warehouse de vários terabytes de capacidade. Ela permite que seus 4.000 fornecedores acessem esses dados para identificar os padrões de consumo dos consumidores, a fim de administrar os estoques dos produtos e oportunidades de merchandising. Mais de 1 milhão de consultas complexas são realizadas anualmente.

A **Administração do Relacionamento com o Cliente CRM** (customer relationship management) consiste em sistemas que:

1. procuram obter dados dos clientes (renda mensal, endereço, nível educacional, produtos que comprou etc.);

2. usam os dados dos clientes no relacionamento com ele (atendimento aos consumidores, campanhas de marketing etc.). Na prática, esses sistemas procuram: a) controlar o cliente, fazendo com que crie hábitos; b) reduzir sua *infidelidade* à empresa; c) tornar seu comportamento mais previsível (melhorando a projeção das vendas). Ou seja, a CRM acaba sendo uma *administração do cliente e de seu relacionamento*.

Mas há um problema no levantamento dos dados do cliente. Como isso normalmente implica práticas de *invasão de privacidade*, pode gerar uma reação adversa no consumidor. O estudo do caso "Profiling you" ("Traçando o seu perfil") ilustra bem esse ponto (LAUDON, K. C.; LAUDON, J. P. *Management information systems*. 6th ed. Upper Saddle River: Prentice Hall, 2000. p. 152) [7].

> Tentativas de invasão de privacidade estão se tornando comuns na Internet. Toda vez que se acessa um site comercial, vários pop-ups surgem (telas de propaganda que pulam na frente do usuário, impedindo-o de ler o texto desejado), assim como se dão tentativas de instalar programas sem permissão, captura de e-mails, obrigatoriedade de preencher longos formulários para ter acesso ao site, gravação de cookies (identificação do usuário) etc. Alguns sites chegam mesmo a bloquear o acesso se o usuário não permitir essa invasão (por exemplo, se o usuário usar firewall).

A **Inteligência nos Negócios (Business Intelligence — BI)** abrange os sistemas que, consultando os bancos de dados da empresa, buscam responder a perguntas como:

1. Qual a nossa posição no mercado?
2. Os clientes estão satisfeitos com nossa empresa?
3. Qual o impacto de determinada decisão?
4. Qual o perfil de nossos clientes?

A **Administração da Cadeia de Suprimentos (Supply Chain Management – SCM)** é um sistema que mantém constante interação com os fornecedores da empresa, garantindo um fluxo estável de bens e produtos em toda a cadeia produtiva.

***

Para conhecer mais a fundo o assunto *Apoio à Decisão*, consulte os livros *Engenharia da informação*, de James Martin, *Sistema de apoio à decisão*, de Sprague e Watson, *Engenharia da informação*, de Higa e Furlan, e os sites dos professores Ricardo Annes [8] e Marko Bohanec [9].

Sistemas Integrados

O banco de dados, por si, não resolve o segundo problema mencionado no início: as informações contraditórias que o executivo pode receber, dependendo da fonte consultada.

De fato, quando os computadores começaram a ser usados, cada departamento tinha o seu próprio arquivo, alguns em papel. Se um executivo quisesse saber, por exemplo, quantas unidades haviam sido vendidas em determinado dia, talvez obtivesse três dados diferentes: um vindo do estoque, outro da contabilidade e um terceiro das vendas. Ficaria confuso e teria de esperar, talvez até a semana seguinte, quando os dados estariam atualizados. Mas sempre com a possibilidade de haver algum erro ou defasagem em alguns desses arquivos.

Os sistemas integrados vieram resolver essas duplicidades. Uma das regras básicas de um sistema integrado é justamente *haver um único dado em um único lugar*.

Isso é conseguido com um banco de dados integrado, ou seja, único e interligado a todos os setores da empresa (ver Figura 5.2). Mas não significa que ele deva estar em um único lugar físico. Com o surgimento das redes de computadores, isso não mais é necessário: cada parte pode estar em um lugar diferente, como ocorre com as corporações multinacionais. No entanto, do ponto de vista do usuário, é como se ele estivesse todo ao seu lado.

> Os *Sistemas Integrados* receberam o pomposo nome de ERP (**enterprise resource planning**), isto é, Planejamento dos Recursos da Empresa. Mas, na realidade, quem faz o *planejamento dos recursos* são as pessoas, e não as máquinas.

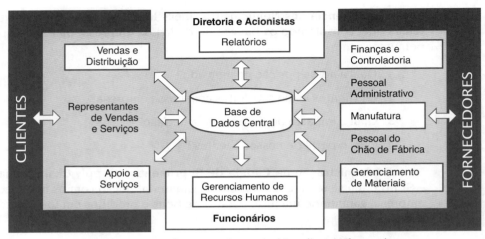

O ambiente externo à empresa são os acionistas, clientes e fornecedores.
A base de dados central representa o banco de dados da empresa.

Figura 5.2 Modelo de sistema integrado da Softdata.com.br.

Vantagens e Desvantagens

Os sistemas integrados são uma necessidade para toda empresa, pois elevam sua competitividade no mercado. Mas, como tudo na vida, eles têm suas vantagens e desvantagens.

Vantagens dos Sistemas Integrados

1. Aumento da capacidade de tratamento das informações;
2. Maior rapidez na obtenção das informações;
3. Maior confiabilidade dos relatórios, que conterão menor número de erros;
4. Todos os setores da empresa existem no sistema. Não há área "escondida" (geralmente);
5. Os executivos têm maior controle sobre a organização, por ter melhorado a qualidade de suas informações.

Desvantagens dos Sistemas Integrados

1. **Custo alto.** Tanto a implantação como a manutenção do sistema em funcionamento tem um custo alto para a empresa, que na prática facilmente ultrapassa a casa do milhão de dólares. Os custos estimados para a im-

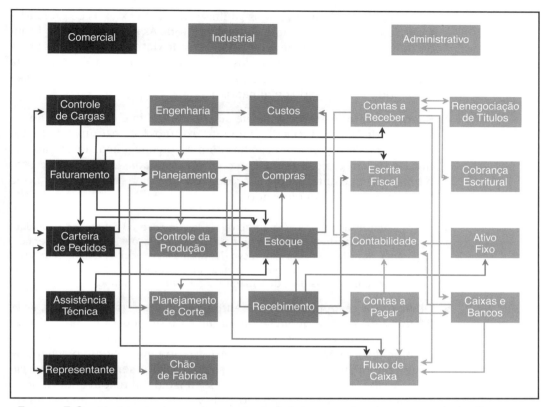

FIGURA 5.3   Modelo de sistema integrado da Softdata.com.br, visto com mais detalhe.

plantação são facilmente duplicados, triplicados etc. Mesmo sabendo que o sistema integrado trará muitas vantagens competitivas para a empresa, é impossível saber na prática qual o *payback* (tempo para recuperar o dinheiro aplicado) do novo sistema. Convém ressaltar que o custo pode ficar astronômico, se houver erros de projeto, de seleção de equipamentos, pressão política contra a implantação, mudanças tecnológicas de vulto etc. Voltaremos ao assunto no Capítulo 12.

2. **Tempo de implantação demorado.** O cronograma previsto geralmente demora o dobro ou o triplo do tempo. A duração, na prática, pode passar de dez anos, dependendo do tamanho da empresa.

> Costuma-se dizer que uma implantação bem-sucedida é aquela que dura o dobro do previsto. A malfeita é a que dura mais de três vezes.

3. **Insegurança na implantação.** Durante esse período, se estabelece um clima de insegurança entre os funcionários, que têm medo de perder

seus empregos, status ou cargos. Muitas rotinas são extintas ou profundamente alteradas. O ambiente cultural se altera. As informações vão ficando transparentes: qualquer erro pode ser logo detectado. Todas as áreas da empresa ficam expostas a todos os executivos, quebrando a "estrutura feudal" que por vezes existe. O jogo do poder se intensifica. O novo sistema pode ser solapado ou minado.

4. **Engessamento.** A empresa perde sua flexibilidade e capacidade de reação rápida às mudanças do ambiente externo. Fica extremamente burocratizada. Qualquer alteração nas normas, organograma, legislação etc. precisa de um projeto específico para ser instalada, envolvendo custos e prazos. O que antes podia ser resolvido com uma reunião agora pode levar um mês para ser efetivado.

> As empresas de processamento de dados do governo fizeram aprovar algumas leis, dando-lhes um tempo para que as alterações legais entrassem em vigor. Por exemplo, uma alteração das normas da Receita Federal pode levar três meses para ser implantada nos computadores do governo. A lei que "entra em vigor na data de sua publicação" virou um sonho.

5. **Diluição da responsabilidade.** Antes, cada setor era *o dono do seu dado*, ficando fácil saber a quem se dirigir, no caso de necessitar de mais detalhes ou de haver erros. Depois da implantação, qualquer dúvida ou problema será sempre *culpa do computador*. Se um funcionário achar que houve algum erro no cálculo do seu salário, a culpa será sempre *do computador* ou do *pessoal de sistemas* que fez assim (se de fato houver erro, pode demorar até que seja consertado, pois vai envolver várias áreas diferentes: analistas de sistemas, advogados, contadores, pessoal de RH etc.). De fato, não há mais *jeitinhos* nos sistemas integrados (exceto se houver fraude).

> O *dono do dado* é um problema político complicado, pois "sem informação não há controle" (Norbert Wiener, o pai da cibernética), ou seja, quem tem mais informações tem mais poder. É por essa razão que reuniões de diretoria são sigilosas, e muitas informações sociais ou governamentais nunca vêm a público. Mas, quando vêm, causam grandes estragos políticos, como denúncias de juízes corruptos ou detalhes íntimos de príncipes e reis. A censura exercida pelos governos é uma forma tradicional de eles se manterem no poder. No entanto, a idéia de *total transparência* está ganhando terreno no mundo de hoje, com o aumento dos movimentos de cidadania e democratização. Os portais do governo norte-americano, inaugurados na Internet, têm dado um grande passo nesse sentido, com amplo acesso público aos documentos não classificados. Mas, por outro lado, informações militares nunca serão transparentes, pelo mesmo motivo.

6. **Sofisticação das fraudes.** No sistema integrado, as fraudes são mais difíceis de serem detectadas, devido à sua complexidade. A auditoria convencional já não funciona mais. O auditor, além de contabilista, deve também ter um bom conhecimento interno da máquina e do sistema, para poder

Capítulo 5 • Sistemas Integrados e Bancos de Dados **53**

validá-lo convenientemente. A falência da Enron, gigante norte-americana do setor de energia, auditada pela respeitada Andersen Consulting, é apenas um exemplo de um rombo de bilhões de dólares em sistemas computadorizados e auditados. A Equity Funding, também auditada, é outro exemplo clássico. Voltaremos ao assunto no Capítulo 10.

> Jeff Skilling, CEO da Enron, afirmou: "Nosso negócio não é uma caixa-preta. É muito simples ver seu modelo. As pessoas que levantam questões são aquelas que não observaram os detalhes. Temos respostas explícitas, mas as pessoas querem atirar pedras na gente" (*Fortune*, New York, 09 dez. 2001).

7. **Camisa-de-força.** Como não há um modelo global de gestão para todas as empresas, é também impossível haver um sistema padrão para ser implantado. Mas ele existe, e é esse modelo padrão que as empresas que comercializam sistemas integrados (ERPs) procuram implantar. Naturalmente, deve se chegar a um compromisso, às vezes difícil de encontrar: nem mudar o ERP a ponto de comprometê-lo, nem mudar totalmente a empresa para que ela *se encaixe* no modelo. Isso significa que, na prática, várias rotinas e metodologias existentes na empresa terão de ser alteradas para se adequar ao ERP. Grandes mudanças no ERP padrão são menos prováveis.

> Um interessante caso a esse respeito está relatado no livro de Laudon e Laudon (2000, p. 581), sob o título *Using a shoehorn to fit an* ERP *system* (Usando uma calçadeira para ajustar um sistema integrado) [10].

Sistemas Integrados Comercializados

O número de empresas especializadas em bancos de dados integrados, com bastante experiência, não é muito grande, pois não se trata apenas de vender um software, como o Office da Microsoft ou o antivírus da McAfee. O grande e maior problema é *implantá-lo* na empresa, pois é como se fôssemos trocar o sistema nervoso de uma pessoa por outro diferente, *mas sem* que a pessoa deixasse de fazer o que está fazendo. Ou como trocar as turbinas de um avião em pleno vôo.

Por essa razão, a criação de um sistema integrado leva anos e consome milhões de dólares, além de produzir um ambiente de suspense na empresa, principalmente pelo medo de demissões e de mudanças ou extinção de cargos.

No Capítulo 11 voltaremos ao complicado assunto da implantação. Por ora, citaremos algumas empresas de porte que produzem sistemas integrados, a título de exemplo.

A primeira empresa a se especializar em integração foi naturalmente a IBM, com seu MIS (Management Information System), isto é, Sistema Gerencial de Informação, de 1970. Hoje a IBM comercializa o DB2.

Uma segunda empresa — constituída por ex-técnicos da IBM, que se juntaram para pôr em prática outra concepção de sistema integrado — foi a SAP alemã, com seu sistema integrado R/3, de grande sucesso comercial.

A terceira é a Oracle, que comercializa o banco de dados Oracle (*Oráculo*), um dos mais usados. O Oracle tem a vantagem de ter sido concebido para uso intensivo na Internet (curiosamente, Nostradamus chamava o computador de "oráculo", no séc. XVI.)

***

No entanto, um dos problemas dos sistemas internacionais é que não existe um padrão mundial para as várias rotinas da empresa: a folha de pagamento depende da legislação específica de cada país, bem como a contabilidade fiscal. As rotinas padrão do ERP devem ser totalmente modificadas nesses casos. Aí entram as alternativas nacionais de cada país.

No caso brasileiro, a mais conhecida é a DataSul (www.datasul.com.br), uma das grandes e tradicionais empresas especializadas em ERP no Brasil, com muitos anos de experiência. Foi fundada em 1978 e tem sede em Joinville, Santa Catarina. Concorre com a SAP, IBM, Oracle e outras.

Alerta

A implantação de um ERP na empresa é um projeto complexo e deve ser muito bem planejado por uma empresa de consultoria especializada e *independente*, isto é, que não comercialize, não venda ou não seja representante de qualquer sistema ou software.

Caso contrário, a escolha da consultoria implica tacitamente a seleção prévia de um sistema, sem antes se ter analisado se esse sistema de fato é o mais adequado.

Isso é complicado, pois as pessoas sempre tendem a sugerir aquilo que já conhecem.

Aliás, várias empresas de ERP têm treinado e formado consultores especializados em seus produtos, como uma maneira de acelerar as suas vendas no mercado.

O site Data Research DPU (www.dpu.se/raterp_e.html), da Suécia, avalia vários sistemas comerciais de ERP e CRM.

E-business On Demand

A entrada da Internet em cena, no final do último milênio, causou *profundos* impactos nos Sistemas de Informação das empresas:

1. sistemas integrados proprietários – IBM, SAP – tiveram de aprender a conversar com a Internet;

2. redes proprietárias – IBM, Microsoft, Novell – começaram a ser substituídas por redes open source (padrão Internet), facilitando sua interligação;

3. bancos de dados – Oracle, IBM, Microsoft – tiveram de ser modificados para operar dentro da Internet.

A IBM, sempre pioneira, percebeu as mudanças e desenvolveu, em 1996, uma nova filosofia (ou concepção) de rede, chamada de e-business on demand (*negócios eletrônicos quando solicitados*), trazendo uma nova abordagem para a integração dos sistemas, tendo por pano de fundo (*background*) a Internet. Foi a evolução de seu MIS, de 1970. O futuro indica essa direção.

As características de um sistema baseado no *e-business on demand* são:

1. *integração*, coloca em contato consumidores, funcionários, processos e informações pertencentes à *empresa expandida* (isto é, incluindo não só a própria empresa, mas também as que com ela se relacionam, como compradores, fornecedores, consultores, governo etc.);

    Como todo o ambiente está baseado na Internet (um sistema aberto, padronizado e gratuito), é mais fácil conseguir essa integração entre as várias empresas parceiras.

2. *automatização*, reduz a complexidade do sistema e o torna mais *administrável*;

    A idéia é transformar, tanto o processamento dos dados como os processos em serviços padronizados e automáticos, com baixa manutenção (uma *commodity*, como serviços de telefone ou energia elétrica). A segurança também está incluída nesse item. O objetivo é criar um *ecossistema colaborativo*.

3. *virtualização*, aloca automaticamente os recursos computacionais de acordo com a necessidade;

    A *virtualização* se refere à *Grid Computing* (Computação em Grade), uma técnica já usada para criar supercomputadores a partir da interligação de PCs, na qual um pode usar a memória, a CPU e o disco do outro, quando necessário. Com isso, pode-se reduzir a ociosidade dos equipamentos, pois, em média: a) os mainframes não têm o que fazer durante 40% do tempo; b) os servidores trabalham durante menos que 10% do tempo; c) os PCs nada fazem durante 95% do horário comercial. Note que os PCs a serem interligados são os da *empresa expandida*, criando forte economia de escala para todos e reduzindo o total de PCs necessários.

4. *sistema aberto* (open source, não proprietário e gratuito); com ele a empresa pode saber exatamente o que seu software está fazendo (ele deixa de ser uma *caixa-preta*), além de facilitar a adaptação às suas necessidades (*customização total*). Isso é conseguido com o sistema operacional Linux (gratuito); e com aplicativos em Java (da Sun Microsystems).

Os resultados esperados são:

1. maior flexibilidade e rapidez da empresa para responder às constantes mudanças do mercado e do ambiente, pois ela terá um sistema mais flexível;
2. utilização das energias nos objetivos da empresa (*core business*), e não na infra-estrutura computacional;
3. benefícios com a redução dos custos, por usar software open source (Internet e Linux) e um sistema de baixa manutenção (automatizado, virtual e integrado).

Um banco de dados, literalmente

Fontes: IBM. *Adapt and thrive*: the journey to e-business on demand. Disponível em: http://t1d.www-3.cacheibm.com/e-business/doc/content/pdf/odoe11c.pdf.
IBM. *What is it all about, and what does it mean to you?* Disponível em: http://www-106.ibm.com/developerworks/ibm/library/i-ebodov/. Ver também bibliografia abrangente em [11].

CAPÍTULO 6

AS REDES GLOBAIS E A INTERNET

A nova fonte de poder não é o dinheiro nas mãos de poucos, mas a informação nas mãos de muitos.

John Naisbitt

O Que é a Internet

"Uma andorinha não faz verão", diz o ditado. E isso se aplica também aos PCs. De fato, computadores isolados um do outro não teriam possibilitado o que foi a maior revolução tecnológica do fim do milênio: uma nova forma de comunicação global.

A Internet é constituída por 150 milhões de computadores hospedeiros, contendo informações que podem ser acessadas por 550 milhões de internautas. Cerca da metade dos acessos é feita a partir de residências, e a outra metade, a partir de empresas, (dados de 2003, Fig. 6.1).

Um **computador hospedeiro** é todo aquele que *hospeda* algum conteúdo (informações) para ser acessado pelos internautas. Cada hospedeiro é identificado por possuir um endereço, como http://www.ibm.com, que nesse caso é o endereço do site da IBM. O prefixo http significa **hypertext transport protocol**, ou protocolo de transporte de hipertexto, ou seja, queremos transferir uma página em multimídia, contendo textos, hipertextos, sons, imagens etc. Um hipertexto é uma frase ou figura em uma página que, ao ser clicada com o mouse, leva à outra página (que pode estar em outro local da Terra). A sigla www (World Wide Web, ou teia mundial) quer dizer que o site pode ser acessado por navegadores (navigators ou browsers) semelhantes ao que foi desenvolvido pelo European Laboratory for Particle Physics (CERN), ou Laboratório Europeu de Física das Partículas, o primeiro browser (*o que folheia as páginas*) que existiu. As páginas

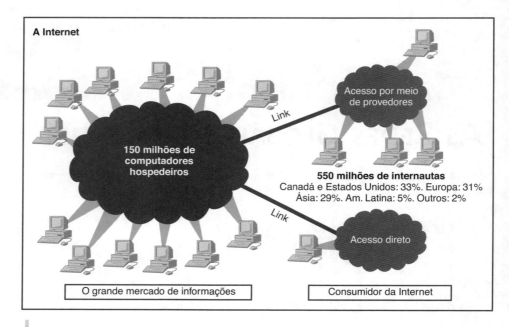

Figura 6.1 A Internet

da www são montadas por meio de uma linguagem específica chamada HTML (hypertext markup language), ou linguagem para marcação de hipertexto [1]. Os navegadores mais conhecidos são o Internet Explorer, da Microsoft (90% do mercado), e o Netscape.

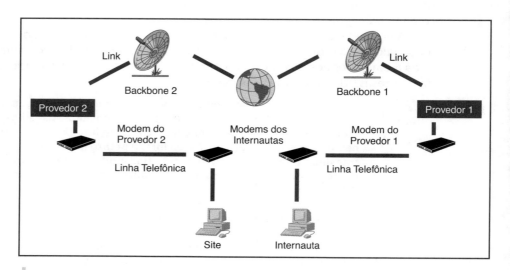

Figura 6.2 Como dois computadores se comunicam pela Internet

A conexão à Internet tanto pode ser direta, usada por empresas médias e grandes que possuem um *link* próprio, quanto por meio de um *provedor de acesso à Internet*, preferido por empresas pequenas e usuários domésticos. A vantagem do provedor de acesso é que, com ele, o custo do acesso à Internet é menor, pois tal custo é rateado entre muitos usuários. Exemplos de provedores conhecidos são o Terra (da Telefônica) [2] e o UOL (Universo Online, dos grupos Abril e Folha) [3]. Na Grande São Paulo, a conexão também pode existir sem necessidade de linha telefônica, como no caso da GIRO [4], do grupo Vésper, que usa banda larga via rádio. Para uso específico de empresas e corporações, existe a Universal Telecom [5], que usa tecnologia avançada, conexões por microondas de alta segurança, banda larga garantida e freqüência própria de transmissão (10,5 GHz). Outra possibilidade é a *Internet pela tomada*, da Eletropaulo e da Kelow, sistema em que se pode utilizar a rede elétrica normal para acessar a Internet em banda larga (ainda em fase experimental).

A conexão entre os links é feita por meio de uma grande rede de alta velocidade chamada **backbone** (espinha dorsal). Cada país pode ter vários backbones interligados. No Brasil, os maiores são o da Rede Nacional de Pesquisa (estatal) [6], usado por universidades e pelo governo, e o da Embratel (privado) [7], usado por empresas.

Os backbones dos vários países se interligam por meio de fibras ópticas e satélites, fazendo com que a Internet seja uma rede espalhada por todo o planeta. A comunicação entre dois computadores em qualquer lugar do mundo pode ser feita em poucos segundos (Fig. 6.3).

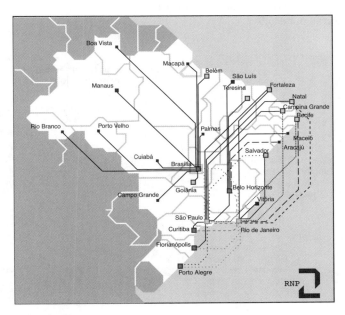

Fonte: http://www.rnp.br/backbone.

FIGURA 6.3 Backbone da Rede Nacional de Pesquisa

A *velocidade da comunicação* é medida em *bits por segundo* (bps). Cada tecla acionada no teclado gera 8 bits (ou 1 byte). Assim, *abc*123 gera 48 bits a serem transmitidos. A conexão por meio da rede telefônica, entre uma residência e o provedor, tem uma velocidade em torno de 28 Kbps, ou 3.500 toques de teclado por segundo. Os links podem operar a 1,5 Mbps. Os backbones ultrapassam 40 Mbps. A velocidade de comunicação entre dois computadores é determinada pela *conexão mais lenta* entre os dois, considerando-se todo o caminho percorrido entre eles. Assim, se houver um congestionamento no meio do caminho, ambos os computadores terão uma comunicação lenta. Uma conexão é dita *de banda larga* quando sua velocidade é superior a 250 Kbps. É necessária ao trânsito de videoconferências, TV e filmes. As linhas digitais da rede telefônica (como o Speed da Telefônica) e os cabos coaxiais da TV a cabo podem propiciar essa velocidade.

A maioria dos países está conectada à Internet, exceto alguns países da África. Mas, mesmo nos casos em que a nação esteja conectada, o acesso pode ser proibido ou controlado por razões políticas, como em Cuba, na China, na Coréia do Norte ou nos países islâmicos. A *restrição existe porque o exercício do poder político depende do controle das informações às quais o público tem acesso.*

Conectando Computadores

As duas maneiras mais comuns de ligar computadores entre si são por meio da *arquitetura cliente-servidor* e da *arquitetura ponto a ponto*, como mostrado nas Figuras 6.4 e 6.5.

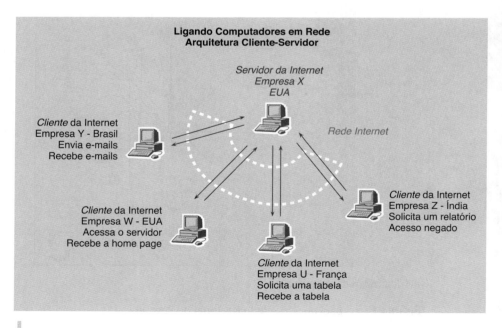

FIGURA 6.4 Ligando computadores em rede: arquitetura cliente-servidor

Capítulo 6 • As Redes Globais e a Internet

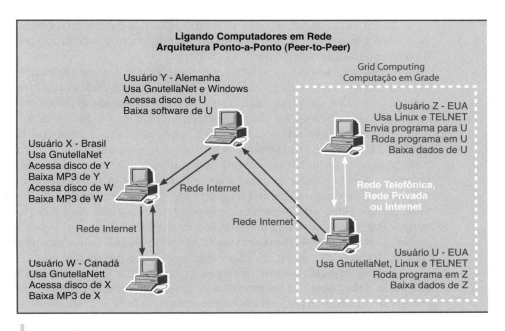

FIGURA 6.5 Ligando computadores em rede: arquitetura ponto a ponto.

Origens da Internet

A Internet começou a ser cogitada em 1964, em plena Guerra Fria (Estados Unidos *versus* União Soviética).

Em 1962, a União Soviética resolveu instalar foguetes nucleares em Cuba apontados para os Estados Unidos, sob a alegação de evitar que a ilha fosse invadida pelos exilados cubanos, com o apoio norte-americano. Os Estados Unidos não aceitaram a intimidação e ameaçaram bombardear a ilha se tais armas não fossem retiradas. O mundo esteve muito próximo de um conflito nuclear. Por pouco, talvez não estivéssemos hoje aqui. Foi a época do presidente John Fitzgerald Kennedy, depois assassinado por motivos até hoje não bem esclarecidos, e de Nikita Khrushchev, da União Soviética.

Após a retirada incondicional dos russos, o Pentágono percebeu que, no caso de uma guerra entre potências, o primeiro alvo a ser atacado seria ele próprio, pois é lá que reside o centro nevrálgico do comando militar. Resolveu, então, solicitar à Rand Corporation, uma empresa especializada em estudos militares e consultora do Pentágono, a criação de uma rede de comunicação e de comando militar, que fosse *à prova de bombardeio nuclear*.

Naturalmente, o pedido foi aceito com reservas, pois a idéia parecia maluca. No entanto, os cientistas passaram a estudar o problema.

Quase dez anos depois, em 1973, Vinton Cerf, o criador da Internet (e depois vice-presidente da MCI), apresentou um estudo em que uma rede naquelas condições poderia ser construída.

A idéia de Vinton foi incrivelmente simples. Ele tomou um texto e dividiu-o em *packets* (pacotinhos) de cerca de 1.000 bytes cada um. Adicionou-lhes um cabeçalho e os enviou pela rede, como se a mensagem estivesse separada em vários envelopes de correio, cada um preenchido com o mesmo destinatário.

A rede que receberia esses packets, por outro lado, foi construída de modo que cada packet seria tratado individualmente e, em cada nó da rede (onde havia bifurcações), o packet seria enviado para a linha que se encontrasse livre para recebê-lo. Desse modo, os packets seguiriam caminhos diferentes até chegar ao seu destino, onde então seriam reagrupados, montados e apresentados ao destinatário. Para este, o processo seria transparente. Para que essa rede funcionasse adequadamente, foi criada uma linguagem comum a toda ela — seu *protocolo* — que se chamou **TCP-IP (Transmission Control Protocol — Internet Protocol)**, ou seja, Protocolo de Controle de Transmissão — Protocolo da Internet.

Com isso, se uma parte da rede fosse bombardeada, rotas alternativas seriam utilizadas pelos *routers* (roteadores), que são os equipamentos responsáveis pelo encaminhamento dos packets aos vários pontos da rede (a Cisco — www.cisco.com — é a maior fabricante de roteadores).

Como toda idéia nova, a da Internet foi inicialmente recebida com reservas. Mais oito anos se passaram até que o primeiro protótipo da rede fosse de fato construído, em 1982, pela Rede da Agência de Projetos de Pesquisa Avançada da Defesa dos Estados Unidos (ARPANet).

A rede, que foi chamada de Internet (*entre Redes*), foi um sucesso e começou a se expandir. Novas aplicações eram descobertas. A primeira foi o e-mail (*electronic mail*), transformando-a também em um *correio eletrônico*.

Em 1989, a Internet sai do Departamento de Defesa dos Estados Unidos e passa a ser usada pelas empresas e organizações. Em 1995, metade da Internet já

QUADRO 6.1 O sucesso meteórico da Internet

Quanto tempo levou para atingir 50 milhões de usuários	
Automóvel	55 anos
Eletricidade	46 anos
Telefone	35 anos
Forno de microondas	30 anos
Televisão	26 anos
Rádio	22 anos
Microcomputador	16 anos
Telefone celular	13 anos
Internet	4 anos

Fonte: Veja, São Paulo, 29 jul. 1998, p. 36.

se localizava fora dos Estados Unidos; foi quando ela começou a funcionar também no Brasil, por meio da Embratel, então uma empresa estatal (depois adquirida pela MCI). A Internet não tinha mais dono: acabara de ser de domínio público. Desde então não parou de crescer: em 2002, a cada minuto, 46 novos computadores hospedeiros eram conectados à Internet.

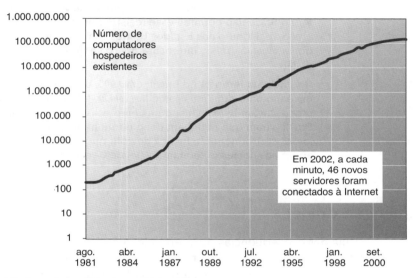

Fonte: http://www.isc.org/ds/host-count-history.html.

FIGURA 6.6 O crescimento explosivo da Internet (escala logarítmica)

Nomes de Domínio

Os endereços usados na Internet são separados de acordo com o tipo de site. Basicamente, há seis tipos:

1. com: empresas comerciais e sites pessoais;

2. edu: universidades e escolas;

3. net: operadores de backbones;

4. gov: órgãos do governo;

5. mil: órgãos militares;

6. org: organizações não governamentais (ONGs) ou não lucrativas.

Nos sites dos Estados Unidos, esses são os sufixos do endereço Internet. Para os demais países, eles vêm antes da sigla do país [8] onde está o site. Assim, *www.xxx.com.br* se refere a uma empresa comercial de nome *xxx*, localizada no Brasil. Já *www.xxx.com* é uma empresa *xxx* localizada nos Estados Unidos.

Os termos *xxx.com.br* ou *xxx.com* se chamam **nomes de domínio** e são de propriedade de quem os registrar primeiro. Há uma pequena taxa anual para manutenção dessa propriedade. Para consultar um nome de domínio, acesse http://registro.br.

> Certa vez, José quis abrir um site de nome *gostosa.com.br*, mas o Comitê Gestor no Brasil não permitiu esse registro por considerá-lo "indecente". José, então, registrou-o nos Estados Unidos como *gostosa.com*, o que acabou dando na mesma, pois o internauta pouco se importa com a localização física do site.

> No início da Internet no Brasil, em 1996, uma pessoa começou a registrar em seu nome domínios como *ibm.com.br*, *ford.com.br* etc., pois esses domínios estavam livres. Quando as empresas resolveram abrir seus sites no Brasil, viram que já tinham dono e teriam de comprá-los para poder usá-los. Posteriormente, a Justiça decidiu que a marca registrada também se aplica aos nomes de domínio. A lei de Gerson não deu certo.

Intranet e Extranet

Uma das conseqüências da Internet foi a padronização das redes, que antes eram privadas e proprietárias, com protocolos e sistemas próprios.

As empresas começaram a adotar o padrão Internet em suas redes internas, devido a uma série de vantagens:

1. software gratuito: **Open Source padrão Unix**, como o servidor Apache; o uso da tecnologia da Internet não requer licenciamento nem pagamento de royalties, pois é de domínio público;

2. a comunicação nas redes internas das empresas ficou simples, pois todas *falavam a mesma língua* (protocolo TCP-IP).

3. funcionários recém-admitidos poderiam imediatamente começar a usar a rede interna, sem precisar de longos treinamentos, como ocorria com as redes proprietárias;

4. os recursos da Internet — e-mails, browsers etc. — eram imediatamente disponibilizados para as empresas, sem custo adicional, desde que o ambiente fosse Unix.

Esse movimento obrigou as empresas que vendiam sistemas proprietários a oferecer também alternativas para a Internet, como foi o caso da SAP alemã.

O único problema das redes internas era o acesso externo, pois qualquer internauta poderia entrar nessas redes. A solução foi *bloquear* o trânsito não autorizado (de concorrentes, hackers, funcionários etc.) por meio de firewalls ou VPNs (Virtual Private Networks).

Capítulo 6 • As Redes Globais e a Internet **65**

Uma rede interna, com padrão Internet, mas de acesso controlado, chama-se **Intranet** (*rede para dentro*), hoje usada pela maioria das empresas. E, quando duas intranets se conectam (fornecedor e comprador, por exemplo), cada uma podendo acessar a outra, temos uma **Extranet** (*rede para fora*).

A Internet-2

O crescimento explosivo da Internet superou todas as expectativas e logo começou a congestionar os backbones, tornando o acesso lento e demorado. A solução foi criar uma nova tecnologia, com tráfego mais rápido, bem como expandir a capacidade dos endereços Internet, que também começavam a escassear.

A nova Internet se chamou **The New Generation Internet** (a Internet de Nova Geração), também conhecida como Internet-2 (www.ngi.gov). Ela permite velocidades da ordem de um Terabit por segundo, ou seja, é possível baixar 20.000 Bíblias em um segundo.

A expansão dos endereços foi possível com a nova versão 6 do protocolo IP (Internet Protocol), chamada de IP-6 [9].

A Internet e a Bolsa de Valores

Com o sucesso da Internet, muitas empresas começaram a se instalar, a exemplo do que ocorreu com o lançamento do primeiro PC, em 1981. Os investidores acompanharam essa *correria*, e as ações dessas empresas se valorizaram rapidamente, a partir de agosto de 1998.

A Amazon.com, por exemplo, que começou vendendo livros pela Internet em uma sala com alguns computadores, passou a valer mais que a Petrobras. Além disso, mesmo a empresa apresentando contínuos prejuízos, os investidores continuavam a comprar suas ações na Bolsa. Esse aparente paradoxo passou a ser chamado de *a nova economia*.

As empresas mais antigas, já estabelecidas no mundo real, também começaram a instalar seus sites. Algumas até resolveram mudar definitivamente para o mundo virtual, fechando suas lojas e demitindo seus empregados. O exemplo da Federal Express foi típico.

O *boom* (crescimento rápido) foi até fevereiro de 2000, época em que a Microsoft foi condenada pela Justiça norte-americana por suas práticas de comércio e de monopólio, quando então as cotações das empresas da Nasdaq começaram a cair. A queda terminou em março de 2001, quando voltaram a acompanhar o tradicional índice industrial Dow Jones (Fig. 6.7).

A Nasdaq (National Association of Securities Dealers Automatic Quotation) ou Cotação Automática da Associação Nacional dos Distribuidores de Valores, é um índice (como o da Bovespa) que reflete a média de 100 empresas de alta tecnologia, muitas ligadas às áreas de informática e Internet (hardware, software, telecomunicações, comércio eletrônico, biotecnologia etc.). Entre as empresas que compõem esse índice estão: 3Com (modems), Adaptec (placas controladoras de disco SCSI), Adobe (software gráfico), Amazon (livros, CDs etc.), Apple (computadores), Cisco (roteadores), Dell (computadores), Intel (CPUs), Google (search engine), Microsoft (softwares), Oracle (bancos de dados), VeriSign (cartório virtual), Yahoo (portal).

O fim do *boom* já era previsto, pois nenhuma empresa consegue crescer acima da taxa média da economia (PIB) por muito tempo.

> A taxa de crescimento da economia é a variação anual do produto interno bruto (PIB), que mede o total das vendas do país (entre as empresas e entre estas e os consumidores). Se a economia estiver em expansão, essa taxa poderá ser algo como 5% a 7% ao ano. Se estiver estagnada ou em recessão, a taxa oscilará em torno de zero. Em depressão (vendas físicas diminuindo, desemprego crescente), a taxa será negativa. No *boom*, a taxa poderá passar de 10% ao ano.

A volta à normalidade foi desastrosa para a maioria, mas lucrativa para quem vendeu sua empresa durante o *boom*. As que não conseguiram se manter com seu faturamento tiraram os sites do ar ou colocaram-nos à venda. As que permaneceram começaram a vender as informações, como foi o caso de jornais, institutos de pesquisa etc. Sites pessoais, com muito material interessante, também fecharam, depois de solicitarem doações dos internautas, sem resultado. O *enxugamento* foi amplo e geral, como também ocorreu com a indústria do PC, na década de 80. O ditado "there is no free lunch" (não há almoço de graça) começou a vigorar. A I*nternet gratuita* murchou, ficando restrita aos não ponto com.

Em paralelo, a propaganda e as malas diretas (spam), que geram receitas para os sites, aumentaram bastante, seguindo o caminho da TV comercial, em que os programas a que assistimos gratuitamente são pagos pelos anunciantes. Afinal, a receita deve vir de algum lugar.

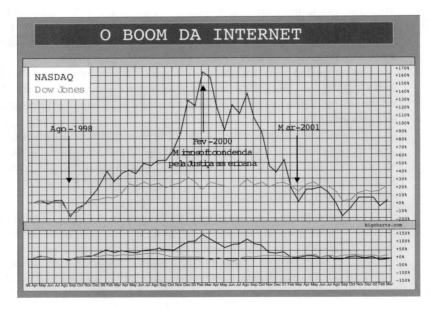

FIGURA 6.7   O boom da Internet

Fenômenos semelhantes sempre têm ocorrido com as novas tecnologias. Nos anos 20, havia mais de 2.000 fabricantes de carros nos Estados Unidos. Na década de 80, existiam dezenas de fabricantes de microcomputadores no Brasil. A Internet não foi exceção à regra.

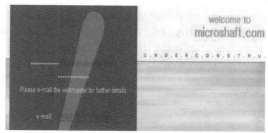

Um site à venda. O anúncio diz: "Este domínio está à venda. Envie e-mail ao webmaster para mais detalhes".
Fonte: www.microshaft.com

Usos da Internet

As novas aplicações da Internet não param de surgir. Entre as já estabelecidas, estão:

1. colaboração internacional (como projetos elaborados em vários países ao mesmo tempo pela indústria automobilística);
2. correio eletrônico (e-mail);
3. educação a distância e treinamento (*universidade virtual*);
4. distribuição de software, tanto pago como gratuito (freeware, GNU);
5. música em MP3;
6. pesquisa científica, por meio de *newsgroups* (painéis de discussão);
7. consulta a bibliotecas e download de livros (como no Projeto Gutenberg — http://gutenberg.net);
8. serviços de atendimento ao consumidor (SAC);
9. comércio eletrônico (compras e vendas pela Internet);
10. movimentos políticos e de cidadania (geralmente via e-mail);
11. notícias diárias de jornais, como o Edupage — www.educause.edu/pub — (gratuito);
12. rádio e TV;
13. chat (bate-papo);
14. lazer, jogos e divertimentos.

Veja um FAQ executivo sobre a Internet (em inglês) em [10].

As **FAQ (Frequently Asked Questions)**, ou perguntas freqüentes, são um subproduto dos grupos de discussão (*newsgroups*) (http://groups.google.com). Por exemplo, abre-se um grupo sobre o tema *Internet*. Depois de meses (ou anos) de funcionamento desse painel, o moderador ou guru seleciona as perguntas mais comuns e as respostas corretas. Esse é o FAQ desse *newsgroup*. Há na Internet um site (www.faqs.org/faqs) especializado em indicar FAQs sobre os mais variados assuntos. As FAQs *são um dos mais úteis repositórios de conhecimentos*. Quem quiser ficar a par de um dado assunto, basta procurar a FAQ correspondente (se existir).

CAPÍTULO **7**

O IMPACTO DA INTERNET NA SOCIEDADE

No mundo virtual, o que importa são as idéias, não as pessoas.

A EggHead, uma importante cadeia de varejo americana, demitiu 80% de seus 1.000 funcionários e concentrou seus negócios no comércio virtual.

Revista Internet Business, p. 44, Nov. 1998.

A Kodak dispensa 15.000 funcionários, devido à câmera digital.

O Estado de S.Paulo, São Paulo, p. B8, 23. jan. 2004.

A Intel reduziu os níveis hierárquicos de 10 para 5. A America Online (AOL) encontra novas sinergias e corta 20% do pessoal da Netscape.

Associated Press, New York, 24 Mar. 1999.

As áreas de informática e telecomunicações necessitam hoje de milhares de profissionais qualificados. Pesquisa da consultoria DPS mostra que a quantidade de pessoas com experiência nesses campos não atende nem a 10% da demanda. O setor de telecomunicações deve chegar ao ano 2000 com carência de 200.000 trabalhadores. Em informática, haverá cerca de 10.000 postos de trabalho não preenchidos. Só a telefonia celular deve abrir 97.000 vagas nos próximos quatro anos. Sindicatos de trabalhadores acusam as escolas tradicionais de estar formando jovens para o desemprego, já que qualificam estudantes para profissões em extinção.

O Estado de S.Paulo, São Paulo, p. 1, 08 maio 1998.

Enquanto a Internet demite, o mercado tradicional de informática nos Estados Unidos continua ávido por profissionais. Das 900.000 vagas no setor previstas para este ano, 425.000 não serão preenchidas por falta de candidatos habilitados. Quem diz é a Associação Americana de Tecnologia da Informação.

O Estado de S.Paulo, São Paulo, p. I2, 09 abr. 2001.

A Internet é o fim das civilizações

O Centro Nacional de Computadores do Iraque anunciou que certos escritórios governamentais daquele país brevemente terão acesso à Internet. Tal acesso será estritamente limitado, de forma que os iraquianos "não sejam afetados pelos pensamentos negativos do Ocidente". Um importante jornal de Bagdá já havia apontado que a Internet seria o "fim das civilizações, das culturas e da ética".

Washington Post, Washington, 04 Feb. 1999.

Uma Mudança Cultural

As notícias anteriores não constituem um caso isolado no mundo de hoje. De fato, a Internet está provocando uma profunda transformação na maneira como as empresas operam e como a sociedade evolui. Aquelas que não entenderem a mensagem do mercado vão se tornar obsoletas, o mesmo ocorrendo com vários postos de trabalho e respectivas profissões. Tais transformações, no entanto, não ocorrerão de um dia para outro. Ao contrário, dependerão da *mudança cultural da sociedade*.

Com efeito, a Internet não é apenas uma nova tecnologia de comunicação, ou uma nova maneira de interligar os computadores. Isso é apenas a ponta do iceberg. Na verdade, a Internet está mudando a forma como as pessoas se relacionam, a maneira de as empresas funcionarem, o jeito de enxergar o mundo globalizado.

Uma mudança de tal vulto, *que ocorre na mente das pessoas*, geralmente *demora uma geração* (25 anos) para se processar e se estabelecer. A razão é simples. Quem nasceu quando a Internet ainda não existia foi criado e educado dentro de certo padrão de referência social. Por exemplo, aprendeu que um documento, para ter validade, deve estar em papel e ter firma reconhecida em cartório. Vai ser difícil mudar essa forma de ver as coisas em uma pessoa a caminho da terceira idade.

Por outro lado, quem nasceu com a Internet já fazendo parte da sua vida tem outra visão de mundo. Veja este exemplo real: a mãe pede ao filho que vá ao supermercado fazer as compras do mês. O filho, com 16 anos, responde: "Para que ir até lá, perdendo tempo, gastando gasolina e ainda podendo ser assaltado? Vou fazer o pedido pela Internet e amanhã estará aqui. É só clicar na lista do mês anterior e pronto. Não leva nem um minuto".

Quando esse *teenager* chegar aos postos de comando de uma empresa, então a Internet terá se consolidado definitivamente. Antes disso, a natural reação conservadora dos que não nasceram com a Internet fará com que ela caminhe mais devagar.

É isso o que se chama **mudança cultural** e que leva uma geração para se instalar. Aconteceu com o computador nos anos 70. Ocorreu com o PC nos anos 80. Está se dando com a Internet na virada do milênio.

Naturalmente, essa transformação não acontece de forma totalmente pacífica. Durante a Revolução Industrial (época da Revolução Francesa), quando as

Capítulo 7 • O Impacto da Internet na Sociedade

máquinas a vapor começaram a substituir os músculos humanos, houve muitas revoltas. Operários invadiam fábricas e quebravam as máquinas, que estavam tirando seus empregos. Quando as lâmpadas elétricas começaram a substituir os lampiões de gás, no início do século XX, os acendedores de lampião, à noite, quebravam as lâmpadas, revoltados com a extinção de sua profissão.

Claro que com a Internet esse tipo de reação não houve, mesmo porque nem se sabe exatamente o que deve ser quebrado. A rede é muito complicada e globalizada. Mas as reações se dão em outro nível. Eis um caso real: uma prefeita mandou desligar os PCs de uma empresa municipal, pois "estavam gerando desemprego".

No entanto, nem por isso as transformações deixam de suceder. As antigas datilógrafas não existem mais. As secretárias estão desaparecendo, com o *teletrabalho* (*telecommuter*) e a *automação dos escritórios*. Mecanismos de busca (search engines) muito eficientes, como o Google [1], tiraram das bibliotecárias sua função mais nobre: a pesquisa bibliográfica. A rígida hierarquia verticalizada está dando lugar a uma equipe horizontal de colaboradores (*team*), com um coordenador que nem sempre conhece seus "subordinados" e muito menos onde se encontram. É uma revolução e tanto.

No mercado de trabalho, isso gera duas atitudes por parte dos empregados. Os mais antigos, normalmente avessos a grandes mudanças, acabam pensando em se aposentar, ou acabam desempregados. Os mais novos, notando que sua profissão está sendo extinta ou reformulada, voltam à escola para *aprender de novo* (*recycling*, ou reciclagem profissional).

Os que ficaram desempregados sofreram os efeitos do *desemprego tecnológico*. Foi o que ocorreu com os acendedores de lampião que não quiseram procurar outra profissão.

Na verdade, o que os computadores e a Internet estão provocando no mercado de trabalho é um *nivelamento por cima*. As tarefas mais simples, que não requerem grandes habilidades, ao serem substituídas pelos computadores, obrigam seus executantes a procurar tarefas mais complexas, que ainda não podem ser feitas por máquinas.

Um caso real se deu em uma empresa que começou a ser informatizada. Havia uma *central de datilografia*, na qual os relatórios, estudos e pesquisas eram transformadas de manuscritos em documentos profissionais. Com a informatização, os documentos começaram a ser impressos pelo próprio autor na impressora do computador. As 35 datilógrafas se tornaram *desempregadas tecnológicas*. Mas não foram demitidas (*não se devem demitir bons funcionários*). Receberam um treinamento para serem *operadoras de data entry* (digitação de dados do papel para o banco de dados), uma profissão que requer mais massa cinzenta do que datilografia. Algumas, de mais idade, não conseguiram acompanhar o curso, mas a maioria se adaptou bem à nova profissão, além de ter seu salário aumentado. O computador obrigou-as a um *nivelamento por cima*.

Como disse o sociólogo e visionário Alvin Toffler, "o analfabeto do século XXI não será aquele que não souber ler ou escrever, mas o que não puder aprender, desaprender e aprender de novo".

Mundo Real e Mundo Virtual

Uma revolução que a Internet gerou foi a banalização do *mundo virtual*. Um exemplo típico (e antigo) de mundo virtual é o *simulador de vôo*. O piloto entra em uma cabine de avião, à qual estão ligados inúmeros equipamentos que lhe dão a sensação de estar de fato pilotando um avião. O treinador, então, operando um computador, simula várias situações reais, como a pane em uma turbina, uma tempestade etc., que são fielmente reproduzidas na cabine do simulador. O piloto deve tentar resolver a situação problema. Passando nos testes, está habilitado a continuar em sua carreira profissional.

Embora o cérebro do piloto tenha assumido uma situação real, a falha da turbina e a tempestade não colocaram em risco a vida de ninguém e, ainda, permitiram-lhe ambientar-se com tais situações pouco usuais do mundo real. *Foi uma vivência na realidade virtual.*

Claro que a Internet não chega a esse ponto de total imersão na realidade virtual. Mas passa perto. Quando estamos conversando em um chat (bate-papo virtual), trocando e-mails com alguém, ou comprando um produto em um site, agimos dentro de uma realidade virtual. Não enxergamos nem sentimos as pessoas ou os produtos, mas agimos como se estivéssemos no mundo real: vivemos apenas de imagens e sons, como na TV.

Simulador de vôo do Boeing 737 (www.boeing.com).

A tabela a seguir ilustra algumas diferenças entre o *mundo real* (onde estamos acostumados a viver) e o *mundo virtual* (o mundo da Internet).

QUADRO 7.1   Diferenças entre o mundo real e o mundo virtual

Mundo virtual	Mundo real
1. Privacidade	
Sua privacidade é protegida, a menos que você a queira revelar. A camuflagem e o disfarce pessoal são possíveis. Você pode até se apresentar como um *rico fazendeiro* ou como uma *gata sexy* (*Veja*, São Paulo, 29 out. 1997 [2]). Nos chats e nos e-mails, você pode usar um nome fictício.	Você está vendo a pessoa com quem fala, ou então está ouvindo sua voz e sabe quem ela é. As cartas anônimas são pouco comuns. Os trotes podem ser descobertos com os identificadores (Bina).
2. Comportamento	
Seu comportamento é livre e você pode se manifestar sem restrições, caso se mantenha anônimo. Os provedores costumam manter a identificação do usuário sob sigilo.	Você não discute com estranhos assuntos íntimos ou pessoais. Se ofender alguém, pode ser agredido fisicamente ou processado.

(continua)

Capítulo 7 • O Impacto da Internet na Sociedade 73

(continuação)

3. Legislação	
Há poucas leis sobre o mundo virtual, ficando os julgamentos a critério da jurisprudência (a opinião média dos juízes de Direito). Mesmo assim, se seu site estiver em outro país, as decisões legais de um país não se aplicarão ao outro. Para que o internauta seja processado, sua identidade precisa ser revelada, o que nem sempre é possível (direito à privacidade). Veja um caso real em [3]. E em [4] há outros.	Vivendo em um país, você está sujeito às suas leis e pode ser processado se não as cumprir. E as empresas se submetem às leis do país em que se instalam.
4. Censura	
A Internet é refratária à censura. Se um site for retirado do ar, pode ser instalado em outro país em pouco tempo, e todos poderão continuar a acessá-lo. Não há assuntos proibidos. Você pode acessar o que quiser: a decisão é sua.	As obras geralmente são censuradas pelos editores de jornais e revistas, ou são vetadas, dependendo do assunto.
5. Fronteiras geográficas	
Não há fronteiras geográficas, exceto onde não houver a Internet. Você é cidadão do mundo e não de seu país.	Para ir de um país a outro, você precisa de autorização de ambos os países. Sua cidadania é definida.
6. Tempo	
Não há noção de tempo (não faz sentido dizer "bom dia"). Não existem *horários de funcionamento*. As lojas virtuais funcionam 24 horas, pois o acesso pode se dar de qualquer lugar do globo. Não há feriados (que dependem do país). Não existe dia ou noite.	Há horário para o trabalho, para o lazer e para o repouso. Existem sábados, domingos e feriados.
7. Acesso às pessoas	
As comunicações são rápidas e desburocratizadas. Dependendo do assunto, você poderá ser atendido ou não. Mas o contato sempre pode ser realizado, sem depender de autorização.	Você deve marcar horário ou entrar em filas. Pode esperar dias até ser atendido, ou não ser.
8. Mídia	
Não existe papel, as informações são eletrônicas. A autenticidade se dá pela identificação da fonte ou pela chave criptográfica, sendo esta uma substituta mais segura da *firma reconhecida* do mundo real.	Todas as informações necessitam de um suporte físico, geralmente o papel. Os documentos autênticos têm *firma reconhecida* (embora possam ser falsos).
9. Simultaneidade	
Você pode estar em vários lugares ao mesmo tempo (como em um chat). Você pode participar de uma reunião internacional sem sair do local de trabalho (videoconferências).	Você só pode estar em um lugar ao mesmo tempo.

(continua)

(continuação)

10. Restrição tecnológica	
Para entrar no mundo virtual, você deve possuir computador, modem, software etc.	Você habita o mundo real desde o momento em que nasce.
11. Roubo e fraude	
O roubo a bancos é mais seguro e com menos riscos. A identificação do ladrão nem sempre é possível. Milhões de dólares são furtados anualmente.	O ladrão é sempre alvo de alguma arma de fogo (exceto se for um fraudador).
12. Rapidez de acesso	
O acesso às informações é rápido e com maior riqueza (bibliotecas, jornais, home pages), devido a mecanismos de busca eficientes como o Google.	Para encontrar uma informação em uma biblioteca ou em um jornal, você pode gastar dias de pesquisa, ou mesmo não encontrá-la. A indexação é obsoleta e falha (Classificação Decimal Universal – CDU, Classificação Decimal de Dewey – CDD, índice remissivo etc.).
13. Compras e cursos	
Você pode fazer compras sem sair de casa (*shopping* virtual). A entrega é feita no local escolhido. Você também pode fazer um curso em casa (universidades virtuais).	Você deve se deslocar até o local, gastando combustível (e poluindo o ar), perdendo tempo e aumentando o risco de ser assaltado.
14. Cidadão do mundo	
Não existem diferenças étnicas, sexuais, econômicas, etárias etc. Mas pode haver diferença de nacionalidade (detectada pelo domínio geográfico). O brasileiro, no Primeiro Mundo, tem dificuldade de se relacionar, pois não é levado a sério. Alguns evitam o *com.br* em seus sites e e-mails para contornar essa rejeição. Situação semelhante ocorre entre o Brasil e a África.	Você sempre é identificado pois está sendo visto e/ou ouvido.
15. Liberdade de criação	
Tudo pode ser feito, desde que seja programável. Por exemplo, você pode ir a Marte em uma viagem simulada, ou pilotar um avião (Flight Simulator da Microsoft).	Você sempre sofre as limitações do mundo real.
16. Inglês	
A língua oficial é a inglesa em 60% dos sites. Sem ela, você não conseguirá ser um *cidadão do mundo*.	Você fala a língua do país onde estiver.
17. Pirataria	
A pirataria de software, de músicas e de obras é livre. É difícil um pirata ser pego, se souber se esconder. O estoque não pode ser confiscado, pois pode ser facilmente transferido para outro país.	Se você vender ou distribuir uma obra pirateada, poderá ser pego mais facilmente, e seu estoque será confiscado.

(continua)

(continuação)

18. Gratuidade	
Você pode ler um jornal ou revista sem comprá-los. Pode ouvir música sem comprar o CD. Pode obter software gratuitamente (shareware, freeware, GNU).	Você precisa comprar ou tomar emprestado o que deseja.
19. Agente ativo	
Você é uma pessoa necessariamente ativa e dona de suas decisões. Você decide aonde quer ir e o que quer ver ou receber (inclusive propaganda). Você interage ativamente com as outras pessoas.	Quando assiste à TV ou lê um jornal ou revista, você é meramente passivo e o máximo que pode fazer é mudar de canal ou fechar o jornal ou a revista.
20. Simultaneidade de acesso	
Todos podem acessar o mesmo documento ao mesmo tempo.	Em uma biblioteca, isso não é possível.
21. Liberdade de publicação	
Você pode publicar o que quiser (home page). As novas edições são rápidas (basta dar um upload). São fáceis de ser encontradas (search engines). Entretanto, os livros publicados em papel não se encontram na Internet, pois (ainda) não há como receber os direitos autorais. Mas obras de domínio público podem ser encontradas, como no Projeto Gutenberg.	Você depende da confirmação de um editor. Uma publicação leva meses para ser distribuída. Pode se esgotar, quando então não é mais encontrada. O custo é bem maior que o de uma publicação virtual, pois nesta não se usa papel.

Impacto na Sociedade

A Internet está causando várias mudanças culturais, nos hábitos das pessoas, nos modelos dos negócios e nos tipos de relacionamento. A seguir, são mostrados exemplos dessas alterações.

No entanto, é necessária aqui uma *advertência*. A Internet está sinalizando profundas alterações, como a extinção de intermediários (atacadistas, corretores), transformação de escolas em simples sites de ensino a distância etc. Mas isso não significa que essas atividades sejam extintas definitivamente do mundo real e, muito menos, que essa mudança vá se dar do dia para a noite. A razão é simples: tratando-se de impactos da Internet, esses só poderão acontecer *onde houver Internet*. Assim, em países adiantados, onde a Internet já atinge 70% da população, tais impactos serão mais fortemente sentidos. Já em países não adiantados, onde a Internet é usada por menos de 1% da população, tais impactos não se farão notar (ver Quadro 7.2).

No caso do Brasil, notemos que o pequeno número de internautas (8%) representa a parte da população que paga os impostos, trabalhando cinco meses por ano para o governo federal.

Sistemas de Informação – Uma Visão Executiva

QUADRO 7.2 Penetração da Internet em alguns países

País	% da população que usa a Internet (2003)
Suécia	68,5
Estados Unidos	60,1
Noruega	59,6
Austrália	53,8
Coréia do Sul	53,0
Suíça	52,7
Inglaterra	50,8
Alemanha	50,2
Japão	44,1
Portugal	43,7
Taiwan	28,7
França	28,4
Brasil	8,0
Argentina	5,3
China	3,5
México	3,4
Rússia	1,2
Índia	0,7
Irã	0,6
Síria	0,3
Uganda	0,2
Nigéria	0,1
Chade e Etiópia	0,0

Fonte: http//:www.e-commerce.org.br/STATS.htm.

Fábricas de Brinquedos

As fábricas de brinquedos sofrerão a concorrência dos jogos da Internet e dos *videogames*. Talvez essas fábricas fiquem restritas ao mercado infantil até sete anos, idade em que as crianças ainda não estarão acessando a Internet.

Empresas que Exigem a Presença dos Trabalhadores no Local de Trabalho

Trabalho é aquilo que você faz, e não o local para onde você vai.

A presença no local de trabalho já não é necessária para algumas profissões como professores (exceto para dar aulas), jornalistas (que podem preparar sua matéria em casa), pesquisas (exceto quando exigirem instalações e laboratórios), vendedores etc.

Capítulo 7 • O Impacto da Internet na Sociedade

O crescimento da Internet poderá fazer com que esse hábito vá mais longe. Estando o funcionário constantemente conectado à sua empresa, poderá desenvolver seu trabalho em sua própria casa, bem como participar de reuniões ou de projetos (o que já ocorre em grandes empresas, nas quais trabalhos são desenvolvidos em grupos virtuais, estando seus componentes situados em várias cidades do globo). Isso já é possível graças a e-mails, chats, videoconferências, webcameras, *Internet phone* (VoIP —*Voice over* IP) e outros recursos.

Isso reduzirá os custos das empresas, pois menos imóveis e instalações serão necessários ao seu funcionamento. No limite, a empresa poderá funcionar apenas com uma sala, onde residirá o servidor da rede (computador). Para os funcionários, também serão reduzidos os custos de transporte (e eles ganharão umas três horas de lazer a mais por dia) e das refeições. Claro está que o faturamento dos sistemas de transporte (metrô, postos de gasolina, lojas de pneus etc.) também será reduzido.

Esse novo modo de trabalho se chama **teletrabalho** (*telecommuter* ou *telework*). Algumas empresas, como IBM, Shell e Cisco, já usam esse modelo.

Eis algumas organizações ligadas ao teletrabalho:

SOBRATT: Sociedade Brasileira de Teletrabalho e Teleatividades

IATC – The International Telework Association & Council (USA)

American Telecommuting Association

Canadian Telework Association

Telecommuting & Safety Institute

European Telework

European Community Telework

Austrian Telework Association: Österreichische Telearbeittsvereinigung

AFTT – Association Française du Télétravail et des Téléactivités

Verband Telearbeit Deutschland (Alemanha)

Telework Ireland – TWI (Irlanda)

Società Italiana per il Telelavoro

Nederlands Telework Forum (Holanda)

Associação Portuguesa para o Desenvolvimento do Teletrabalho

Associación Española de Teletrabajo

Telecottage Association Sweden (Suécia)

TCA – Telework, Telecottage and Telecentre Association (UK)

TeleWisa

Scottish Teleworking Association

Telework New Zealand

Romanian Telework Society (Romênia)

Telecottages Wales (Gales)

No entanto, cabe aqui uma advertência: há também o risco do teletrabalho transformar os empregados em free-lancers domésticos, no longo prazo.

Cirurgia Médica

Dia virá em que o cirurgião não mais precisará ir até o hospital para realizar uma cirurgia. Aliás, não precisará nem mesmo residir na cidade, pois a operação poderá ser feita pela Internet, com o uso de robôs [5].

Vários diagnósticos também poderão ser realizados a distância e automaticamente, tornando mais rápida e barata a pré-consulta. Isso ajudará o médico em seu diagnóstico final (ver o Capítulo 13).

Headhunters, Firmas de Contratação de Pessoal e Departamento de Pessoal

A procura e a oferta de empregos vão se dar em sites especializados. De um lado, os profissionais enviarão seus currículos, que serão cadastrados e indexados. Por outro, as empresas procurarão funcionários nesses sites, fornecendo o perfil desejado e obtendo do banco de dados de recursos humanos uma lista de pessoas que satisfaçam esse perfil. Um processo rápido, barato e, sobretudo, muito mais eficiente, pois não dependerá de anúncios em jornais nem de cadastros pessoais das empresas.

A validade das informações fornecidas também será mais fácil de conferir (hoje boa parte dessas informações nem sempre é verificada), dada a interligação via Internet entre bancos de dados de escolas e universidades (para verificar se o diploma citado não é falso), de empresas (confirmando ter o funcionário lá trabalhado) etc.

Manifestações Públicas

O uso da Internet como instrumento de pressão política já existe. Movimentos contra a aprovação de leis restritivas à Internet, no Congresso norte-americano, contra a matança generalizada no Timor Leste e outros já são fatos corriqueiros. E os políticos têm percebido que, por trás de cada e-mail recebido — e o volume da correspondência eletrônica pode passar de milhões —, sempre existe um eleitor [6].

A Internet também fez renascer o antigo "Meu Querido Diário", agora sob o nome de **Blog** (abreviação de Web Log, ou Diário da Web — www.blogger.com). Quem tem seu Blog na Internet é chamado de blogger ou blogueiro. Em estilo jornalístico, cada um escreve o que bem entende, como antigamente. Com a diferença de que agora o texto é público.

O *flash mob* (multidão relâmpago) é outra novidade. Por meio de e-mails, internautas combinam um local e hora para fazer uma manifestação contra qualquer coisa. Em Nova York, reuniram-se por alguns minutos para gritar contra um inofensivo dinossauro existente em uma loja. Em São Paulo, nem motivo teve, embora um ou outro tivesse aproveitado para incentivar o download de MP3 [7]. Os que praticam o *flash mob* se chamam *mobbers*.

A origem desse tipo de manifestação já foi analisada em 1995:

> "Se acabarem com as torcidas uniformizadas, seremos mais de 80 mil jovens sem ter no que acreditar" (Paulo Serdan, presidente da Mancha Verde, a torcida organizada do Palmeiras – *Folha de S.Paulo*, São Paulo, 25 ago. 1995). A Mancha Verde e a Tricolor Independente foram extintas pela ação do Ministério Público, em 1995, depois de várias guerras campais que resultaram na morte de um torcedor de 16 anos (em 20 de agosto de 1995).

O primeiro flash mob do Brasil, na avenida Paulista, em São Paulo, em 13 de agosto de 2003.

Fonte: flashmobsp.blogger.com.br.

Bibliotecas, Editoras, Livrarias

O setor de publicações será bastante afetado pela Internet. De fato, o futuro nos reserva publicações sem papel, desaparecendo a diferença entre biblioteca, livraria e editora.

Mas, até chegarmos lá, a importante questão dos direitos autorais [8] precisa ser equacionada, pois na Internet eles ainda não podem ser controlados. Por essa razão ainda existem bibliotecas, livrarias e editoras. Para resolver esse problema, talvez seja utilizado um esquema parecido com o que as gravadoras de discos estão elaborando, para que faixas de CD possam circular pela Internet. Mas os livros que já caíram no domínio público, como as obras de Shakespeare, podem ser encontrados na Internet, como no site do Projeto Gutenberg – www.gutenberg.net.

Outra questão pendente é a da *credibilidade*. Um livro da Oxford University Press ou da Springer-Verlag é respeitado internacionalmente. Já aquele publicado diretamente pelo autor pode não ter o mesmo nível de confiabilidade. Principalmente na Internet, onde as lendas circulam livremente.

Existe um projeto de bilhões de dólares para a digitalização da maior biblioteca do mundo, a Library of Congress (Estados Unidos), um trabalho que durará mais de dez anos, após o qual a Library of Congress poderá ser fechada ao público, pois seu acervo estará todo na Internet. Ela vai ter se tornado uma *biblioteca virtual*, podendo ser acessada pelo mundo todo, rapidamente e ao mesmo tempo [9].

Quando a publicação direta na Internet se tornar regra geral, terão então desaparecido as bancas de jornal, as distribuidoras, as rotativas, as livrarias e as bibliotecas. Menos árvores serão derrubadas e menos poluição atingirá os rios e os mares (a indústria de papel é altamente poluente).

Quanto às editoras de livros, deverão tornar-se virtuais, publicando as obras diretamente na Internet (com um simples upload). A vantagem da editora para o autor é que ela atesta que a obra editada satisfaz aos seus padrões de qualidade.

Essa inovação também barateará sobremaneira o preço do livro. Basta notar que, a *Encyclopædia Britannica* em papel custa US$ 1.400 e, em DVD, custa apenas US$ 50 (em 2003).

Outra interessante conseqüência é a maior abundância de livros à disposição de todos, pois boas obras podem ter se perdido por falta de editor interessado. Também na Internet não haverá *livros esgotados*. Os sebos de livros desaparecerão, pois na Internet um livro não se gasta ao ser lido.

O *fim do livro impresso*

O vice-presidente da Microsoft, Dick Brass, definiu o cronograma do fim do livro impresso e do crescimento do livro eletrônico (e-book):

2000 – 1 milhão de e-books

2002 – E-book com resolução igual à do papel

2003 – E-books custam a partir de US$ 99.00

2005 – 250 milhões de usuários de e-books

2006 – Aviões recebem jornais do dia (no dia) via e-book

2008 – E-*best-sellers* custam US$ 5.00

2009 – Usuários "assinam" seus autores prediletos

2010 – Baterias de e-books duram 24 horas

2011 – E-books têm 4 milhões de títulos

2018 – 90% de todos os títulos disponíveis são para e-books

Veja, São Paulo, 22 set. 1999, p. 90.

Universidades e Escolas

As universidades e escolas secundárias sofrerão um grande impacto da Internet. Com a criação de cursos virtuais, a preços inferiores aos tradicionais, será difícil conter a migração dos estudantes para o mundo virtual.

Além do preço, o ensino virtual tem a grande vantagem de permitir que o aluno imprima sua própria velocidade ao curso: se for inteligente, rápido e motivado, poderá se diplomar em dois ou três anos, enquanto no mundo real será obrigado a seguir a velocidade da média: quatro ou cinco anos. Outra vantagem é que não precisará estar presente à sala de aula para aprender (ou até para dormir). Sua presença física só será necessária por ocasião dos exames a que deverá se submeter para se graduar e receber o diploma.

No mundo virtual, também não serão necessários vestibulares, exames de seleção, ou mesmo apresentação de *certificados de conclusão do curso*. Na medida em que os exames para obter o diploma também se realizarão via Internet (embora em locais do mundo real e com fiscalização, como é o caso do ETS — Educational Testing Service, www.ets.org), se o aluno não tiver uma boa base para seguir o curso, será constantemente reprovado nos exames e não conseguirá concluir o curso (situação semelhante à que ocorre atualmente com cerca de 80% dos bacharéis que se submetem ao exame da Ordem dos Advogados e são reprovados). Assim, a decisão de se matricular ou não em um curso é do aluno apenas. Se iniciar um curso virtual sem estar preparado, gastará seu dinheiro e não conseguirá concluir o curso.

Claro está que o ensino virtual não se aplica às aulas de laboratórios (pelo menos por enquanto), como nos cursos de Engenharia, Medicina, Veterinária, Química, Física etc. No entanto, nos cursos sem necessidade de laboratórios, como Administração, Letras, Direito, Filosofia, Psicologia, Sociologia, Pedagogia e outros, a universidade virtual deverá se tornar um sucesso no futuro.

Os cursos de reciclagem das empresas serão vantajosamente virtuais. O funcionário poderá se atualizar ou ser treinado pela Internet, a um custo baixo, como já ocorre.

A forma menos eficiente de ensino é também a mais usada nas escolas – as aulas expositivas, como mostra a pesquisa dos National Training Laboratories (Figura 7.1):

As implicações dos cursos virtuais, no entanto, são complicadas. As escolas não mais precisarão de imóveis para operar, os professores trabalharão em tempo parcial (para responder às perguntas dos alunos, via e-mail ou chat, já que os cursos poderão ser alugados sob a forma de *packages*). Talvez restem apenas umas poucas escolas no mundo real, dedicadas apenas à pesquisa e ao desenvolvimento de novos *packages* educacionais, bem como os laboratórios de Engenharia, Química, Medicina etc., além das aplicações dos exames de certificação dos diplomas.

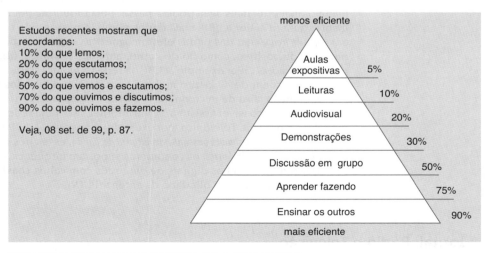

Fonte: National Training Laboratories (Bethel, Maine, Estados Unidos).

FIGURA 7.1 Porcentagem de informações retidas usando vários métodos

"Quem não cola não sai da escola"

Em uma pesquisa realizada nos Estados Unidos, 80% dos alunos disseram já ter copiado algum material da Internet e inserido no seu trabalho escolar, que depois era entregue aos professores, os quais lhe davam uma nota. Essa prática se dá tanto em cursos secundários como em superiores. Sites existem que elaboram trabalhos completos, incluindo dissertações de mestrado e teses de doutoramento. O *copy and paste* virou regra geral.

Como resultado, surgiu uma empresa, a Turn It In (www.turnitin.com), especializada em detecção de plágios. Ela recebe os trabalhos dos professores e procura verificar se há trechos copiados da Internet. Também procura descobrir se um trabalho foi copiado de outro aluno, ou se o estudante está entregando o mesmo trabalho pela segunda vez. Depois envia ao professor, para ser corrigido.

Revelação de Fotos e Filmes Cinematográficos. Videolocadoras

No mundo virtual, onde não existe papel, a revelação de fotos se torna desnecessária, pois, com as câmeras digitais, as imagens podem ser diretamente transmitidas a um computador e arquivadas em álbuns digitais. A partir daí, podem ser escolhidas, editadas e incluídas em páginas da Internet [10].

O mesmo ocorrerá com os filmes cinematográficos, que serão gravados em dispositivos DVD e armazenados em videolocadoras virtuais para serem vistos via Internet. Mas isso só será possível com uma Internet mais rápida (*maior largura da banda passante*), a ser conseguida com a **New Generation Internet (Internet-2)**.

> Um conceito da era da Internet é o de Largura da Banda Passante (LBP). É o análogo eletrônico ao *diâmetro de um cano de água* em hidráulica. Quanto maior o diâmetro, mais água poderá passar pela tubulação. A LBP é semelhante: quanto maior a LBP, mais dados poderão passar pela rede. A LBP é a *faixa de freqüências* das ondas eletromagnéticas suportada por um condutor ou dispositivo, como fio de cobre, antena parabólica, fibra óptica, roteador, *switch* etc. Por exemplo, a LBP da rede telefônica tradicional (analógica), da ordem de 40 kHz, é muito menor do que a LBP dos satélites, que operam na faixa de microondas (>1 GHz). Assim, pela rede telefônica analógica não é possível assistir à TV via Internet. Mas pela rede telefônica digital (o Speedy da Telefônica, por exemplo) é possível. A LBP também é chamada apenas de *banda passante* ou *largura da banda*; esses três termos são sinônimos. Na banda larga, os condutores suportam freqüências acima de 250 kHz, como nas linhas digitais ou em redes com cabos coaxiais (estes são semelhantes ao cabo blindado da antena de TV).

Jornal, Rádio e Televisão

Aquele tempo em que as pessoas ficavam passivamente em frente à TV comercial parece estar acabando [11].

Capítulo 7 • O Impacto da Internet na Sociedade

O rádio e, principalmente, a televisão começam a perder terreno para a Internet, na qual o "telespectador" da TV interativa (como a www.ip.tv) passará a ter inúmeras vantagens:

1. poderá assistir talvez a milhares de canais diferentes no mundo todo, tanto de rádio como de TV;

2. poderá mudar de um canal para uma página Web e vice-versa, ou até mesmo trabalhar com várias telas simultaneamente — enquanto vê um programa, poderá em outra tela verificar se as informações não estão sendo modificadas, distorcidas ou manipuladas;

3. a *guerra pela audiência* — causa do baixo nível da TV comercial — ficará mais difícil, dada a imensa gama de novas alternativas disponíveis, incluindo canais independentes;

4. deixará de ser uma pessoa meramente passiva, pois interagirá ativamente com o programa, fazendo perguntas, propondo novos temas, criticando apresentações, divulgando suas opiniões para outros internautas telespectadores, tudo fora do controle do Grande Irmão, e poderá até mesmo aparecer na TV graças a sua webcam (câmera de TV ligada ao computador, que pode enviar imagens do internauta pela Internet);

5. terá fácil acesso a diferentes fontes de informação independentes, livrando-se do controle político exercido pelos canais de hoje, pois poderá ter acesso a opiniões alternativas.

A tendência que se nota é a integração do computador, rádio, TV, equipamento de som, gravadores, Internet, automação residencial (como a residência de Bill Gates) e outros (www.electronichouse.com).

Quanto aos jornais e revistas, grandes mudanças também se avizinham. Em vez de o leitor ser bombardeado com inúmeras notícias, das quais lê apenas pequena parcela, e inundado com incontáveis páginas de propaganda, o século XXI virá surgir um noticiário dirigido, online e *à la carte*. Isso já ocorre com o Edupage, especializado em Internet e informática, em que diariamente o internauta recebe um resumo das principais notícias.

Agências de Publicidade

Com a migração da população para o mundo virtual, para lá também se dirigem as agências de publicidade, sempre *atrás da caça*. O internauta, cansado com o bombardeio diário que lhe é movido no mundo real pela propaganda, tinha encontrado na Internet um ambiente *limpo*, em que as informações só chegavam a ele de acordo com sua vontade, sem mensagens publicitárias enfiadas no meio do caminho. Assim começou a Internet.

Mas as empresas pontocom, vendo na publicidade uma fonte adicional de receitas — por vezes indispensável para a sua sobrevivência —, começaram a abrir seus espaços para as agências, e a propaganda começou a aparecer novamente em todos os sites, às vezes com a mensagem "por favor, clique no banner de nosso patrocinador, para que este site continue existindo" (a eficiência da propaganda é medida pelo número de acessos ou *hits* recebidos pelo patrocinador), às vezes cobrindo o texto até que o internauta clicasse nela, fosse até seu site e voltasse de novo para o que lhe interessava.

Esta é uma questão importante a ser solucionada: como resolver o impasse entre os internautas, que querem tudo de graça e sem propaganda, e as empresas, que necessitam de receitas via propaganda para manter o site no ar? Para as empresas ponto com o problema ainda não tem solução.

Cartórios e Tabelionatos

Os cartórios e os tabelionatos são instituições que datam da Renascença (1500 d.C.). Para garantir a propriedade de um imóvel, ou a veracidade de um documento, recorre-se a eles.

Nada mais enganoso do que essa segurança. Folhas de registro de imóveis são arrancadas dos livros, firmas reconhecidas são falsas, incêndios, imperícia e corrupção dão sumiço nos caros e demorados registros.

Mas a Internet tem uma solução para isso tudo. Graças à criptografia, ou *assinatura digital*, torna-se difícil a falsificação de um documento (ver Capítulo 10). E a facilidade com que um documento pode ser copiado e enviado para outro lugar (aumentando a segurança pela redundância) torna impraticável dar-lhe sumiço.

Essa técnica já é usada na Internet para autenticar transações comerciais (e-commerce) e no home banking. A empresa mais conhecida, que funciona como um cartório virtual, é a VeriSign (www.verisign.com), o primeiro cartório virtual da Internet.

Outros mecanismos de segurança também estão sendo estudados. Um deles é a utilização das impressões digitais, devidamente codificadas. Outro é o DNA, ou código genético, o mais seguro de todos, pois não muda com o tempo (ao contrário das assinaturas manuscritas em papel). O DNA é um código molecular único para cada pessoa, recebido ao nascer, indestrutível no ser vivo, e com inúmeras cópias de segurança (backup) nas células do corpo humano. É sua identificação fornecida pela natureza.

Agora, se um proprietário resolve vender um imóvel, a escritura pode ser encriptada duas vezes, usando-se primeiro a *password* (senha) do vendedor e depois a do comprador. Enviando-se essa escritura encriptada para o cartório, este terá condições de saber se ela é legítima, ao decriptá-la usando as *passwords* que estão lá registradas. E vai torná-la pública (decriptada) em seu site. Também o cartório virtual enviará cópias dessa escritura (encriptada) para outros cartórios virtuais da rede de cartórios, por medida de segurança.

Não há maneira mais segura de manejar um documento. Como a assinatura digital não é de domínio público, é muito difícil falsificá-la, ao contrário das

Capítulo 7 • O Impacto da Internet na Sociedade

assinaturas do mundo real, que qualquer um pode conhecer e reproduzir. A possibilidade de algum funcionário corrupto do cartório alterar um documento ou sumir com ele também não existe, pois há cópias de segurança em outros cartórios virtuais pertencentes à rede, e seria necessário haver corrupção em todos esses cartórios para o estratagema dar certo, o que é praticamente impossível de ocorrer.

O único ponto vulnerável, embora mais difícil, é que alguém pode ter acesso a uma senha e forjar um documento falso. No entanto, a prática atualmente existente de exigir a presença física dos signatários em frente ao tabelião — que tem fé pública — nos documentos mais críticos, como transferência de propriedade e testamentos, deve permanecer na Era Digital, como medida de segurança adicional.

Companhias Telefônicas, Provedores de Serviços de Internet (ISPs) e Radioamadores

As empresas de telefonia convencional devem desaparecer no futuro. Como a tendência é a telecomunicação se dar diretamente via satélite (já existem telefones celulares, PCs e TVs com esse recurso), não haverá mais centrais telefônicas nem redes de fios de cobre ou de fibras ópticas para interligar os aparelhos telefônicos (que, aliás, nem existirão mais). Cada um poderá ter um pequeno computador de mão por meio do qual vai acessar, via satélite, a Internet, ou seja, entrar em contato com qualquer cidadão moderno do mundo em qualquer parte da Terra. As comunicações vão se dar na freqüência das microondas (grande largura da banda) por meio de satélites artificiais. Essa é a idéia do Projeto Teledesic, hoje em compasso de espera, devido ao custo de vários bilhões de dólares.

Não mais havendo rede telefônica, não haverá também provedores de serviços de Internet (*Internet service providers* — ISPs), pois os PCs acessarão também os satélites via antenas parabólicas, como na Direct TV.

As ligações telefônicas já são feitas pela Internet (VoIP — Voice over IP), sistema em que não há custo para ligações interurbanas ou internacionais. Naturalmente, o impacto do VoIP nas empresas de telefonia tradicional, como a AT&T, foi grande, causando-lhes muitos prejuízos. Mas, em 11 de dezembro de 2003, o *New York Times* anunciava que a AT&T também iria oferecer serviços de VoIP.

Com a Internet de acesso direto, também os radioamadores desaparecerão.

Correios, Telegramas e Fax

O fax desaparecerá na Era Digital. Os Correios permanecerão, mas com uma função diferente: entregar produtos adquiridos no comércio virtual (e-commerce). Sua função de entregador de cartas e telegramas ficará restrita apenas às regiões mais atrasadas, onde ainda não exista e-mail [12].

Gravadoras de CDs, Lojas de Discos

O comércio de música é uma das maiores revoluções ocasionadas pela Internet. Antigamente, por causa de uma boa música, o consumidor era obrigado a comprar o CD inteiro, pagando doze músicas e só aproveitando uma ou duas.

Com a invenção de um compressor de áudio digital, o padrão MP3, uma faixa de CD pode ser comprimida para uns 3 MBytes, tornando possível sua transferência de um computador para outro, via Internet. Antes disso, uma faixa de um CD ocupava uns 30 MBytes (formato CDDA – *compact disc digital audio* ou então *wave*), isto é, dez vezes mais, sendo demorado transmiti-la pela Internet. Com o padrão MP3, um CD pode conter 120 faixas, em vez de 12, podendo ser tocado em aparelhos que aceitam MP3 (como toca-discos para carro).

> O padrão MP3 é parecido com o ZIP. Um arquivo zipado com o WinZip (www. winzip.com) pode ter seu tamanho reduzido em mais de 50%, *sem perda de conteúdo.* O MP3 é semelhante, com a diferença de que alguns sons existentes na música original são perdidos. Mas, como o ouvido não ouve esses sons perdidos, uma música pode ser comprimida em até dez vezes ou mais. Para manter a qualidade original, costuma-se comprimir com *bitrates* de 192 bps (compressão de dez vezes) ou, melhor ainda, com VBR (*Variable Bitrate Rate*). Um bom software que extrai faixas do CD, converte para MP3 e depois grava em um CDR (*Compact Disc Recordable*), CDRW (*Compact Disc Rewritable*) ou DVD é o *Easy* CD & DVD Creator, da Roxio (www.roxio.com).

A simples extração de uma faixa, de um CD comprado, que é armazenada no disco rígido e ouvida pelo usuário, não tem nada de ilegal. O problema que tem enfurecido as gravadoras (RIAA – Recording Industry Association of America) é que a faixa copiada é depois distribuída para outros internautas, por meio de redes ponto a ponto. É a pirataria de música.

> Em uma rede ponto a ponto (peer-to-peer ou P2P), um computador "conversa" diretamente com outro computador, um acessando o disco do outro, disco esse em que podem existir milhares de músicas em MP3, que passam de uma máquina para outra, isto é, *mudando de dono* gratuitamente.

A conseqüência prática é que hoje não é mais necessário comprar CDs para ouvir música.

O prejuízo para as gravadoras tem sido enorme. Por isso, elas resolveram varrer a Internet em busca de computadores com MP3 em seus discos, muitas vezes usando técnicas de hackers. Localizada a máquina, entram na Justiça com processos contra essas pessoas, com base na Lei do Direito Autoral. Isso tem reduzido em parte a pirataria, principalmente nos Estados Unidos. No resto do mundo, a pirataria continua correndo solta, pois é impossível processar mais de 600 milhões de internautas no mundo todo [13].

As gravadoras estão notando que seu modelo de negócio está obsoleto e já começaram a vender faixas pela Internet, a cerca de um dólar cada uma. A Apple foi a pioneira e está se revelando um sucesso comercial. A Coca-Cola também se interessou [14].

Capítulo 7 • O Impacto da Internet na Sociedade

O resultado prático disso tudo é que, na Era Digital, as lojas de discos desaparecerão e, em seu lugar, surgirão as lojas virtuais de discos, nas quais o internauta comprará apenas a faixa que quiser ouvir. Com a vantagem de pagar menos e de poder também comprar as faixas que as gravadoras não se interessam mais em comercializar (*fora de catálogo*).

> A Forrester Research previu o fim dos CDs, cujo comércio passará para a Internet ("Em breve, os CDs podem seguir o caminho dos discos de vinil". CNN, 23 jan. 2004) [15].

Quanto às gravadoras, enviarão para as lojas virtuais faixas em MP3 para comercialização, sem mais necessidade de gravação em CDs (baixando o preço final da faixa).

A pirataria deve permanecer, embora reduzida, como também ocorre com muitos produtos no mundo real. Afinal, a Internet é um espelho do mundo real, pois é constituída pelas mesmas pessoas.

Agências Bancárias

Ir ao Banco é um calvário. Além das intermináveis filas, do horário restrito de funcionamento, dos erros dos funcionários e da burocracia (como para sacar um valor mais alto em dinheiro), ainda há a perda de tempo procurando um lugar para estacionar o carro ou o risco de assalto (todo dia, mais de três agências são assaltadas na Grande São Paulo).

A Internet promete resolver tudo isso. Por meio dos Bancos Virtuais, todas as operações bancárias poderão ser feitas de casa ou do escritório, a qualquer hora do dia ou da noite, com segurança e rapidez. O saque de dinheiro poderá também ser feito via Internet, pois no futuro não existirá papel-moeda nem cheque, mas sim *smart cards* (cartões pessoais com um microprocessador embutido, para onde será transferido numerário da conta corrente, por meio de um dispositivo existente no computador para esse fim, parecido com um gravador de disquetes). Isso já ocorre em vários países.

O resultado é que, no futuro, não mais haverá agências bancárias. Para negócios de maior vulto, o contato entre o cliente e o Banco será feito em algum escritório, não em agências.

Para os banqueiros e acionistas, o home banking tem uma grande vantagem: o custo de uma operação bancária no home banking chega a ser *dez vezes* menor que a mesma operação feita em uma agência do mundo real. Essa diferença definirá o caminho a seguir.

Casa da Moeda

Com o dinheiro eletrônico (*smart card*), não mais existirá papel-moeda. Com isso, as Casas da Moeda, onde se imprime dinheiro em papel, deixarão de existir.

Farmácias e Drogarias

Esse setor deverá desaparecer do mundo real, indo para o virtual, junto com a maioria das lojas comerciais. Podendo-se comprar um remédio pela Internet, as farmácias se transformarão em uma sala com um computador ligado à Internet. O serviço de *curativos* e *aplicação de injeções* será feito por enfermeiras e médicos em outro local (como ocorre no Primeiro Mundo, onde esse serviço não pode ser feito em farmácias).

Lojas Comerciais, Shopping Centers, Supermercados, Fornecedores, Atacadistas, Varejistas, Vendedores Ambulantes, Representantes Comerciais

Os supermercados convencionais deverão desaparecer do cenário econômico, pois é muito mais conveniente fazer as compras mensais a qualquer hora do dia ou da noite, sem sair de casa, e rapidamente (usando as listas de compras do mês anterior).

Os *shoppings* e as lojas comerciais, em parte, também deverão desaparecer. Com menores investimentos e custos operacionais, o preço final para o consumidor vai baixar.

Os fornecedores e atacadistas também deverão deixar de existir, dado o crescimento do business-to-business (B2B), no qual uma empresa compra diretamente de outra empresa via Internet, com conseqüente barateamento dos produtos (não haverá mais intermediários). O B2B, aliás, deverá gerar o maior volume no e-commerce, vindo em seguida as vendas ao consumidor final (B2C e C2C).

As licitações do governo já estão sendo realizadas em portais, em que qualquer empresa de qualquer lugar do mundo poderá se habilitar. Os acordos entre fornecedores para participar de uma licitação ficarão mais difíceis, pelo aumento da competição.

Corretores da Bolsa de Valores

O investidor poderá programar seu computador para comprar e vender ações diretamente na Bolsa, sem intermediários, em uma operação entre computadores apenas. Essa programação tanto poderá refletir seu critério decisório pessoal ou utilizar algum algoritmo de inteligência artificial. No fim do mês, o investidor (ou seu computador) terá apenas que transferir para o home banking os resultados das aplicações feitas. Nesse esquema, não mais haverá corretores nem intermediários. A Bolsa se transformará em um jogo entre computadores, mas o beneficiado será o investidor.

Corretores de Imóveis

A cansativa procura de um imóvel para comprar ou alugar estará acabada. Na Internet, o interessado poderá acessar bancos de dados com milhares de imóveis e escolher aquele mais próximo do perfil definido, que incluirá a localização, o preço (ou aluguel), a área etc. Uma vez tendo feito suas opções, poderá visitar o imóvel, com um corretor, ou diretamente com o proprietário (que também poderá anunciar imóveis na Internet), ou até mesmo por meio de uma visita virtual em terceira dimensão, como já existe na indústria do turismo para hotéis e cidades. A procura será rápida, feita em bancos de dados, sem que o interessado precise sair de casa ou do escritório.

Agências de Turismo e de Viagens

No futuro, as agências de viagens serão virtuais, rápidas e confiáveis. O turista ou executivo poderá acessar um site, especificar a data, hora e local da partida e da chegada e a Internet vai lhe reservar os vôos, hotéis, carros etc. Tudo sem burocracia e sem perda de tempo [16].

Leilões

Outra revolução causada pela Internet são os leilões virtuais. Qualquer objeto usado ou novo pode ser leiloado na Internet: basta anunciá-lo em um site adequado (como Amazon, eBay ou MercadoLivre, por exemplo), estabelecer um preço mínimo e aguardar uns dias. Após isso, quem fizer a maior oferta recebe o produto, entregue pela empresa virtual, que cobra uma comissão pelo serviço. Esse é o chamado mercado consumer-to-consumer (C2C).

CAPÍTULO 8

O Comércio Eletrônico

Não há nada constante, exceto a mudança.

Heráclito, filósofo grego, ~600 a.C.

O todo é maior que a soma das partes.

"Moderno" princípio da sinergia, enunciado por Aristóteles em 330 a.C. em sua obra Metafísica

Para ver estatísticas atualizadas sobre comércio eletrônico, acesse o site www.e-commerce.org.br e o Google (www.google.com/press/zeitgeist.html). Uma excelente e completa análise sobre a Internet é o relatório *Surveying the digital future*, da Universidade da Califórnia [1] (www.worldinternetproject.net).

Para saber que assuntos ou produtos os internautas estão procurando (*search voyeur* ou *search spy*), veja os sites em [2].

Uma Lucrativa Aplicação

Uma das aplicações da Internet com futuro mais promissor é a do **comércio eletrônico**, abrangendo a compra e venda de produtos e serviços pela Internet, quer feita em lojas comerciais virtuais, quer em Bancos ou instituições financeiras, como as Bolsas de Valores. O conceito é amplo e se aplica a qualquer transação envolvendo transferência de dinheiro.

A razão do grande desenvolvimento dessa área é que ela gera receitas e lucros, podendo ser auto-sustentável financeiramente, ao contrário de sites governamentais, educacionais, das ONGs e de sites pessoais, que dependem de uma fonte externa para o ressarcimento dos custos, como anúncios comerciais (propaganda).

Entre as empresas que operam com comércio eletrônico no Brasil, podem ser citadas: Livrarias Siciliano, Cultura e Saraiva, Lojas Americanas, Magazine Luiza, Submarino, ShopTime, Pão de Açúcar, Ponto Frio, Brasoftware, Lojas Marisa, eBay, Renault, Ford, Fiat, General Motors, Volkswagen e muitas outras.

Um site de comércio eletrônico, por lidar com dinheiro, tem uma estrutura muito diferente da dos demais.

Um site *não* destinado a compras e vendas, como os sites institucionais de empresas, ou os pessoais, é constituído, basicamente, de um computador ligado à Internet (servidor da Internet), existindo, em seus discos rígidos (*hard disks*), diretórios (*folders* ou pastas) com centenas ou milhares de arquivos interligados entre si por meio de hyperlinks. Cada *folder* se refere a um site, e cada um tem um arquivo de entrada chamado *home.html* (ou *default.html*, ou *index.htm*, definido pelo webmaster). Toda vez que um site é chamado, é o arquivo *home* que surge na tela de quem chamou (ver Figura 8.1).

No entanto, em se tratando de um site de comércio eletrônico, que pode efetuar compra ou venda, com movimentação de dinheiro, então, em volta da estrutura básica de um site normal, deverá haver uma complexa estrutura contábil, suficientemente segura contra ataques e invasões. Isso torna o site comercial caro, que chega a custar US$ 21 milhões [3].

Ainda não há um sistema padrão para o comércio eletrônico, estando em desenvolvimento e teste várias alternativas.

Três razões para comprar online (1.887 entrevistas, nos Estados Unidos):

a) não há filas: 80%;
b) pode-se comprar a qualquer hora: 75%;
c) não há trânsito nem problemas de estacionamento: 70%.

(*World Research*, dez. 1998.)

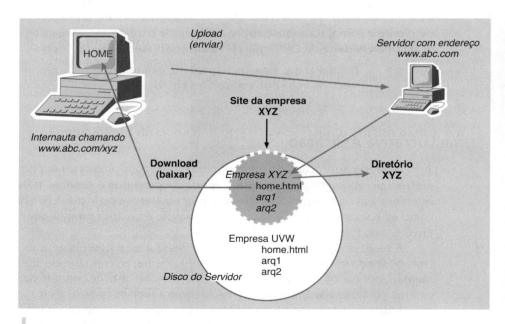

Figura 8.1 Como um site é acessado

Dois Modelos Operacionais de Comércio Eletrônico

O primeiro modelo usado foi o da comunicação direta entre as partes (comprador e vendedor), como mostrado na Figura 8.2.

Esse modelo apresenta algumas desvantagens:

1. Para o *vendedor*, o recebimento de números de cartões válidos, mas falsos, gerados por programas facilmente encontrados na Internet, como o CreditWizard, por exemplo. A mercadoria é entregue em endereços suspeitos (por exemplo, uma garagem desocupada), e o legítimo proprietário do cartão se recusa a aceitar o débito, pois a compra não foi efetuada por ele. Milhões de dólares têm sido perdidos mensalmente nessas transações fraudulentas.

2. Para o *comprador*, que poderá nunca receber a mercadoria, se o site for falso. O site aparece, efetua "vendas" durante alguns dias (na realidade, apenas coleta números de cartões de crédito válidos) e depois some, reaparecendo mais tarde com outro nome. Com os cartões coletados, o "esperto" realiza rapidamente inúmeras compras, antes que seu proprietário denuncie a fraude. Essa *coleta de dados de cartões* também tem sido feita por meio de sites clonados de bancos: o internauta recebe um e-mail "do Banco" dizendo para atualizar seus dados cadastrais, clicando "no endereço do Banco aqui embaixo".

3. O *comprador* também assume outro risco: o de seu cartão ser utilizado mais de uma vez, pois, ao fornecer os dados do cartão, este pode ser usado livremente, de acordo com a vontade de quem tiver acesso a esses dados.

> Certa vez, o proprietário de conhecida empresa de comércio eletrônico, especializada na venda de CDs, teve de despedir seu webmaster, por desavenças internas. Ao deixar a empresa, ele copiou todos os dados dos cartões de crédito dos clientes e vendeu-os a terceiros. As conseqüências foram bastante danosas para os clientes e para o proprietário, que teve de fechar a empresa virtual por perda de credibilidade no mercado.

Por essas razões, os internautas têm várias restrições ao uso do cartão de crédito na Internet, o que dificulta o crescimento do comércio eletrônico.

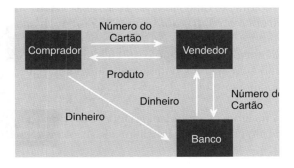

FIGURA 8.2 Modelo operacional básico do comércio eletrônico

Além disso, há o risco de a mercadoria não ser entregue, ou por ter "desaparecido" no meio do caminho, ou por demorar demais para ser recebida. O site pode ter vendido os produtos, mas não tê-los em estoque para pronta entrega, ou então não possuir uma logística adequada para o *delivery* da mercadoria.

Aliás, é comum os internautas usarem a Internet para pesquisar produtos e preços e, depois, realizarem as compras no mundo real, na base do *toma lá, dá cá*.

Pesquisa identifica preocupação dos consumidores com questões relacionadas à segurança do e-commerce

Um levantamento recente, que estudou a confiança e a aceitação da tecnologia pelos consumidores, indica que eles estão preocupados com sua segurança e privacidade nas transações de comércio eletrônico. A Pesquisa Nacional sobre Confiabilidade da Tecnologia, conduzida pela Rockbridge Associates, indicou que:

- 58% dos consumidores não acredita que exista alguma transação financeira online que seja segura;
- 67% não confia no fechamento de negócios com uma companhia que só possa ser contatada online;
- 77% acha que não é seguro fornecer o número do cartão de crédito através do computador; e
- 87% prefere que as transações de e-commerce sejam confirmadas por escrito.

Esse levantamento de dois anos entrevistou 1.001 residências americanas escolhidas aleatoriamente.

E-Commerce Times Online, 21 jun. 1999. Disponível em: <http://www.ecommercetimes.com>

SET: Uma Transação Eletrônica Segura

Os riscos do modelo básico do e-commerce deram origem a um outro modelo, mais seguro e confiável: o **SET (Secure Electronic Transaction)** ou Transação Eletrônica Segura (www.setco.org), como mostrado na Figura 8.3.

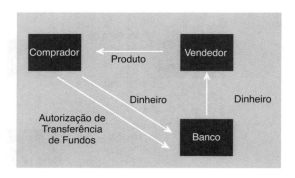

FIGURA 8.3 Modelo operacional do SET para o comércio eletrônico

Capítulo 8 • O Comércio Eletrônico

Nesse modelo, os riscos de fraude praticamente desaparecem, pois:

1. o vendedor não tem acesso ao número do cartão de crédito do comprador, mas tem a garantia do recebimento do dinheiro da venda efetuada;

2. o comprador, que autoriza a transferência de dinheiro para o vendedor, tem a garantia de que o vendedor existe, é conhecido, idôneo e está cadastrado no Banco;

3. o Banco autentica o comprador e o vendedor, só liberando o dinheiro se ambos de fato existirem e forem idôneos.

No entanto, o risco de o comprador não receber a mercadoria continua existindo, como no modelo básico. Porém, o vendedor pode ser descadastrado pelo Banco.

O Bradesco foi o primeiro Banco a disponibilizar esse confiável sistema no Brasil. No entanto, ele ainda não é muito usado, talvez por ser de custo mais elevado que o modelo básico. Mas não há segurança sem custo adicional.

Veja os perigos do e-commerce em [4]. Em [5], várias sugestões para reduzir as fraudes com cartão de crédito na Internet.

Propaganda

Para vender, é preciso anunciar, para que o consumidor saiba da existência do produto.

A propaganda começou a se intensificar na Internet após o fim da "bolha" da Nasdaq, quando os sites precisaram de novas fontes de receita, em substituição aos investidores em retirada.

No entanto, na Internet os anúncios são diferentes dos da TV, por três razões.

Primeiro, não há na Internet um *intervalo comercial*, no qual o espaço seja exclusivo do anunciante. Assim, a propaganda deve se mesclar com as páginas normais.

Segundo, porque o internauta geralmente se irrita com anúncios, principalmente os agressivos (Fig. 8.4), podendo gerar uma reação contrária à esperada [6].

Terceiro, existem inúmeros softwares especializados em eliminar os anúncios que vêm junto com as páginas da Web. Os antivírus e firewalls já têm embutido recursos que automaticamente eliminam pop-ups (anúncios animados que "pulam" na tela) e programas em Java. Esses bloqueios são necessários, pois é comum o anunciante tentar introduzir no computador do internauta trojans (ver o Capítulo 10) que informam, via e-mail, o comportamento do consumidor (sites visitados, produtos comprados etc.), em uma clara invasão de privacidade.

No entanto, a Inglaterra está inovando, ao oferecer um PC de US$ 1.400 de graça para cada lar inglês. E com direito à substituição gratuita por um mais moderno a cada três anos. Está prevista a distribuição inicial de 200.000 PCs. Entretanto, a família deverá usar sua máquina pelo menos 30 horas por mês e, a cada 20 minutos de uso, verá um minuto de propaganda comercial. É um sistema parecido com o da TV e do rádio, cuja programação é gratuita. Como sempre, "não existe almoço de graça" (The "free" PC makes a comeback. Reuters, 17 Dec. 2003. Disponível em: http://www.cnn.com/2003/TECH/ptech/12/17/free.pc.reut/).

FIGURA 8.4 Um anúncio agressivo, impedindo a leitura do texto

Spam

Outra modalidade de anúncio consiste no envio de milhares (ou milhões) de e-mails obtidos de mailing lists. Tal prática, conhecida como spam, também tem sido abominada pelos internautas e já é condenada pela legislação. O spam também é chamado de *e-mail não solicitado*. Em determinadas circunstâncias, é permitido o envio desses e-mails, desde que no fim haja um link para o internauta informar que não quer mais receber tais anúncios. O curioso é que tais e-mails estão sendo usados para coletar endereços de e-mails ativos, atualizando as mailing lists (se o internauta responde, significa que seu e-mail é válido e está ativo), pois é comum o internauta trocar seu e-mail para evitar spams. Uma mailing list atualizada tem grande valor comercial na Internet [7].

Ainda não existe um modelo ideal de anúncio para a Internet que consiga, ao mesmo tempo, divulgar o produto e não irritar o internauta. Talvez seja uma questão de hábito dos internautas, talvez requeira mais criatividade por parte dos publicitários.

Para se proteger dos spams, acesse a SpamHaus (www.spamhaus.org) e veja os maiores spammers, bem como os endereços que eles usam. Coloque esses endereços no seu programa ou servidor de e-mail, para que sejam bloqueados. No Outlook Express a configuração está em Ferramentas/Regras/Remetentes Bloqueados.

Web Design

A página de entrada é o cartão de visitas do site. Uma página bem elaborada, inteligente, limpa e de rápido acesso atrai o internauta, levando-o a entrar na loja.

No início da Internet, as páginas eram construídas por programadores, que não foram treinados na arte do design. Eram páginas em que a composição das cores não era agradável, os princípios de ergonomia não eram seguidos, e os assuntos mais procurados eram difíceis de achar. Isso levava o visitante a procurar outro site concorrente.

> Ergonomia é a arte de tornar eficiente a interação entre as pessoas e as máquinas. Por exemplo, botões muito usados devem ficar juntos um do outro. Figuras relacionadas devem estar perto, reduzindo o movimento dos olhos. Há também a *regra dos três cliques*, pela qual o internauta não pode clicar mais de três vezes no site para encontrar o que procura.

O bom design de um site é fundamental para o comércio eletrônico, pois o internauta é muito ágil e rápido, e o vendedor tem apenas poucos segundos para atrair sua atenção, levando-o a permanecer mais tempo no site e aumentando a chance de realizar uma venda.

O **web designer**, um misto de artista e de técnico da www, é o profissional especializado em desenhar as páginas do site, de modo que aumente o número de visitas à loja virtual. É uma profissão que surgiu com a Internet.

Quem primeiro se dedicou a esse assunto foi Jakob Nielsen (www.useit.com/jakob) — hoje considerado o guru do web design —, tendo publicado vários livros, considerados as bíblias do assunto. Seu artigo Os *dez principais erros do web design* tem sido um *best-seller*. (www.useit.com/alertbox/9605.html).

FIGURA 8.5 Jakob Nielsen, o guru do web design

Eis os dez erros mais comuns: [8]

1. usar frames (colunas laterais), que quebram a harmonia da página;
2. usar uma tecnologia mais avançada, quando não é necessário;
3. excesso de animações e de movimentos;
4. endereços complicados, como "www.asocijnin.com/~ax1234-hui";
5. páginas órfãs, sem hyperlink para nenhum lugar ("rua sem saída");

6. páginas longas demais;

7. falta de suporte para a navegação (deixando o visitante perdido);

8. hyperlinks com cores não padronizadas, criando confusão;

9. páginas desatualizadas;

10. demora excessiva para aparecer uma página chamada.

Divulgando o Site

"Quem não se comunica se trumbica", diz o ditado popular. E isso se aplica também aos sites. Nos bilhões e bilhões de páginas que hoje a Internet possui, são necessários meios eficientes de trazer o internauta até o site e fechar um negócio.

No entanto, ao contrário do mundo real, onde as lojas devem ficar nos locais de maior movimento, no mundo virtual não há *ruas de maior movimento*. A atração ao site se dá de duas formas:

1. pelo fato de o site já ser bastante conhecido: quem procura livros pensa na Amazon.com;

2. por meio dos mecanismos de busca (search engines).

Quanto ao primeiro item, a divulgação do site se dá por meio de clássicas campanhas promocionais. A Amazon é conhecida por ter gasto grandes somas na divulgação de sua loja virtual.

No segundo item, deve-se fazer com que o site seja *indexado* por search engines de uso freqüente pelos internautas.

> A **indexação** consiste na seleção de palavras relevantes encontradas nas páginas do site (geralmente substantivos, adjetivos e verbos). É realizada por um robô (um software especializado em ler textos e extrair deles palavras relevantes) que visita o site. As palavras selecionadas são armazenadas no banco de dados da search engine, sempre associadas ao endereço onde se encontra a página original. Somente os textos são indexados, isto é, figuras, sons e imagens não são considerados. Assim, se um site vende, digamos, artigos de pesca, e as palavras *pesca*, *anzol*, *vara* se encontram em figuras, essas palavras não serão indexadas, e o internauta interessado em pescar não achará esse site.

Uma vez construído o site e estando pronto para a "inauguração", entra-se em contato com os sites das search engines e envia-se o endereço (www.google.com.br/intl/pt-BR/add_url.html) do novo site a ser indexado. Se o serviço for gratuito, é preciso esperar alguns meses até que o site seja indexado. Se for pago, talvez leve uma semana, além de o robô voltar de tempos em tempos, mantendo sincronismo entre as páginas do site e o banco de dados da search engine.

Capítulo 8 • O Comércio Eletrônico

O site está avaliado em US$ 20 bilhões, fatura US$ 700 milhões por ano, realiza 200 milhões de buscas por mês, 33% das consultas são em inglês, e há 3,1 bilhões de páginas indexadas. Cada busca demora meio segundo.

Fonte: Veja, 05 nov. 2003.

Depois de o site ser indexado, as visitas começam a surgir, oriundas de internautas que, usando algumas palavras-chave, são encaminhados para os sites que contêm essas palavras-chave em suas páginas.

Entre as search engines existentes, a mais usada (55% do mercado) é o Google, que possui os mais avançados recursos técnicos. No entanto, é importante ressaltar que o total de páginas indexadas por qualquer search engine não chega a 0,5% das páginas que existem na Internet, embora procure visitar todos os sites existentes na Internet, quer tenham informado sua existência ou não [9]. Veja a popularidade das search engines em [10].

Outro recurso interessante (e inteligente) é inserir um quadro de propaganda do site comercial toda vez que o internauta usar alguma palavra-chave associada aos produtos do site. Esse serviço é pago (Fig. 8.6).

FIGURA 8.6 Uma propaganda inteligente, agradável e útil: os quadros verdes à direita remetem o internauta a sites que comercializam CDs, pois a consulta ao Google usou "CD" como palavra-chave

O Mercado da Internet

Ao abrir um site comercial, devem-se levar em conta alguns detalhes, inexistentes em lojas do mundo real:

a) Qualquer um dos mais de 600 milhões de internautas pode desejar comprar algum produto colocado à venda. Há, então, o problema do estoque. Se a procura for grande, o site corre o risco de efetuar a venda e demorar muito tempo até poder entregar, por falta de estoque, o que pode criar problemas legais e dúvidas sobre sua idoneidade.

> Na época do Natal, um site recém-aberto recebeu uma quantidade tão grande de pedidos de CDs que foi obrigado a sair correndo à procura deles em supermercados, para poder atender à demanda em tempo hábil.

b) Mesmo que a loja tenha o produto para pronta entrega, o internauta pode residir em local de difícil acesso ou muito longe, o que exige uma infra-estrutura logística (canais de distribuição) bem montada. No futuro, os Correios nacionais — que atingem todos os pontos do país — serão o principal meio de entrega (*delivery*), embora sua estrutura tenha sido inicialmente projetada para entregar pequenos volumes, geralmente cartas.

O comércio eletrônico ocasionou um grande desenvolvimento das empresas de logística no mundo todo.

c) Um outro aspecto se refere à **divisão digital**, isto é, ao fato de que apenas uma pequena parcela da população — 14 milhões no Brasil (8% da população) — tem acesso à Internet. São pessoas das classes média e alta, com razoável poder aquisitivo. Assim, produtos destinados às classes mais baixas (ainda) não têm como ser vendidos na Internet. No entanto, com o passar do tempo, mais pessoas vão poder participar do mercado virtual, cujo número de usuários está ligado ao grau de desenvolvimento do país: quanto mais desenvolvida a nação, maior a parcela que acessa a Internet, como vimos no Quadro 7.2.

d) As vendas têm crescido, passando de R$ 1 bilhão por ano. No entanto, a maior parte se dá entre empresas (business-to-business ou B2B). Como a Internet reflete o mundo real, a distribuição deverá se aproximar da existente no PIB (que também é a composição do índice de inflação; como no Índice Geral de Preços – IGP-FGV): 70% para B2B e 30% para B2C (business-to-consumer) e C2C (consumer-to-consumer, geralmente leilões de usados). Assim, o impulso comercial da Internet virá principalmente das compras entre as empresas (B2B).

e) Quanto aos produtos mais vendidos, 50% das vendas se refere a CDs e DVDs (música e filmes), livros, eletroeletrônicos, computadores e software. Mas esse perfil vai mudar, à medida que as novas gerações forem chegando (novos hábitos de consumo das pessoas que foram criadas com a Internet).

Capítulo 8 • O Comércio Eletrônico

QUADRO 8.1 Categorias de produtos mais comprados

	Brasil	Estados Unidos	Mundo
1	CDs	Livros	Livros
2	Livros	Computadores	CDs
3	Computadores	CDs	Computadores
4	Eletrônicos	Vestuário	Passagens
5	Vídeos	Passagens	Vídeos

Fonte: Ernst & Young. Jan. 2001. Disponível em: http://www.e-commerce.org.br/STATS.htm.

f) A Internet também tem propiciado tipos inusitados de comércio. Nos anos 90, uma adolescente norte-americana, morando sozinha, notou que no prédio em frente rapazes costumavam ficar olhando para ela de binóculo (voyeurismo). Teve, então, uma idéia: colocou em seu apartamento algumas webcams (no quarto, banheiro, sala de estar e cozinha) e criou um site pessoal, ao qual estavam ligadas essas câmeras de TV em cores (custando uns US$ 70 cada uma). Quem quisesse ficar olhando para ela, a qualquer hora do dia ou da noite, poderia entrar em seu site, bastando para isso fazer uma assinatura anual de US$ 30. Houve mais de 100.000 assinaturas em poucos meses. A moça ficou rica sem aviso prévio.

Isso também inspirou programas na TV norte-americana no estilo de B*ig Brother*.

Naturalmente, embora o produto sexo tenha uns 30% do mercado da Web, existem aplicações mais sérias para as webcams, como no site do Discovery Channel (um canal de TV com programação de alto nível), no qual se pode ver o Sol em real-time. As imagens são atualizadas a cada dez minutos [11]. A norte-americana National Oceanic and Atmospheric Administration — NOAA — também fornece esses dados em tempo real. Quando há explosões solares intensas (como em 29 de outubro de 2003), a Terra sente o impacto das radiações: a) o sistema nervoso das pessoas é atingido e elas ficam mais irritadas (o número de acidentes costuma aumentar); b) as comunicações (satélites, telefone celular, TV, GPS, rede elétrica) são afetadas; c) surgem as auroras boreal e austral.

Existem inúmeras outras aplicações das webcams. Por exemplo, mães as instalam em suas residências para ver como a babá está cuidando do seu filho, enquanto trabalham. E estudantes colocam webcams em frente das máquinas de Coca-Cola do *campus* universitário, para saber onde podem comprar uma (controle de estoque em real-time).

Em www.camcentral.com existe um catálogo de sites com webcams ao vivo (live webcams), instaladas em locais como aeroportos, lojas, vulcões, praias etc.

g) Por fim, como a Internet reflete o mundo real, ela também está sujeita aos mesmos vícios, como a venda de entorpecentes [12].

Sistemas de Informação – Uma Visão Executiva

Os Limites da Internet no Brasil

O mercado para a Internet de sites brasileiros em língua portuguesa, nos próximos anos, não deve ultrapassar uns 32 milhões de internautas, pelas razões a seguir:

1. a língua oficial da Internet é a inglesa, que também é a segunda língua mais falada no mundo (ver Figura 8.4). Mais da metade dos sites está nessa língua. Sites em português ficam restritos ao Brasil e Portugal, ou seja, a uma população máxima da ordem de 176 milhões (Brasil) mais 10 milhões (Portugal), igual a 186 milhões;

2. considerando as restrições alfandegárias (protecionismo econômico), o mercado cai para 176 milhões;

3. desconsiderando os menores de 15 anos (28%), o mercado cai para 127 milhões;

4. levando em conta que 75% dos brasileiros, entre 15 e 55 anos, são analfabetos funcionais [13], o mercado se reduz para (aproximadamente) 32 milhões de internautas consumidores em potencial. Como referência, em 2002 esse mercado era de 14 milhões, ou pouco menos da metade. Ou seja, o limite da Internet no Brasil deve corresponder a uns 18% de sua população, a menos que algum dia se comece a investir seriamente em educação. Para todos.

Segundo O *Estado de S.Paulo* (03 dez. 2003) e o Instituto Brasileiro de Geografia e Estatística (IBGE), apenas 3,5% da população tem curso superior. Entre essas pessoas, a maioria é formada em Direito (11,6%), seguida de administradores (10,7%). No entanto, entre os formados em Direito, 70% são reprovados no exame da Ordem dos Advogados do Brasil (OAB), mostrando que essas

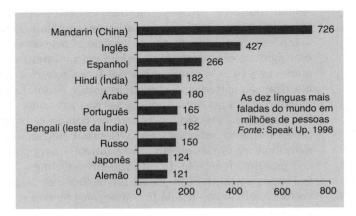

Fonte: Speak Up, São Paulo, 1998.

FIGURA 8.7 As dez línguas mais faladas no mundo, em milhões de pessoas.

Capítulo 8 • O Comércio Eletrônico

estatísticas devem ser analisadas com cuidado. Nas palavras do presidente do Conselho Federal da OAB: "A Ordem se bate não contra o ensino, mas contra a criação desenfreada de cursos sem qualidade, um estelionato educacional. O aluno faz sacrifícios, paga e, ao término do curso, recebe um diploma que não é útil para nada. Não consegue passar no exame da Ordem, não passa em concurso público. É bacharel em Direito e não pode exercer a profissão".

Se também houvesse exames para os engenheiros e médicos (que lidam com a vida humana), talvez conclusões semelhantes fossem obtidas.

Onze Regras Para a Nova Loja

Rob McEwen da M2K, em Austin, Texas, enunciou onze "regras de ouro" [14] para o comércio eletrônico:

1. Sua marca é a coisa mais maravilhosa.

2. Nem todas as visitas são iguais. Não se baseie apenas nos clicks.

3. Uma visita só não faz uma venda.

4. Os internautas são impacientes: tenha um site rápido.

5. Não esconda as mercadorias.

6. Inspire confiança.

7. Não se envergonhe de ser barato.

8. Quanto mais se ama, menos se abandona.

9. Registre os movimentos do consumidor no site.

10. Faça experiências com design e propaganda, e escolha as que funcionarem.

11. Explore todas as alternativas promocionais: não fique apenas nos banners.

Veja mais informações sobre comércio eletrônico em [15] e [16].

CAPÍTULO **9**

A Confiabilidade dos Sistemas de Informação

Nós criamos uma civilização global em que elementos cruciais — como as comunicações, o comércio, a educação e até a instituição democrática do voto — dependem profundamente da ciência e da tecnologia. Também criamos uma ordem em que quase ninguém compreende a ciência e a tecnologia. É uma receita para o desastre. Podemos escapar ilesos por algum tempo, porém mais cedo ou mais tarde essa mistura inflamável de ignorância e poder vai explodir na nossa cara.

Carl Sagan, cientista e escritor
(SAGAN, C. O mundo assombrado pelos demônios. São Paulo: Cia. das Letras, 1997. p. 39).

Um Sistema de Informação está sujeito a dois tipos de falha ou risco:

1. resultado de mau funcionamento não intencional de seus componentes: software, hardware e peopleware (usuários e operadores da máquina);

2. ocasionado por pessoas mal-intencionadas — operadores, usuários, invasores etc.

Trataremos aqui do primeiro caso (sem dolo). O segundo (com dolo) será visto no próximo capítulo.

Teoria da Confiabilidade

Qualquer máquina ou organismo é *inconfiável*, no sentido de que pode *falhar sem aviso prévio*. Alguns falham menos, outros mais, mas todos falham.

O *quanto* um sistema falha é determinado pela **Teoria da Confiabilidade** (*Reliability Theory*). Seu princípio é simples.

Consideremos um maquinismo composto por várias peças trabalhando em série, isto é, o maquinismo só funciona se todas as peças funcionarem ao mesmo tempo. Por exemplo, o sistema que faz um carro andar é composto das peças: anéis do pistão, pistão, pino da biela, biela, bronzinas, parafusos, eixo de manivelas (virabrequim), mancais, embreagem, caixa de câmbio etc. Se apenas uma dessas peças falhar, o conjunto todo não funciona e o carro pára.

Qual a chance desse sistema falhar?

Vamos simplificar, usando apenas duas peças.

Sabe-se que, funcionando durante 1.000 horas (sua vida útil), apenas 5% das peças do tipo A (todas iguais) falham. Então a *confiabilidade* da peça A é de 95%, e sua *inconfiabilidade* é de 5%.

Suponhamos que a outra peça, do tipo B, também tenha a mesma confiabilidade.

Montamos, então, um sistema composto por essas duas peças trabalhando em série, isto é, se uma falhar, o sistema todo falha.

Para calcular a confiabilidade do sistema, usamos uma **árvore de probabilidades** (semelhante à usada na Teoria da Decisão), como a da Figura 9.1.

Esse gráfico indica *todas* as possibilidades que podem ocorrer com o sistema funcionando durante 1.000 horas. Como se nota, o sistema não falhou em apenas uma das quatro possibilidades, com uma probabilidade de 0,95 x 0,95 = 90,25%.

Assim, em conclusão, *um sistema, constituído de dois componentes em série, cada um com confiabilidade de* 95%, *tem uma confiabilidade de* 90,25%. E a sua inconfiabilidade é de 9,75% (a soma deve dar 100%). Em outras palavras, o sistema composto pelos dois componentes A e B falhará em 9,75% dos casos, em um período de 1.000 horas.

Esse resultado é importante: mostra que, quanto *mais* componentes em série um sistema tiver, *menor* será sua confiabilidade.

Considerando que os sistemas reais, como computadores, periféricos e sistemas pessoa-máquina (como nas empresas), possuem *milhares* de componentes, é de esperar que sua confiabilidade não seja tão alta como se poderia supor à primeira vista. A possibilidade de falha é um risco com o qual temos de conviver.

Sempre deverá haver planos de contingência, isto é, planos que prevejam como proceder quando o sistema fatalmente falhar. As *brigadas de incêndio* e os treinamentos da Comissão Interna de Prevenção de Acidentes (CIPA) são exemplos de planos de contingência contra falhas nos sistemas. Foram criados depois que

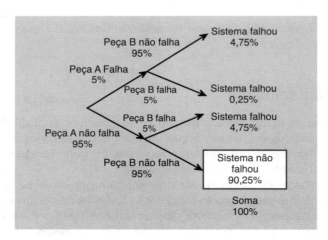

FIGURA 9.1   Árvore de probabilidades para duas peças em série

os Edifícios Joelma e Andraus se incendiaram, nos anos 70, em São Paulo, matando muitas pessoas. A inconfiabilidade do sistema de habitação vertical acabou por se manifestar sem aviso prévio. Como também nos prédios que desabam.

Há *três maneiras* de aumentar a confiabilidade de qualquer sistema (humano, mecânico, eletrônico, ou combinado):

1. mantendo o sistema *o mais simples possível* (número mínimo de componentes);
2. usando componentes *o mais confiáveis possível*;
3. usando *redundância*, isto é, duplicando em paralelo o sistema.

Um exemplo típico de redundância é o usado nos três computadores dos aviões. Bastaria apenas um computador de controle, mas, se ele falhar, o avião cai. Então, colocam-se mais dois em paralelo, aumentando bastante a confiabilidade do conjunto. No entanto, isso tem um custo óbvio: três computadores em vez de um só.

Para entender por que a redundância aumenta a confiabilidade dos sistemas, montamos novamente uma árvore de probabilidades para um sistema paralelo A//B, como indicado na Figura 9.2. Tomamos o sistema A acima, com confiabilidade 90,25% e inconfiabilidade 9,75%, e fazemos com que opere em paralelo com um sistema idêntico a ele, o sistema B.

Como notamos, para o sistema A//B falhar, é necessário que ambos, A e B, falhem *ao mesmo tempo*, o que só ocorre em um caso, com probabilidade 0,95% (0,0975 x 0,0975). Nos demais casos, A//B sempre funcionará, com probabilidade (1 – 0,95%) = 99,05%.

Em resumo, se um sistema de confiabilidade 90,25% for tornado redundante com outro sistema idêntico e em paralelo, o sistema composto pelos dois vai ter uma confiabilidade de 99,05%, ou uma inconfiabilidade de 0,95%. *Aumentamos a confiabilidade de 90,25% para 99,05%, usando redundância.*

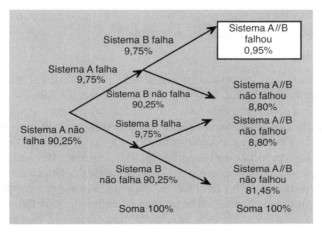

FIGURA 9.2   Árvore de probabilidades para dois sistemas em paralelo

Naturalmente, a confiabilidade nunca chegará a 100%, ou seja, os organismos ou máquinas nunca serão totalmente confiáveis.

> Os engenheiros usam também o conceito de MTBF (*Mean Time Between Failures*), ou tempo médio entre falhas, para especificar a confiabilidade de um componente. É o tempo que decorre entre duas falhas consecutivas e costuma estar indicado no catálogo do componente. Por exemplo, uma lâmpada com MTBF de 3.000 horas, tem em média esse tempo de vida. Por sua vez, os brasileiros têm um MTBF de 70 anos, seu tempo médio de vida.

No corpo humano também existem várias redundâncias: a rede neural do cérebro, os olhos, ouvidos, rins etc., aumentando o tempo de vida do organismo.

Tipos de Falhas e Custos

Em um estudo de 1988, consultores da Coopers & Lybrand classificaram as falhas dos sistemas computadorizados em uma dúzia de tipos principais:

1. incêndio, inundação e desastre;
2. sabotagem e vandalismo;
3. falhas de hardware, de software e de telecomunicações;
4. interrupção de serviços de eletricidade, telefonia etc.;
5. sobrecarga do sistema;
6. roubo e furto;
7. acesso não controlado ao sistema;
8. introdução de dados incorretos;
9. erros internos do sistema;
10. falha humana;
11. correções malfeitas ou indevidas;
12. greves.

Em 2002, um levantamento realizado pelo National Institute of Standards and Technology (NIST), o Instituto Estadunidense de Padrões e Tecnologia, identificou que a economia dos Estados Unidos perde aproximadamente US$ 60 bilhões a cada ano em conseqüência de programas defeituosos de computador.

De acordo com esse levantamento, um maior esforço na fase de testes desses produtos poderia eliminar aproximadamente um terço de todas aquelas perdas, entretanto a maior parte das falhas restantes continuaria acontecendo.

O estudo procurou analisar esse problema do ponto de vista da maneira como ele afeta três importantes setores econômicos dos Estados Unidos — o automotivo, o aeroespacial e os serviços financeiros — e extrapolou os resultados obtidos para todos os demais setores econômicos.

Os responsáveis por esse levantamento não apresentaram sugestões no que se refere a linhas específicas de ação para enfrentar tal problema. Entretanto, eles ressaltaram que os métodos utilizados atualmente durante o processo de teste de tais programas de computador podem ser considerados "totalmente primitivos" e que melhorias significativas deveriam ser implementadas nesse campo (THIBODEAU, Patrick. Study: buggy software costs users, vendors nearly $60B annually. *Computerworld*, Washington, 25 jun. 2002. Disponível em: <http://www.computerworld.com/managementtopics/roi/story/0,10801,72245,00.html>. Veja o relatório do NIST em [2]).

O Selo de Qualidade da UL

Uma das formas que os fabricantes de equipamentos eletroeletrônicos usam para atestar a qualidade de seus produtos (somente o hardware) é colar o selo da Underwriters Laboratories (UL) [1] na parte traseira de seus produtos, após obter a aprovação da UL. Na Figura 9.3, o símbolo da esquerda é usado em equipamentos completos, vendidos ao consumidor final, enquanto o da direita é usado em componentes que fazem parte de um equipamento.

Países do Primeiro Mundo costumam exigir esse selo nos produtos que importam.

Figura 9.3 Selo da *Underwriter Laboratories*

Casos Reais de Falhas no Hardware

1. Incêndio em Tóquio

Um grande incêndio que ocorreu na Central Telefônica de Setagaya, em Tóquio, em 16 de novembro de 1984, destruiu 3.000 circuitos de comunicação de dados e 89.000 circuitos comuns de telefonia, resultando em perdas totais, diretas e indiretas, da ordem de 13 bilhões de ienes para as empresas.

2. Curto-circuito em Connecticut

Em 1987, um esquilo aventureiro derrubou todo o serviço de cotação automática da NASDAQ, ao causar um curto-circuito em Trumbull, Connecticut, onde o computador central está instalado.

3. Ataque de mísseis russos

No dia 3 de junho de 1980, uma terça-feira, o sistema de alarme do Strategic Air Command (Comando Aéreo Estratégico, dos Estados Unidos), perto de Omaha, Nebraska, indicou que dois mísseis balísticos lançados por um submarino estavam se dirigindo para os Estados Unidos. Logo depois, mostrou que mísseis balísticos intercontinentais (ICBMs) soviéticos também haviam sido lançados. Imediatamente, os tripulantes do bombardeiro B-52 receberam ordens para ligar os motores, os operadores dos mísseis baseados em terra foram colocados em alerta máximo, e um comando de patrulhamento aéreo foi colocado nos céus do Havaí. Três minutos depois, o pessoal do Comando Aéreo Estratégico declarou que o alarme havia sido falso. A causa foi pesquisada, chegando-se ao chip defeituoso: um minúsculo 74175 (Memória latch TTL de 4 bits) de um computador Data General, usado como multiplexador de telecomunicação.

4. Carro Audi 5000 se acelera inesperadamente

Um chip estabilizador, controlando o fluxo de combustível do motor dos carros Audi 5000, foi supostamente o culpado de 250 casos de aceleração súbita, alguns tendo causado acidentes fatais.

5. Controle de tráfego aéreo

Em julho de 1989, cabos partidos dentro de uma unidade de memória já antiga foram responsáveis pelas 104 falhas diárias do computador de controle do tráfego aéreo de Los Angeles, a despeito de gastos de milhões de dólares em um novo software.

6. Sistemas *fly-by-wire*

Desde 1982, nada menos que 22 militares morreram em cinco colisões diferentes do sofisticado helicóptero da Força Aérea Norte-Americana UH-60, o Tubarão Negro. Em cada ocasião, as máquinas ou rodopiaram sem controle ou caíram batendo com o nariz no chão. Mas foi somente em novembro de 1987, depois que essa série de colisões misteriosas foi amplamente investigada, que os oficiais da Força Aérea finalmente admitiram que o UH-60 era inerentemente suscetível a radiointerferências em seu sistema de controle computadorizado *fly-by-wire* (FBW), ou *vôo pelo fio*, e que modificações no helicóptero seriam necessárias.

Os sistemas FBW funcionam pela eliminação das conexões mecânicas entre os controles dos pilotos e as asas e o leme horizontal (ou, no caso de helicópteros, do rotor principal e traseiro). Em outras palavras, os movimentos analógicos de controle de um *joystick* (semelhante aos usados em videogames) ou de colunas controladoras são convertidos em pulsos digitais, os quais, por sua vez, acionam servomotores e outros sistemas de potência, que movimentam os ailerons e os lemes de direção e profundidade. Com efeito, os pilotos desses aparelhos não mais possuem uma ligação física conectando seus controles às superfícies a serem controladas. Em vez disso, computadores de bordo "interpretam" os movimentos de controle e enviam essas informações às unidades de acionamento.

Capítulo 9 • A Confiabilidade dos Sistemas de Informação **111**

No caso do Tubarão Negro, uma blindagem inadequada em alguns dos módulos lógicos do sistema FBW possibilitou o aparecimento de *poluição eletrônica* nos circuitos, induzida por meio de microondas e outras transmissões de rádio. Por causa disso, o computador de bordo às vezes enviava sinais espúrios aos sistemas hidráulicos, ocasionando as colisões.

Nos antigos aceleradores eletromecânicos, peças mecânicas eram usadas para transmitir comandos do operador para rodas, elevadores e acionadores que controlavam o aparelho. Com computadores, apenas a informação é transmitida — instruções de software dizem à máquina o que fazer de forma análoga à usada no sistema FBW do Tubarão Negro. Antigamente, falhas eletromecânicas estavam associadas a defeitos de materiais, tais como hastes quebradas ou cabos partidos, e as máquinas eram mais confiáveis e tinham maior durabilidade.

7. Pentium-90 da Intel

Em 1994, o Pentium foi fabricado com um bug em seu chip, levando a CPU a fazer algumas contas erradas. Na planilha Excel, por exemplo, foi incluído um teste para ver se a CPU continha esse bug, evitando assim que suas contas ficassem erradas (por exemplo, um Balanço poderia ter seu Ativo diferente do Passivo devido ao bug da Intel). A Intel omitiu durante algum tempo essa falha, até que o prof. Thomas Nicely, do Lynchburg College, na Virgínia (Estados Unidos), descobriu o bug e avisou a comunidade científica. A Intel foi processada e teve de substituir as CPUs defeituosas (Pentium-90), o que lhe custou 450 milhões de dólares. Uma revista, que soube do bug, omitiu na época a notícia porque a Intel era um de seus grandes anunciantes.

A CNet publicou certa vez vinte bugs famosos, incluindo bugs de software e de hardware [2].

Confiabilidade do Software

A Teoria da Confiabilidade foi desenvolvida para sistemas *físicos* sujeitos a falhas. O software não é um sistema físico, mas sim um sistema lógico-matemático. Em conseqüência, essa teoria não é imediatamente aplicável.

De fato, pode haver softwares com confiabilidade total, ou 100%. Eis um exemplo:

> Rotina de verificação
>> Se a pessoa tiver 16 anos ou mais então
>>> Emitir título de eleitor;
>> Caso contrário
>>> Não emitir título de eleitor;
>>> Informar o motivo da recusa
> Fim da rotina

É imediato verificar, por inspeção, que esse software, com apenas sete linhas de programação, não contém erros (ou bugs).

No entanto, esse não é o caso dos softwares usados na prática. Ao contrário, programas como o editor de textos Word, da Microsoft, tem mais de um milhão de linhas de programação, fazendo com que seja *impossível* verificar se contém bugs ou não.

A razão é simples.

No exemplo do título de eleitor acima, o programa só pode percorrer dois caminhos distintos: um é o caminho da idade menor que 16 anos; outro é o caminho da idade maior que ou igual a 16 anos. Não há outras alternativas. Esse é um programa que tem apenas um teste (um IF), e cada IF gera duas possibilidades.

Tomemos agora o Word. Suponhamos que, em suas milhares de linhas, haja 300.000 IFs (somente os do próprio Word, não incluídas as rotinas do sistema operacional, que também são executadas). Como cada IF gera dois caminhos, teremos um total de caminhos possíveis dado pelo número 2 elevado à potência 300.000, ou um número com 90.309 casas decimais. Mesmo com supercomputadores, não conseguiríamos testar todas essas possibilidades, pois seriam necessários muitos mais anos do que a idade do Universo (esta em torno de 15 bilhões de anos).

Como conseqüência, programas de tamanho médio ou grande fatalmente vão conter bugs, já que não há programador infalível.

Assim, toda vez que um software é adquirido, junto com ele vêm muitos bugs, e esse risco deve ser assumido pela empresa que o adquiriu. Um software, ao contrário de uma geladeira ou de um carro, *não tem qualquer tipo de garantia de funcionamento*. Os termos de garantia que o acompanham, escritos em complicada linguagem jurídica, no fundo dizem apenas que *a garantia consiste em não ter qualquer garantia*. É exatamente assim que acontece na prática.

Alguém pode perguntar: "Bem, mas logo que aparecer algum bug, a assistência técnica do fabricante o conserta e envia uma nova versão do produto, sem esse bug. Com o tempo, os principais bugs desaparecerão, pois o software terá sido testado por milhões de usuários no mundo todo".

Seria ótimo se assim fosse. Mas não é, por dois motivos:

1. o fabricante está sempre lançando novas versões com mais recursos, inovações, pedidos dos usuários etc.; enquanto se tenta corrigir os bugs da versão 2002 (lançando *service packs*), surge a versão 2003 no mercado, e o ciclo se repete — *não há tempo para consertar os bugs* (um software assim é dito *sem estabilidade*);

2. em programas muito complexos, como Word, Windows, Corel Draw e outros, *a cada bug consertado geralmente surgem mais um ou dois bugs novos*. Em muitos casos, o fabricante prefere informar aos usuários para não fazer determinadas coisas, evitando assim que o programa deixe de funcionar. Ou seja, em vez de consertar o bug, avisar que ele existe e como evitá-lo. De fato, é a solução mais sensata.

Um problema com os *service packs* ocorreu em abril de 2003, como reportado pela PC *World* no artigo "Último remendo do Windows XP torna o PC lento: MS tenta consertar bug com novo Service Pack". Ou seja, um novo remendo para consertar o bug do remendo anterior (EVERS, Joris. Latest Windows XP Patch Slows PCs. Microsoft Works to repair bug in bug fix. IDG *News Service*, April 22, 2003. Disponível em: <http://www.pcworld.com/news/article/0,aid,110385,00.aps>).

A Microsoft criou um sistema inteligente para administrar seus bugs. Toda vez que um programa apresenta defeito, uma rotina coleta os dados que lhe deram origem e os envia para o site dela. Com o tempo, a empresa vai consertando os bugs e disponibilizando as correspondentes atualizações automáticas. Dizem que o XP (*eXPerience*) do Windows significa exatamente isso (mas a Microsoft, ao que consta, nunca esclareceu direito o significado do XP).

Casos Reais de Falhas de Software

1. Tratamento médico

Em um dia do mês de março de 1986, Ray Cox visitou uma clínica em Tyler, Texas, para receber tratamento por radiação nas costas, de onde um tumor canceroso havia sido extraído. O tratamento normalmente é indolor, mas naquele dia ele recebeu a marca de um golpe. Técnicos intrigados, que estavam do lado de fora da sala de terapia, observaram que o computador que operava o equipamento estava fazendo piscar a mensagem "Falha 54", mas não conseguiam saber do que se tratava.

Na realidade, Cox havia recebido uma sobredose fatal de radiação e cinco meses depois estava morto. Menos de um mês após Cox haver sido tratado, a Falha 54 ocorreu novamente — com a única diferença que, dessa vez, uma senhora de 66 anos, Vernon Kidd, morreu em 30 dias.

O equipamento em uso no Centro de Tratamento de Câncer em Tyler era o acelerador linear Therac-25, controlado por computador, e máquinas iguais ou semelhantes estavam em uso em 1.100 clínicas norte-americanas, administrando terapia por radiação a 450.000 novos pacientes por ano.

2. Falhas em caças militares

Quando os pilotos da Força Aérea Norte-Americana estavam testando o caça F16, a primeira coisa que fizeram, enquanto decolavam, foi dizer ao computador de bordo para levantar o trem de pouso. Um F16 muito caro se espatifou.

Em 1987, um outro F16 mergulhou verticalmente no Golfo do México porque o computador de bordo não estava programado para voar em baixa velocidade.

Em outro acidente militar, um F/A18 tentou lançar um míssil que levava embaixo da asa. Embora tenha sido dada a ignição corretamente, o computador não conseguiu acionar as presilhas de destravamento do míssil. Assim, o infeliz piloto sentiu um empuxo adicional de 3.000 libras em uma das asas.

3. Viagens espaciais

Em 1962 um foguete Atlas Aegena, disparado de Cabo Canaveral em direção a Vênus, teve de ser explodido, depois de haver ficado maluco, porque faltou um simples hífen no programa de controle de vôo.

A perda da sonda espacial Mariner 18 foi causada por um erro em uma das linhas do programa, ao passo que a União Soviética perdeu sua sonda marciana Phobos I de maneira semelhante.

4. Mortes em hospitais

Em 1980, um homem foi morto durante uma terapia por microondas para a artrite, devido a uma reprogramação do marca-passo. O software de uma bomba de insulina estava administrando a droga em doses erradas.

Um sistema de monitoramento foi devolvido ao fabricante depois que se descobriu que estava trocando os registros e os nomes dos pacientes.

5. O buraco de ozona desaparece na Antártida

Os programas a bordo dos satélites de observação da Nasa, durante os anos 70 e 80, haviam rejeitado as leituras de ozona na Antártida durante esse período, porque os valores eram baixos demais e foram interpretados como espúrios. Os desvios dos níveis normais eram tão grandes que foram assumidos como erros. Somente quando cientistas ingleses, usando instrumentos terrestres, descobriram que estava ocorrendo um declínio nos níveis de ozona, foi que os cientistas da Nasa reprocessaram seus dados desde 1979 e confirmaram os achados dos ingleses.

6. Computadores militares

Em 1960, computadores do Ballistic Missile Early Warning System (BMEWS), ou Sistema de Alerta Prévio de Mísseis Balísticos, em Thule, nos Estados Unidos, dispararam um alerta, quando interpretaram a subida da Lua na linha do horizonte como um ataque nuclear.

Em outro caso, um bando de gansos foi admitido como sendo um grupo perdido de ogivas nucleares.

7. Aegis, uma máquina de guerra automática

Na década de 80, no Golfo Pérsico, um cruzador norte-americano armado com mísseis, o USS Vincennes, abateu um Airbus iraniano, causando a morte de 290 civis. Como resultado, foram levantadas críticas ao sistema de defesa aéreo AEGIS, a constelação de radares, computadores e mísseis que levou a cabo o ataque. Além do mais, o AEGIS tinha sido largamente condenado por críticos, bem antes de ter sido instalado em navios norte-americanos, a um custo de US$ 1,2 bilhão por unidade. Por exemplo, foi mencionado que o AEGIS passou nos testes de capacitação, realizados em um milharal — o que não é exatamente o mesmo que o alto-mar.

Capítulo 9 • A Confiabilidade dos Sistemas de Informação

O AEGIS é um sistema de administração de batalhas, projetado para seguir objetos aéreos em um raio de 300km e destruir até 20 alvos simultaneamente, usando uma variedade de mísseis. O sistema inclui radares avançados e um software complexo, que identifica alvos potenciais a partir de uma biblioteca de atacantes e seleciona as armas correspondentes. Ainda em seu primeiro teste operacional, o AEGIS falhou ao não conseguir derrubar seis alvos em cada 17, mesmo quando apresentados apenas três por vez. É difícil determinar no final que parcela da tragédia do Airbus pode ser atribuída a erros de computador e a falhas humanas, mas o Aegis aparentemente falhou ao não distinguir entre um avião civil de carreira e um moderno caça, a uma distância de 17km.

8. Controle de tráfego aéreo na Grã-Bretanha

Em 6 de agosto de 1988, um sábado, durante um dos dias mais agitados do ano, o aeroporto Heathrow de Londres deveria estar coordenando cerca de 830 pousos e decolagens, quando o sistema de controle do tráfego aéreo falhou. A despeito do emprego de 70 sistemas especialistas rodando no computador 24 horas, já tinha havido cinco falhas semelhantes nos 12 meses anteriores. Heathrow utiliza um sistema de controle de tráfego conhecido como National Airspace Package (Pacote do Espaço Aéreo Nacional), contendo em torno de um milhão de linhas de codificação e que precisou de 1.600 homens-ano (1.600 pessoas trabalhando durante um ano, ou 800 pessoas durante dois anos etc.) para ser escrito e de 500 homens-ano para aperfeiçoamentos posteriores.

Uma falha potencialmente muito mais perigosa ocorreu em 23 de agosto de 1987, quando o National Air Traffic Services' Oceanic Center (Centro Oceânico dos Serviços Nacionais de Tráfego Aéreo), em Prestwick, Escócia, descobriu que seu Sistema de Processamento de Vôo — o computador que controla o grosso dos vôos transatlânticos — havia entrado em pânico. O sistema deixou de funcionar às 11h30 da manhã e, à tarde, Heathrow, Paris, Frankfurt, Zurique e os principais aeroportos da Europa começaram a ter de sair fora das áreas de estacionamento para as aeronaves em atraso, muitas com passageiros a bordo.

9. Banco de Nova York

Na manhã de 20 de novembro de 1985, mais de 32.000 transações de seguro do governo norte-americano estavam esperando para serem processadas no Banco de Nova York. Às 10h da manhã, os computadores do Banco começaram a destruir as transações, ao gravar umas sobre as outras. Como conseqüência, era impossível para o Banco determinar quais os clientes que deveriam ser cobrados, os prêmios de seguro e os valores correspondentes. Nesse ínterim, o Banco da Reserva Federal de Nova York continuava a emitir os prêmios de seguro para o Banco de Nova York e a debitar sua conta Caixa. Ao se encerrar o expediente desse dia, o Banco estava a descoberto em US$ 32 bilhões com a Reserva Federal — e, a despeito dos frenéticos esforços para consertar os programas, o banco estava ainda a descoberto no dia seguinte no valor de US$ 23 bilhões. Mais tarde, nesse mesmo dia, o software foi finalmente colocado em ordem, mas o fiasco custou ao Banco nada menos que US$ 5 milhões de juros perdidos no *overnight*.

10. Sistemas especialistas em Medicina

Uma moça de Nevada (Estados Unidos), a srta. Julie Engle, foi submetida a uma cirurgia de rotina em um hospital. A operação foi realizada sem complicações. No entanto, logo depois, foi administrado à srta. Engle um analgésico por uma máquina computadorizada. Infelizmente, o sistema, por engano, instruiu as enfermeiras para injetar mais de 500mg da droga no corpo da srta. Engle e, 30 minutos após o término de uma operação bem-sucedida, ela foi encontrada em estado de coma. Cinco dias depois, foi declarada sua morte cerebral. A srta. Engle, na verdade, era a secretária do sr. Vibert Kesler, um advogado de Salt Lake City, que imediatamente processou o hospital por danos, devido ao uso incorreto e irresponsável de um sistema especialista.

Esse caso levantou várias questões jurídicas, como quem deve ser processado quando um sistema especialista comete um erro: o hospital, o médico, o fabricante da máquina, o seu programador, os órgãos de fiscalização do governo etc.

Confiabilidade do Peopleware

Da mesma maneira que o hardware e o software, o organismo humano está sujeito a inúmeras falhas. Algumas das razões da inconfiabilidade das pessoas são:

1. **Fadiga humana**: o número de erros cometidos aumenta com o passar das horas, tornando-se alto depois de umas oito horas de trabalho consecutivo. Uma pessoa que trabalha em excesso tem baixa confiabilidade no fim do expediente, pois seu cérebro está esgotado (os bugs cerebrais aumentam), precisando de descanso para recuperar sua confiabilidade.

2. **Problemas pessoais**: preocupações com a família, dívidas a pagar e desvios de personalidade são causas de erros durante o trabalho.

3. **Desajustes com a empresa**: mau ambiente de trabalho, perseguições políticas, medo de ser despedido, chefia incompetente ou mal preparada para o cargo.

4. **Interesses pessoais**: que podem ocasionar fraudes (erros deliberados).

5. **Incompetência**: falta de treinamento, de interesse ou de motivação para a função exercida.

Casos Reais de Falhas do Peopleware

As falhas humanas são as mais conhecidas, pois todos as cometem, em maior ou menor número: perder horas de trabalho por ter apagado arquivos por descuido, enviar e-mail confidencial para a pessoa errada, inverter algarismos ao digitar, apagar programas e por isso não conseguir mais usá-los, instalar inadvertidamente vírus ao abrir e-mails ("clique aqui"), mexer na configuração

Capítulo 9 • A Confiabilidade dos Sistemas de Informação **117**

do sistema sem saber direito o que está fazendo (Registry etc.), baixar programas gratuitos que podem travar a máquina e são difíceis de desinstalar, introduzir dados errados no banco de dados (trocar datas, nome errado etc.) e muitas outras. Os casos de reclamações recebidas pelo suporte (help desk) dos fabricantes são elucidativos [6].

Eis algumas falhas humanas reais.

Quando a lixeira não funciona

Quando alguém apaga um arquivo no Windows usando a tecla DEL, o arquivo normalmente vai para a lixeira (*recycle bin*) e pode ser recuperado, se acidentalmente apagado. No entanto, se a lixeira estiver cheia, ou o arquivo for grande, ele não irá para a lixeira e será permanentemente apagado. Nesse caso, talvez possa ser recuperado com os softwares Undelete ou o EasyRecovery da Ontrack, mas não é certo.

Erros de inversão

Um erro humano muito comum é a *inversão* de dígitos: por exemplo, digitar no computador 519 em vez de 591. Para evitar isso, usam-se os *dígitos de controle* (*check digits*), como no número do CNPJ da Receita Federal, em que os dois últimos são os dígitos de controle (geralmente vêm depois de um hífen). Esses são obtidos a partir de um algoritmo determinístico, aplicado aos dígitos existentes antes dos dígitos de controle. Com esse engenhoso método, apenas um insignificante número de casos de inversão não é detectado pelo computador. No entanto, dados que não sejam códigos (como despesas em R$ ou US$) não têm digitos de controle e são facilmente lançados erroneamente.

Dados confidenciais encontrados no lixo

Um relatório escrito por dois estudantes graduados do Massachusetts Institute of Technology – MIT (Estados Unidos) mostrou os riscos associados aos discos velhos. Simson Garfinkel e Abhi Shelat compraram 158 discos rígidos usados, muitos do eBay, outros de empresas e lojas. Garfinkel e Shelat conseguiram recuperar os dados de 49 discos. Entre o que eles encontraram estavam memorandos pessoais de corporações, pornografia, números de cartões de crédito e, de um disco oriundo de um Banco, números de contas correntes, datas das transações e saldos bancários. Embora existam programas que de fato apagam os arquivos dos discos, a maioria dos usuários nem sabe de sua existência. Quando um arquivo é apagado (delete), ou o disco é reformatado, um alerta geralmente informa que todos os dados serão destruídos, mas na verdade mais de 99% continua no disco e pode ser recuperado.

The Chronicle of Higher Education, Washington, 17 Jan. 2003.

O McAfee Internet Security tem a rotina Security Check, cuja função, entre outras, é apagar arquivos já apagados do disco. Quando se "apaga" (delete) um arquivo, mesmo que seja na lixeira (*recycle bin*), apenas o *nome* do arquivo é apagado na Tabela de Localização de Arquivos (FAT), mas o arquivo em si continua existindo no disco. Quando se executa o Desfragmentador do Windows (Defragmenter), os arquivos mudam fisicamente de lugar no disco, e muitos "resíduos" de arquivos já apagados desaparecem definitivamente do disco. Alguns vírus destruidores também apagam (delete) toda a FAT, fazendo com que, na prática, o usuário não consiga localizar nunca mais seus arquivos.

Entretanto, um dos casos mais famosos de falha humana ocorreu no Chile: Juan Pablo Dávila, com 34 anos, um antigo empregado da empresa estatal chilena Codelco Co., por engano, instruiu o computador para comprar no mercado de futuros quando deveria vender, e vice-versa. Posteriormente, tentou recuperar as perdas, causando ainda mais prejuízos, que chegaram a 0,5% do produto nacional do Chile (US$ 207 milhões em 1994). O povo criou um novo verbo, *davilar*, significando *bagunçar tudo* (T*he Economist*, London, 12 Feb. 1994). Ele ganhou o prêmio Ig Nobel de Economia de 1994 [7].

Em outro curioso exemplo, o gerente da firma Engine soletrou esse nome para a atendente de uma empresa de São Paulo. Veja como ela registrou a razão social no banco de dados (copiado do envelope original do correio):

Endereço para Devolução
SUPERINTENDÊNCIA DE SUPORTE A CLIENTES

CDD VILA PRUDENTE
Destinatário:
ENGINE ESCOLA NAVIO GATO IGREJA NAVIO ESCOLA
R IBITIRAMA SL 6
03133-100 PRQ VL PRUDENTE S PAULO SP

É Ilegal comentar as Falhas dos Sistemas

Para encerrar este capítulo sobre a (in)confiabilidade dos sistemas, nada como esta *jóia legislativa* norte-americana: como os fabricantes de hardware e software não conseguem produzir produtos 100% confiáveis (o que, aliás, não tem nada de anormal), fizeram aprovar a Uniform Computer Information Transaction Act (Lei da Transação de Informação Uniforme sobre Computadores), pela qual fica *proibido falar mal* de equipamentos e de softwares que não funcionam, ou mesmo apenas mostrar em que ponto eles falham [8].

Bibliografia

Vários casos citados podem ser encontrados em A *insegurança do computador e a vulnerabilidade social*, de T. Forester e P. Morrison [9].

Capítulo 9 • A Confiabilidade dos Sistemas de Informação

Distribuído pela Internet

CAPÍTULO 10

A Segurança dos Computadores

Não penseis que vim trazer paz à Terra. Não vim trazer a paz, mas sim a espada.

Mateus, 10: 34

Não se pode confiar cegamente nos computadores, pois eles, como qualquer máquina, sempre estão sujeitos a falhas acidentais, que podem mesmo pôr a vida em risco.

No entanto, há também outra fonte de inconfiabilidade: aquelas produzidas *deliberadamente* por pessoas mal-intencionadas, como hackers, espiões etc. É disso que nos ocuparemos neste capítulo.

Em 2002, o executivo de uma empresa financeira recebeu um chamado: uma pessoa queria um milhão de dólares, ou faria com que toda a rede fosse derrubada, ficando a empresa impedida de funcionar. O pessoal de segurança de sistemas passou a noite toda procurando por algum programa pernicioso na rede, mas nada achou. Na manhã seguinte, a rede veio abaixo durante uma hora, na parte da manhã, paralisando as operações financeiras da empresa.

Logo após, o telefone do executivo toca de novo: a mesma pessoa diz que o próximo ataque será durante o período de pico, e não mais pela manhã. O executivo resolveu então pagar-lhe a quantia solicitada. Afinal, sua rede tinha sido hackeada e estava sob o controle de uma pessoa desconhecida.

ZD*net News*, 30 Apr. 2002 [1].

"Lasciate Ogne Speranza, Voi Ch'intrate"

A frase acima, que se encontra na entrada do Inferno, na *Divina Comédia*, de Dante Alighieri, também se aplica a todas as pessoas que se envolvem com redes de computadores ("Abandonem toda esperança, vocês que estão entrando").

De fato, os *crimes por computador* (*cybercrimes*) vieram para ficar. É um problema com o qual teremos de conviver, conseguindo, *no máximo*, minimizar os riscos. Antes do computador, a criminalidade já existia, mas agora ficou mais sofisticada e difícil de controlar. Ela apenas mudou de lugar.

O primeiro alerta geral para essa vulnerabilidade dos sistemas foi dado em 1973, com a famosa fraude de 2 bilhões de dólares da Equity Funding, uma companhia de seguros, na época a segunda maior falcatrua da história norte-americana (a maior fraude tinha ocorrido em 1940 com a Associated Gas and Electric).

Segundo as palavras de Gleeson Payne, comissário de seguros da Califórnia:

> Essa colossal fraude foi particularmente um crime de computador. O computador foi a chave para a fraude. Eu certamente a chamaria de "fraude por computador". Com os antigos hábitos de ter os registros dos Seguros em papel, com certeza não seria possível manter essas apólices fraudulentas em tão grande número e em tão pouco tempo. As companhias de Seguros sempre admitiram que os computadores eram seguros: uma fraude por computador jamais seria esperada. A Equity era a mais avançada no uso dos computadores. Poucos arquivos com documentos em papel foram encontrados. O computador era a chave para a fraude. Os auditores tinham programas para computador, mas a Equity tinha um código secreto que fazia com que o computador revelasse somente as apólices verdadeiras. Tivemos uma situação em que a tecnologia surpreendeu e superou nosso sistema de auditoria. Nós não tínhamos programas para auditar computadores, nem neste, nem em outros Estados. É uma coisa que precisa ser desenvolvida. *Nossos auditores não estão equipados para verificar se aquilo que o computador processou é autêntico e válido.* (*Crime by computer.* de Dann B. Parker Charles Scribner's Sons, NY, 1976. p. 119. Esse foi o primeiro livro publicado sobre crimes por computador, contendo 23 casos reais).

Mas essa fraude não foi a primeira, nem será a última. Em dezembro de 2001, a 17ª maior empresa do mundo, segundo a revista *Fortune* (16 Apr. 2001), a Enron Corporation [2], do ramo de energia (eletricidade, gás, petróleo), requereu falência, tendo sido constatadas fraudes em seus balanços. *Era auditada pela conhecida Arthur Andersen Consulting.* (Veja também o *método de Sakaguchi* do Banco Noroeste, 1998) [3].

Segundo a BankruptcyData [4], foi a maior empresa a pedir falência até 2001. Outras grandes empresas que passaram pela mesma situação foram (pelo valor dos ativos, em US$ bilhões):

1. WorldCom (2002): US$ 107;

2. Enron (2001): US$ 63,3;

3. Texaco (1987): US$ 35,8;

4. Financial Corporation of America (1988): US$ 33,8;

5. Global Crossing (2002): US$ 25,5;

6. Adelphia Communications (2002): US$ 24,4.

Capítulo 10 • A Segurança dos Computadores

Com a informatização das empresas, desde 1970, fica cada vez mais difícil separar as fraudes feitas no computador e fora dele. O que é preciso é que as auditorias sejam especializadas não apenas em contabilidade e finanças, mas, e principalmente, em Sistemas de Informação, *com conhecimentos em nível de hacker* (pois os manuais do fabricante não revelam as vulnerabilidades, ou *security holes*, já que muitas vezes nem ele mesmo as conhece).

Outros Casos Reais

A grande maioria dos problemas de segurança nem sempre envolve fraudes de bilhões de dólares. Mas também causa prejuízos. Eis alguns exemplos.

1. Sabotagem na Austrália

Em uma sexta-feira, 20 de novembro de 1987, um sabotador penetrou nos túneis da Telecom em Sidney, Austrália, e cuidadosamente danificou 24 cabos. Esse simples ato pôs em pane 35.000 linhas telefônicas em 40 subúrbios de Sidney, desativou centenas de computadores, bem como máquinas de consulta automática, pontos eletrônicos de venda, terminais de telex e de fax. Algumas empresas ficaram completamente fora de ação por 48 horas, enquanto os engenheiros batalhavam para restaurar o serviço telefônico a um custo de milhares de dólares. Tivesse o sabotador a posse de documentos da rede que não fossem de dois anos atrás, poderia ter havido um blecaute em todo o sistema de telecomunicações da Austrália.

2. Arquivos apagados

Em julho de 1989, um operador de computador da Exxon admitiu ter "inadvertidamente" destruído cópias de milhares de documentos com informações potencialmente importantes sobre o famigerado derramamento de petróleo no Alasca.

3. Adulteração em enciclopédia

Em 1986, em Chicago, um funcionário da *Encyclopædia Britannica*, descontente por ter sido despedido, acessou o banco de dados da enciclopédia e fez pequenas alterações no texto que estava sendo preparado para uma nova edição da renomada obra – como trocar as referências de Jesus Cristo por Alá e colocar os nomes dos executivos da companhia em situações bizarras. Como disse um porta-voz da empresa, "na era do computador, pesadelo é exatamente isso".

4. Horas extras

Na década de 80, um programador introduziu uma rotina no programa da folha de pagamento de sua empresa que fazia com que todo mês certa importância fosse adicionada ao seu salário, a título de horas extras. Essa fraude só veio a ser descoberta quando ele resolveu trocar a namorada — a única que sabia — por outra. Nem as auditorias externa e interna, nem o departamento de pessoal, haviam descoberto a irregularidade, que durou mais de um ano.

Ele foi demitido sem justa causa, com todos os direitos trabalhistas pagos, não teve de devolver as horas extras recebidas e ainda foi contratado como consultor, para retirar as rotinas que havia introduzido nos programas, que só ele conhecia.

5. Arredondamentos lucrativos

Um programador arredondava para menos os cálculos e enviava os *trocados* para sua conta bancária.

6. Estatísticas espertas

Um programa fazia estatísticas nas contas correntes de um Banco e verificava aquelas que eram pouco movimentadas, geralmente de idosos. Retirava, então, uma parte do dinheiro e aplicava no mercado financeiro em nome de terceiros, retornando o mesmo valor para a conta antes do fim do mês. O esquema só foi detectado devido a várias perguntas do tipo: "Por que há tantos estornos no meu extrato bancário?"

7. Comércio de cartões de crédito

O webmaster (responsável pelo site) de um site de comércio eletrônico, ao ser despedido pelo patrão, copiou os números de cartão de crédito e vendeu-os a interessados, que saíram fazendo compras pela Internet.

8. Vírus financeiro

Um funcionário descontente espalhou, na rede da empresa, um vírus que procurava planilhas Excel (XLS) e invertia aleatoriamente dois dígitos de algumas células (por exemplo, em uma célula com o valor 4.790.321, trocava-o por 7.490.321).

9. Equipamento de clonagem de cartões instalado em um banco, em 2003

O texto e as fotos referentes a esse caso podem ser acessados em [5].

10. Fraude nas eleições no Brasil

Em 1982, a empresa de consultoria Proconsult, responsável pelo processamento dos dados das eleições estaduais, alterou os votos dados a Brizola, ao modificar os programas de contagem de votos.

Outro caso de suspeita de fraude no Rio de Janeiro, foi informado pela Polícia Federal em 2003 [6].

Esse também é um risco existente na Lei Eleitoral aprovada pelo Senado Federal de Brasília em 2003, já que o sistema do Tribunal Superior Eleitoral *não admite auditoria externa*, nem a existência da cópia dos votos (*não é possível haver re-*

Capítulo 10 • A Segurança dos Computadores

contagem de votos, no caso de haver dúvida sobre os resultados das eleições municipais, estaduais ou federais). Ver a respeito o livro B*urla eletrônica: a máquina que faz seu voto sumir*, editado em 2003 (www.votoseguro.org), sobre o voto eletrônico no Brasil [7]. Nos Estados Unidos, as urnas eletrônicas estão sendo proibidas [8].

***

Bruce Schneier, um especialista em segurança eletrônica, resolveu colecionar casos de falhas, que chegaram ao seu conhecimento apenas nos primeiros sete dias do mês de março de 2000. Foram 31 casos, ou mais de quatro por dia. Estão relatados em seu livro S*egurança.com: segredos e mentiras sobre a proteção na vida digital* (Tradução da Ed. Campus, 2001). Eis alguns (que não se referem a ataques via Internet):

1. Durante anos, informações pessoais de consumidores têm vazado do site da Intuit para a DoubleClick. Vazamentos também ocorreram nos sites da Sony e da Amazon. Tais fugas se devem a alterações nos programas de comércio eletrônico, das quais o proprietário nem sempre fica sabendo.

2. Kevin Mitnick, *o rei dos hackers*, obteve inúmeras senhas de acesso a sistemas por meio da *engenharia social* (ou seja, "passando uma cantada" nas pessoas), segundo declarou ao Congresso norte-americano.

3. O diretor da Central Intelligence Agency (CIA), a Agência Central de Inteligência dos Estados Unidos, negou que faça espionagem econômica, mas não negou a existência de um enorme sistema de coleta de dados chamado Echelon.

4. Os militares japoneses interromperam a distribuição de um software de defesa (que não é open source), ao saber que foi desenvolvido por membros da seita Verdade Suprema.

5. Novell e Microsoft trocaram insultos por uma falha de segurança no Windows 2000.

6. Uma falha no software Corel-Linux 1.0 permitia ao usuário invadir toda a Rede.

A lista é grande, mas esses casos servem como exemplo.

Um ponto que já deve ter sido percebido é que de nada adianta investir em computadores, esquecendo-se de sua parte mais importante: as pessoas que interagem com eles. De fato, principalmente o pessoal de programação e análise deve ter uma seleção aprimorada e um tratamento especial, pois detém grande poder de controle sobre o funcionamento da empresa. Um programador mal-intencionado pode causar-lhe enormes prejuízos.

É também importante frisar que as estatísticas indicam que 75% das invasões aos sistemas das empresas são realizadas *de dentro* da própria empresa, e não de fora (via Internet) [9].

As Figuras 10.1 e 10.2, do FBI norte-americano, mostram o grande crescimento das fraudes na Internet (188% em 2002), bem como o fato de que os três tipos de fraude mais comuns se referem ao comércio eletrônico: leilões virtuais, produtos vendidos, mas não entregues e cartões de crédito. É curioso também notar que um famoso conto-do-vigário, as *cartas da Nigéria*, a terceira maior fonte de renda desse país, ocupa o nono lugar. No entanto, todas essas fraudes são apenas a ponta do iceberg, já que grande parte não é divulgada pelas empresas, que têm receio de denegrir sua imagem ou a de seus executivos.

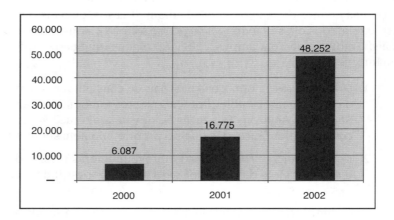

Fonte: http://www1.ifccfbi.gov/strategy/statistics.asp.

FIGURA 10.1   Número de fraudes na Internet relatadas ao FBI em 2002

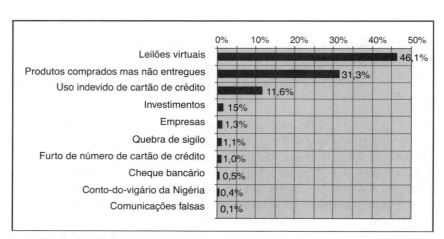

Fonte: http://www1.ifccfbi.gov/strategy/statistics.asp.

FIGURA 10.2   Principais reclamações sobre fraude na Internet relatadas ao FBI em 2002 (95% do total de casos)

Hackers

Com a expansão da Internet, uma nova modalidade de ataque surgiu: a invasão pela Internet. E também novas "profissões": *hackers, crackers* e *phreakers*. Eles têm uma inteligência muito acima da média das pessoas e um profundo conhecimento de computadores e redes. Caso contrário, serão chamados de *lamer, luser, wannabee* ou *newbie*, ou seja, aquele que quer se passar por hacker (talvez para impressionar as garotas), sem conseguir sê-lo de fato. O Brasil é o segundo país mais atacado pelos hackers [10].

O **hacker** (*aquele que mexe nas coisas, fuçador*) geralmente começa como um garoto jovem (algo como 14 anos) que se interessa por computadores. Ele começa a estudar o funcionamento das máquinas e das redes e acaba descobrindo novas maneiras de usar o computador, que não se encontram nos manuais de operação, distribuídos pelo fabricante.

Com isso, vai descobrindo que é possível invadir outros computadores, espalhar programas para executar algumas funções, bisbilhotar arquivos alheios etc. Essa por vezes é a fase inicial do hacker, como mencionado no conhecido Manifesto dos Hackers [11]. Com isso, ele já está se tornando um criminoso cibernético (*cybercriminal*).

Mas a virada surge quando, ao verificar a relativa facilidade com que consegue seus intentos, e pelas amplas fontes de informações que encontra na Internet, ele começa a ser tentado a tirar alguma vantagem de seus avançados conhecimentos, como desviar dinheiro de alguma conta bancária, ou comprar sem ter de pagar. Nesse ponto, ele se transforma em um **cracker** (*quebrador*), e suas ações começam a ser assunto de jornal. Como ele domina técnicas que os programadores e analistas não conhecem, pois não constam dos manuais do fabricante, sua perseguição se torna mais difícil.

Para combatê-lo, empresas contratam *white hackers* (*hackers do bem*) para combater os *hackers do mal*, com sucesso [12] [13]. Cursos já começam a surgir no mercado [14].

A revista oficial dos hackers, a 2600 M*agazine* (www.2600.net), coleciona os sites invadidos [15], com a página de entrada antes e depois da invasão. Já foram vítimas, entre outros, o exército norte-americano, a CIA e o jornal *New York Times*.

Um cracker é um hacker especializado em quebrar proteções. Enquanto um hacker se *aproveita* das falhas de segurança, o cracker *elimina* a segurança dos sistemas. Por exemplo, em um programa que pede uma senha para rodar, o cracker faz com que ele seja executado sem necessidade de senha (*programa crackeado ou aberto*). Um filme em DVD que só funciona em ambiente Windows passa a funcionar também em Linux [16].

Kevin D. Mitnick, o maior hacker do mundo, hoje um bem-sucedido consultor de segurança. Em 20 anos de atividades, só não conseguiu penetrar em um único sistema.

Existem vários programas gratuitos na Internet para crackers, como o Hackman [17]. Q*ualquer programa pode ser crackeado*, dependendo apenas da paciência e do tempo disponível do cracker. Mas é necessário um profundo conhecimento da linguagem Assembly, o que poucos profissionais de informática possuem.

Outra modalidade de hacker é o **phreaker**, especializado em linhas telefônicas, satélites e comunicações em geral. Ele lida mais com o hardware, construindo aparelhos (*boxing*) que interferem no funcionamento das redes.

A quantidade de ações criminosas que um hacker pode realizar é grande, e sempre novas são descobertas, como também ocorre no mundo real. Eis alguns exemplos dessas ações — ameaças às quais, em princípio, todos estão sujeitos:

1. gerar um cartão de crédito válido, mas falso, e fazer compras com ele (*credit wizard*);

2. "bombardear" uma conta com milhares de e-mails, bloqueando sua caixa de correio (*e-mail bomb*);

    Um caso de *e-mail bomb*: em 2003, o jornal asiático T*he Strits Times* informou que um chinês de 15 anos enviou 161.064 e-mails para um professor que o havia tratado mal, paralisando a caixa postal do mestre.

3. trafegar pela Internet sem ser descoberto (usando para isso um site não identificável, localizado em algum país) (*anonymizer*);

4. invasão de um banco, transferindo dinheiro de uma conta para a sua (*bank cracking*);

Capítulo 10 • A Segurança dos Computadores

5. invadir uma rede de computadores e copiar as senhas usadas (*exploiter*);

6. ficar observando o tráfego de uma rede, coletando informações (*sniffer*);

7. provocar uma parada em um computador que administra uma rede (servidor) da Internet ou em um computador específico (*attack*);

8. apagar o Bios de um computador, tornando-o inútil (*virus attack*);

9. alterar o conteúdo de uma home page (*site hacking*);

10. construir vírus, worms e trojans (*virus lab*);

11. instalar pequenos programas (*java applets*) pela Internet (*hacking*);

12. enviar material criminoso encriptado por meio de figuras, músicas ou outras formas disfarçadas (terrorismo);

13. copiar software comercial (*software piracy*);

14. quebrar a proteção de softwares comerciais, que podem então ser usados sem senha nem registro (*software cracking*);

15. construir bombas caseiras, ou produtos químicos letais (terrorismo);

16. abrir cadeados, travas e fechaduras (*lock picking*);

17. alterar o medidor de consumo de energia elétrica (*phreaking*);

18. construir equipamento anti-radar (*boxing*);

19. interceptar ligações telefônicas, ou fazer ligações gratuitas (*boxing*);

20. mudar a área de acesso de um telefone celular (*phreaking*);

21. usar computador de terceiros para armazenar arquivos próprios (*hacking*);

22. ficar coletando informações sobre o que está sendo digitado no teclado e enviá-las via e-mail (*sniffer* de teclado, *keylogger, keyboard scanner*);

23. intercambiar músicas pela Internet em formato MP3 diretamente entre dois computadores (peer-to-peer, ou P2P).

QUADRO 10.1 O que é um Hacker

1. Indivíduo que adora explorar os detalhes de sistemas programáveis e ampliar suas habilidades, em oposição à maioria dos usuários que prefere aprender apenas o mínimo necessário.

2. Indivíduo que desenvolve programas com entusiasmo (e até de forma obsessiva) ou que prefere programar a se preocupar com os aspectos teóricos da programação.

3. Indivíduo que desenvolve programas com rapidez e qualidade.

4. Especialista em um determinado programa ou que costuma usá-lo com grande freqüência, como um hacker do Unix. (As definições de 1 a 5 são correlatas, e os indivíduos que nelas se enquadram formam um grupo coeso.)

5. Especialista ou entusiasta de um determinado tipo. O indivíduo pode ser um hacker em astronomia, por exemplo.

6. Indivíduo que adora desafios intelectuais envolvendo sucesso criativo ou superação de limitações.

(continua)

(continuação)

7. [depreciativo]: Indivíduo malicioso e intruso que tenta obter acesso a informações confidenciais através de espionagem. Daí os termos hacker de senha, hacker de rede. É preferível ser chamado de hacker pelos outros a se intitular um hacker. Os hackers consideram-se uma elite (um privilégio baseado na habilidade), embora recebam com alegria os novos membros. Eles sentem, entretanto, uma certa satisfação egocêntrica em serem identificados como hackers (mas se você tentar ser um deles e não consegue, é considerado falso).

QUADRO 10.2   As três modalidades

O próprio hacker: é aquela pessoa que possui uma grande facilidade de análise, assimilação, compreensão e capacidades surpreendentes de conseguir fazer o que quiser (literalmente) com um computador. Ela sabe perfeitamente que nenhum sistema é completamente livre de falhas, e sabe onde procurar por elas, utilizando de técnicas das mais variadas (aliás, quanto mais variado, mais valioso é o conhecimento do hacker).

Cracker: possui tanto conhecimento quanto os hackers, mas com a diferença de que, para ele, não basta entrar em sistemas, quebrar senhas, e descobrir falhas. Ele precisa deixar um aviso de que esteve lá, geralmente com recados mal-criados, algumas vezes destruindo partes do sistema, e até aniquilando com tudo o que vê pela frente. Também são atribuídos aos crackers programas que retiram travas em softwares, bem como os que alteram suas características, adicionando ou modificando opções, muitas vezes relacionadas à pirataria.

Phreaker: é especializado em telefonia. Faz parte de suas principais atividades as ligações gratuitas (tanto local como interurbano e internacional), reprogramação de centrais telefônicas, instalação de escutas (não aquelas colocadas em postes telefônicos, mas imagine algo no sentido de, a cada vez que seu telefone tocar, o dele também o fará, e ele poderá ouvir sua conversa), etc. O conhecimento de um phreaker é essencial para se buscar informações que seriam muito úteis nas mãos de mal-intencionados. Além de permitir que um possível ataque a um sistema tenha como ponto de partida provedores de acessos em outros países, suas técnicas permitem não somente ficar invisível diante de um provável rastreamento, como também forjar o culpado da ligação fraudulenta, fazendo com que o coitado pague o pato (e a conta).

Existem livros que explicam como os grandes hackers entraram nos sistemas fechados, desta forma você pode tirar algumas idéias em como abrir sistemas fechados. Para se ter uma idéia o primeiro livro que li sobre este assunto foi *Crime por computador* de Donn B. Parker de 1977, isto mesmo, 1977. Para se ter uma idéia, um chefe de contabilidade de uma pequena firma desviou um milhão de dólares, usando um computador para planejar e realizar o seu desfalque, ou então, um jovem ladrão conseguiu acesso ao computador de uma companhia telefônica e em dois anos roubou cerca de um milhão de dólares em equipamentos. Foi preso porque um de seus empregados o denunciou. Depois de passar 40 dias na cadeia, voltou a trabalhar – desta vez, como consultor de segurança de computadores.

Hoje em dia, a história mais conhecida foi a prisão do hacker Kevin Mitnick em 25 de fevereiro de 1995. Este hacker [foi] capturado pelo FBI com auxílio do especialista em segurança de computadores Tsutomu Shimomura (um ex-hacker). Esta história já rendeu dois livros, um deles *O contra-ataque* foi escrito por Tsutomu Shimomura e John Markoff, um experiente jornalista especializado em tecnologias e o outro livro *O jogo do fugitivo*, de Jonathan Littman, que é um jornalista bem relacionado no submundo da rede. Qualquer um desses livros atrai com certeza a curiosidade sobre histórias verídicas, e temos a sensação de estar no limiar entre a ficção científica e a realidade. Se isso pode acontecer em grandes, pequenas e médias empresas, pode acontecer também com você! Na verdade, já está acontecendo em todo o mundo...

HACKERS. Disponível em:
<http://www.portugalglobal.com.pt/Varios/Hackers/Hackers.htm>.

QUADRO 10.3 Hackers famosos

Kevin David Mitnick (Estados Unidos)
O mais famoso hacker do mundo. Atualmente em liberdade condicional, condenado por fraudes no sistema de telefonia, roubo de informações e invasão de sistemas. Os danos materiais são incalculáveis.

Kevin Poulsen (Estados Unidos)
Amigo de Mitnick, também especializado em telefonia, ganhava concursos em rádios. Ganhou um Porsche por ser o 102º ouvinte a ligar, mas na verdade ele tinha invadido a central telefônica, e isso foi fácil demais.

Mark Abene (Estados Unidos)
Inspirou toda uma geração a fuçar os sistemas públicos de comunicação – mais uma vez, a telefonia – e sua popularidade chegou ao nível de ser considerado uma das 100 pessoas mais "espertas" de New York. Trabalha atualmente como consultor em segurança de sistemas.

John Draper (Estados Unidos)
Praticamente um ídolo dos três acima, introduziu o conceito de phreaker, ao conseguir fazer ligações gratuitas utilizando um apito de plástico que vinha de brinde em uma caixa de cereais. Obrigou os Estados Unidos a trocar a sinalização de controle nos seus sistemas de telefonia.

Johan Helsingius (Finlândia)
Responsável por um dos mais famosos servidores de e-mail anônimo. Foi preso após se recusar a fornecer dados de um acesso que publicou documentos secretos da Church of Scientology na Internet. Tinha para isso um PC486 com HD de 200Mb, e nunca precisou usar seu próprio servidor.

Vladimir Levin (Rússia)
Preso pela Interpol após meses de investigação, nos quais ele conseguiu transferir 10 milhões de dólares de contas bancárias do Citibank. Insiste na idéia de que um dos advogados contratados para defendê-lo é (como todo russo neurótico normalmente acharia), na verdade, um agente do FBI.

Robert Morris (Estados Unidos)
Espalhou "acidentalmente" um worm que infectou milhões de computadores e fez boa parte da Internet parar em 1988. Ele é filho de um cientista-chefe do National Computer Security Center, parte da Agência Nacional de Segurança. Ironia...

Fonte: http://www.portugal-global.com.pt/Varios/Hackers/Hackers.htm.

No entanto, não são apenas os hackers que hackeiam. A moda pegou, e até a Marinha de Guerra norte-americana já foi pega hackeando, em 1998 [18].

Malwares: Vírus, Worms, Trojans, Applets

Malware significa *malicious-logic software* (programa com lógica mal-intencionada).

Uma das grandes pragas que surgiram com os microcomputadores e depois se espalharam pela Internet foi o vírus.

Tendo surgido nos anos 80, hoje os vírus têm mais de 50.000 espécies, sendo boa parte apenas uma variação de tipos básicos.

> Um dos três primeiros vírus a chamar a atenção da imprensa e do público em geral foi o (c)Brain, que apareceu na Universidade de Delaware (Estados Unidos) em outubro de 1987.
>
> A origem do (c)BRAIN – (c) de copyright – foi a Lei de Direitos Autorais. Como no Paquistão essa lei não se aplicava aos softwares, os irmãos Amjad e Basit Farooq Alvi, proprietários da loja Brain Computer Services, situada em Lahore, no Paquistão, resolveram criar um programa que "detonasse" o PC, caso rodasse programas pirateados. Para tanto, começaram a distribuir algumas cópias, infectadas com o vírus, para os distribuidores de softwares piratas. Estudantes norte-americanos compraram tais programas por um dólar (junto com o Word da Microsoft, o Lotus 123 e outros), e o vírus começou a se espalhar nos Estados Unidos.
>
> Os outros dois vírus foram o Lehigh (novembro de 1987, na Universidade Lehigh, Estados Unidos) e o Jerusalém (dezembro de 1987, na Universidade Hebraica, em Israel).
>
> KANE, P. *Virus protection*. [New York]: Bantam Computer, 1989.

Um programa de computador geralmente é usado para produzir dados de saída a partir de dados de entrada. No entanto, se soubermos programar em linguagens mais avançadas, como em C ou Assembly, os dados de saída podem ser *outro programa*. Ou seja, é possível haver *reprodução automática* de programas: um programa-pai gerando vários programas-filho. É a *genética cibernética*.

Esse é o princípio do vírus: a auto-reprodução. Os programas gerados, que podem ser diferentes entre si, podem fazer qualquer coisa. Mas, via de regra, os vírus são maléficos, realizando atividades danosas, como apagar os dados de um disco, impedir que o computador funcione, desativar o antivírus instalado, enviar e-mails sem autorização, examinar os arquivos no disco, enviar cópias pela Internet etc.

Para que um vírus possa ser ativado e se reproduzir é necessário que *seja executado*. Para tanto, inúmeras técnicas são utilizadas. Eis como um vírus pode ser instalado:

1. o usuário coloca um disco com vírus na máquina e o disco é executado automaticamente (como se fosse um CD de música);

2. um disquete com vírus é deixado no drive; quando o computador é ligado, o disquete é acessado, dando a partida na máquina e instalando o vírus;

3. um e-mail é recebido, contendo o arquivo anexado LOTERIA.TXT. O usuário abre o arquivo, mas ele é executado; trata-se do arquivo LOTERIA.TXT.EXE, mas o Windows normalmente esconde a terminação EXE do arquivo, facilitando o trabalho dos hackers (para reverter essa situação, *desabilite* a

opção "Esconder extensões para tipos de arquivos conhecidos": no Internet Explorer, acesse uma pasta qualquer e então clique em Ferramentas, Opções da Pasta, Ver);

4. um e-mail é recebido, contendo um arquivo anexado executável (como Feliz-Aniversario.vbs); ao ser executado, vem uma agradável mensagem para o usuário, enquanto um vírus está sendo instalado;

5. um e-mail é recebido contendo uma página da Internet (em HTML); ao abrir o e-mail, um applet escondido na página instala um vírus;

6. o usuário encontra na Internet um interessante programa gratuito: "Como ganhar na loteria", e o instala (já que é gratuito). Aparecem algumas sugestões para a loteria, enquanto um vírus é instalado.

Uma vez instalado, o vírus:

1. reproduz-se;

2. envia e-mails para outras pessoas com uma cópia do vírus; os destinatários são encontrados na lista de endereços de e-mail da vítima (*address book*);

3. executa a função definida pelo hacker que o criou (por exemplo, apagar arquivos do disco).

Esses três passos são realizados sem o conhecimento do usuário.

Um vírus precisa de um programa executável para nele se instalar. É como se fosse um "parasita" de programa. Por exemplo, um vírus pode se instalar em um programa para tocar músicas. Toda vez que esse programa (infectado) for executado, o vírus também será executado.

Já um worm (verme) não precisa parasitar nenhum programa. Ele pode ser executado a partir de um anexo de e-mail, quando então se duplica e envia uma cópia para outra pessoa, continuando o processo. Também pode, em paralelo, danificar a máquina que o hospeda.

Um applet é um executável programado numa linguagem chamada Java e caminha junto com páginas em HTML, de onde é executado. Um applet não se reproduz, e a maioria é inofensiva. Os applets são usados para produzir animações quando se acessa um site (por exemplo, mostrar o anúncio de algum produto). No entanto, existem applets mal-intencionados (www.cigital.com/hostile-applets).

Um trojan (*cavalo de Tróia*) é um invasor que não se reproduz. Ele se instala, geralmente via e-mail, e toda vez que o computador é ligado o trojan é automaticamente executado. Ele pode realizar várias funções, como examinar o que está sendo digitado no teclado (*keylogger*), enviando os dados via e-mail para um hacker, ou então ficar registrando os hábitos do usuário (sites visitados, programas usados, produtos comprados etc.) e passando esses dados para uma agência de publicidade via e-mail (sem conhecimento da vítima).

O Bradesco, tradicional líder na inovação tecnológica, lançou uma novidade inteligente, para melhor proteger seus clientes. Nas palavras de seu Diretor de Tecnologia, Douglas Tevis (um dos principais responsável pelas inovações do Banco):

Em 1998, o Bradesco introduziu uma maneira de evitar que programas espiões leiam o teclado, quando seus clientes usam o Internet Banking. Apresentando um teclado virtual, cuja posição na tela, bem como a disposição das teclas no teclado, variam a cada apresentação, tornou-se praticamente impossível capturar a senha por meio de trojans e vírus, pois a senha não é digitada e sim clicada com o mouse na tela, em posições variáveis. A partir de 2003, com a evolução de alguns vírus, houve a necessidade de um aperfeiçoamento desse teclado que ganhou então, um novo módulo alfanumérico e outros dispositivos proprietários que têm impedido a captura das informações, enquanto o cliente está acessando o Bradesco. Veja a figura acima.

Por outro lado (embora ainda pouco usados), já existem no mercado teclados que impedem que hackers fiquem espiando as teclas digitadas pelo usuário do computador.

Tipos de vírus

- *Vírus de boot*: programas que se instalam no setor de boot do disquete ou disco rígido (trilha zero), mas não se comparam aos vírus atuais. O primeiro vírus desse tipo foi o Brain, em 1986.
- *Vírus de arquivo*: contaminam arquivos executáveis de programas. Já foram populares, mas hoje são facilmente eliminados pelos antivírus. O Sexta-feira 13, de 1988, é um exemplo.
- *Worms*: os vermes formam uma categoria mais complexa. Não contaminam arquivos, mas têm a capacidade de se auto-replicar. Muitos se propagam via e-mail e causam sobrecarga nos servidores. O SQL Slammer e o W32Blaster, que se espalharam em 2003, são vermes.
- *Vírus de script*: atacam sistemas capazes de rodar scripts, como os navegadores de Internet. Entre os mais conhecidos, destaca-se o I love you, causador de grandes estragos em 2000.
- *Vírus de macro*: infectam documentos de aplicativos que possuem linguagem de macro, como o Office da Microsoft. O Melissa (*mel*, em grego) apareceu em 1999, sendo o primeiro worm de macro a provocar uma epidemia.
- *Vírus de rede*: exploram vulnerabilidades dos sistemas operacionais para contaminar os computadores e propagar-se. São os que causam os maiores prejuízos às empresas. O Nimda e o Code Red estão entre os

Capítulo 10 • A Segurança dos Computadores

dez vírus mais perigosos. Eles continuam provocando estragos desde quando surgiram, em 2001.

• *Cavalo de Tróia*: programas que se instalam no computador sem que o usuário perceba. Permitem furto de dados, pois abrem uma *backdoor* (uma porta de comunicação do computador) para os crackers.

Em 2002, 26% das empresas nunca tinham sofrido um ataque. Em 2003, 7% das empresas nunca tinham sofrido um ataque.

TREND Micro, Info Hackers e Módulo.
Gazeta Mercantil, São Paulo, 18 nov. 2003.

DDoS: Ataque Por Atacado

Viraram moda os ataques em massa contra um alvo escolhido. Hackers espalham trojans durante um bom tempo, mas eles ficam hibernando nos computadores. A certo dia e hora, todos eles iniciam um ataque contra o alvo, que fatalmente acaba sendo derrubado. Foi assim que empresas como Yahoo, CNN, Amazon, ZDNet, GRC e Microsoft foram tiradas do ar, pela ação de milhares de micros de usuários espalhados pelo mundo, que nem sabiam que estavam sendo usados em uma guerra. São os chamados PCs *Zumbis*: todo dia, 3000 PCs são capturados e se tornam zumbis (Agência Estado, 20 set. 2004).

Essa técnica de ataque se chama DDoS (distributed denial of service attack), ou ataque distribuído de negação do serviço. Um desses ataques foi planejado por um hacker de 13 anos de idade. A *negação de serviço* significa que o servidor, recebendo milhões de chamadas, acaba entrando em pane e não mais funcionando. O site é derrubado e sai do ar. Nesses ataques, os hackers podem conseguir invadir a rede e introduzir seus programas nela, pois o servidor entra em caos. Aliás, isso também ocorre no PABX, quando ele recebe uma enxurrada (*flooding*) de chamadas: as ligações começam a ser encaminhadas para qualquer lugar da empresa.

Redes P2P: Difíceis de Controlar

Para complicar mais ainda, uma nova tecnologia foi desenvolvida pelos hackers:

Hackear (hacking) se torna um negócio

Especialistas em segurança de computadores acreditam que os criadores dos *cavalos de Tróia* (trojans) começaram a desenvolver programas que não mais residem em servidores centrais, e portanto mais difíceis de serem encontrados ou combatidos.

A maior parte dos trojans ainda se espalha para outras máquinas, a partir das quais baixam programas ou instruções de algum servidor específico.

Mas o novo tipo de trojan coloca os computadores infectados funcionando em redes P2P (peer-to-peer, ou um computador se comunicando diretamente com outro, sem depender de servidores). Tais redes são muito difíceis de serem descobertas, pois deixa de existir um alvo definido a ser neutraliza-do. Os especialistas afirmam que a principal motivação para a criação de *malware* (malicious-logic software, ou programa com lógica mal-intencionada) passou a ser o dinheiro, e não mais a fama, tornando a tarefa de descobrir e combater hackers muito mais difícil.

New York Times, New York, 08 Dec. 2003.

Segundo notícia de 10 de janeiro de 2004 (KAZAA delivers more than tunes. *Wireless Hot Spot Directory*. Disponível em: http://www.wired.com/news/business/-0,1367,61852,00.html), 45% dos arquivos executáveis na rede peer-to-peer da Kazaa (pirataria de música) estão contaminados por vírus, trojans etc. Além do mais, os antivírus disponíveis no mercado (e atualizados) conseguem detectar somente 90% desses micróbios cibernéticos. Os micróbios, em sua maioria, a) furtam as senhas dos usuários da AOL; b) usam o computador da vítima para enviar spam (e a vítima pode ser processada judicialmente por isso); ou c) do-minam a máquina do infeliz para furtar seus arquivos e dados pessoais (como acesso à conta bancária).

Adware e Spyware

Algumas empresas de publicidade, via e-mail, instalam trojans para conhe-cer os hábitos do consumidor (invasão de privacidade). Alguns programas gratui-tos (como jogos) também instalam trojans e, se este for apagado, o programa vai buscar um outro na Internet; se não conseguir, pára de funcionar. Para evitar os trojans, o programa deve ser comprado (geralmente). Esses trojans são chamados de spyware (*spy*, espião) ou **adware** (*ad* é a apócope de *advertising*, propaganda). O McAfee Internet Security elimina esses intrusos quando se executa o Security Check (verificação de segurança).

Scammers

Os **scammers** (*aplicadores do conto-do-vigário*) são pessoas que usam a técnica do spam (envio de milhares de e-mails), para *fraudar* os internautas.

Um dos primeiros golpes aplicados, e ainda o nono golpe mais aplicado em 2002 (segundo o FBI), são as famosas *cartas da Nigéria* [19], que já conseguiram arrecadar milhões de dólares de incautos, no mundo todo. Sites da Internet co-mentam que esse golpe conta com o beneplácito do governo nigeriano, por ser a *terceira maior fonte de receita* do país. O conto começa com um e-mail como este (há centenas de modelos diferentes):

Eu sou Rasaq Mustapha, filho do Major Hamza Al Mustapha, antigo Chief Security Officer do General Sanni Abacha. Eu e minha mãe concordamos em lhe pagar uma comissão de 30% e mais 5% para despesas diversas sobre o montante de 35 milhões de dólares. Esse dinheiro encontra-se nos Esta-dos Unidos, para onde foi enviado clandestinamente. Tudo o que você tem de fazer é nos enviar dados detalhados do seu passaporte, seu endereço completo para onde as chaves das caixas com o dinheiro serão enviadas via DHL, seus números de telefone e de fax. Eu e minha mãe lhe enviaremos os recibos de envio das caixas, a senha do código de segurança (*password*), o certificado de depósito, o termo de compromisso entre o meu pai e a empresa de guarda das caixas e as chaves das caixas [20].

Feito o contato, o scammer solicita um "adiantamento em dólares" para "as devidas providências". Naturalmente, esse adiantamento vira pó...

Esses contos-do-vigário viraram moda na Internet, como pode ser verificado em alguns interessantes sites sobre fraudes, que abordam, entre outras, as fraudes na Internet [21].

Eis mais alguns golpes, aplicados por brasileiros em brasileiros, em 2003.

1. BBB/Globo (para coletar dados pessoais da vítima)

E-mail falso que promete a participação na próxima edição do B*ig Brother* B*rasil* 4 e vem com frases como: "A Globo escolheu você!!! Não perca esta chance... Para começar a concorrer basta você baixar o formulário. Para isso basta fazer o download clicando em Instalar Formulário".

2. Banco Central do Brasil (para coletar dados bancários da vítima)

Esse scam disfarçado de e-mail solicita aos clientes que usam o serviço de Internet banking dos Bancos do Brasil, Real, Itaú e Caixa Econômica Federal que atualizem seus dados clicando nos respectivos links. O assunto da mensagem é "Informe do Banco Central do Brasil" e o conteúdo central da mensagem diz que isso é uma exigência das novas leis do Internet banking, publicadas no D*iário Oficial da União* (DOU) em 29 de agosto de 2003.

3. Seriado Sex and the city (instalação de um worm na máquina da vítima)

Um e-mail em inglês promete enviar um screen saver com cenas pornô do seriado da TV norte-americana *Sex and the city*. Na realidade, ele instala um verme digital (worm) chamado Torvil A ou Torvil B, que vem como anexo (*attached*) ao e-mail. O assunto do e-mail (*subject*) é: "Veja detalhes no arquivo em anexo". O tema central da mensagem é "Conteúdo adulto! Cenas reais de *Sex and the city*!"

> Um **screen saver** (poupador de tela) é a imagem que surge no monitor quando ele fica algum tempo fora de uso. Tem por objetivo a) não deixar que outros fiquem vendo o que o usuário está fazendo; b) evitar que a imagem fique fixa por muito tempo no monitor, o que pode envelhecê-lo precocemente (principalmente nos monitores mais antigos). No Windows, o screen saver pode ser configurado clicando-se na tela vazia com o botão direito do mouse.

Sistemas de Informação – Uma Visão Executiva

4. Prêmio do Submarino (coleta de informações pessoais do incauto)

É um e-mail falso que promete um prêmio aos internautas. O assunto da mensagem é "Parabéns! Você Ganhou 1 Home Theater". O teor básico da mensagem é: o internauta vai levar o presente — ou um vale-compras no valor de R$ 1.799 — por ter sido a pessoa a realizar o "acesso de n° 10.000.000" ao site do Submarino.com.

5. Humor Tadela (instalador de vírus e worms no computador do incauto)

A página humorística Humor Tadela também está sendo usada pelos scammers. A mensagem chega com o assunto "Humor" e contém uma piadinha e o apelo: "Quer mais? É só clicar aqui!" Na verdade, a pessoa está clicando em um link que carrega um arquivo executável (.EXE).

6. Americanas.com (instalador de espiões)

A seguir, um e-mail de alerta contra essa fraude, que andou pela Internet:

> Atenção: está circulando na Internet um e-mail com o seguinte conteúdo:
>
> AMERICANAS.COM
>
> *Parabéns!!!*
>
> *Entre milhares de internautas, você foi premiado em:* R$ 100.000,00 *nas Lojas Americanas. Para receber seu prêmio, basta fazer o download de confirmação de seus dados pessoais. Confirme seus dados pessoais clicando AQUI.*
>
> *Atenção!!!*
>
> *Caso seus dados não estejam corretos, entre em contato conosco, através do e-mail: sac-americanas@pop.com.br*
>
> *Lojas Americanas® – Departamento de Marketing.*

Caso você receba esse e-mail, *não clique em hipótese alguma no botão Confirmação*. Se o fizer, será instalado um programa no seu computador que irá monitorar tudo o que você digita (senha de banco, cartão de crédito etc.) e enviar as informações para o hacker. Por não se tratar de um vírus, esse programa provavelmente não será detectado pelo antivírus.

Repasse este e-mail para o maior número de pessoas possível.

O *mendigo cibernético* também já tem dado boas receitas. O e-mail abaixo corria pela Internet em dezembro de 2003:

> Oi, antes de mais nada quero me apresentar a você. Me chamo Livia e trabalho com restauração de fotos e criação de banners para a Internet. Estou passando por sérios problemas financeiros e não consegui terminar a faculdade e o curso de web design, por falta de dinheiro. Estou desempregada e dependo da aposentadoria da minha mãe para viver. Ela se prejudicou financeiramente por minha causa. Já não tenho a quem recorrer e devo praticamente a quase todas as Financeiras, além de Bancos e Cartões de Crédito. Meu estado é quase desesperador (como o da maioria dos brasileiros), mas acredito que conseguirei sair dessa situa-

ção na qual me encontro. Então peço humildemente que, se você puder me ajudar, depositando a quantia de R$ 5,00 na conta corrente abaixo, serei grata.

Banco xxxx

Conta corrente: xxxx

Agência: xxxx

O total da minha dívida é de R$ 30.000,00 e se eu não conseguir diminuir essa quantia não sei o que irá acontecer. Agradeço a sua atenção e também por crer na minha sinceridade, sou grata a você sem mesmo conhecê-lo, e quem sabe poderei ajudar futuramente pessoas com as mesmas dificuldades que estou enfrentando atualmente. Meus sinceros agradecimentos e que Deus o ilumine.

Os scams têm sido eficientes, por falta de alerta aos usuários sobre esse tipo de golpe. Até mesmo o tradicional Banco de Londres caiu em um conto-do-vigário [22], em dezembro de 2003, quando mais de 100.000 e-mails estavam saindo do banco, dando a impressão ao destinatário de que o Banco estava sugerindo às empresas e aos usuários baixar um software (antikeylog2004.exe) para proteger suas contas bancárias e cartões de crédito. Naturalmente, esse software fazia exatamente o contrário: invadia contas bancárias e capturava números e senhas de cartões de crédito.

O scam também pode ser usado para eliminar concorrentes do mercado, espalhando-se pela Internet e-mails em que constam mentiras inventadas sobre uma empresa, como mostra o processo em [23]. Ou pode servir para alterar com eficiência as cotações da Bolsa [24].

Furto de Identidade

No caso de furto de identidade, seus dados pessoais passam a ser de conhecimento de terceiros mal-intencionados, que podem usá-los para praticar atos em seu nome, como movimentar uma conta bancária. É o que se chama *um passar pelo outro*. Segundo o Departamento de Educação dos Estados Unidos [25], o infrator pode agir de várias formas:

1. furtar bolsas, carteiras ou pastas;

2. furtar o endereço de e-mail e os números da conta bancária e do cartão de crédito;

3. vasculhar a lata de lixo da vítima em busca de número de cartão de crédito, extratos bancários ou outros dados pessoais;

4. conseguir dados pessoais ao visitar a residência ou escritório da vítima;

5. acessar dados pessoais enviados pela Internet;

6. enviar e-mails, passando-se por empresa conhecida, como bancos, governo etc., solicitando dados pessoais (scam);

7. furtar arquivos ou subornar funcionários que tenham acesso a dados pessoais;

8. obter dados bancários, fazendo-se passar por proprietário ou empregador (scam);

9. solicitar ao cartório cópia da certidão de nascimento da vítima.

Extorsão

A extorsão (*blackmail*) consiste em uma chantagem, para obrigar a vítima a fazer algo contra a sua própria vontade. Geralmente, começa com um telefonema ou um e-mail. O caso relatado logo no início deste capítulo (executivo ameaçado com rede hackeada) é um exemplo. Outro exemplo foi divulgado pela CNN:

Chantagistas usam e-mail para atingir as vítimas

Chantagistas, usando e-mail, atingiram alguns computadores de corporações e usuários domésticos. Alegando terem tido acesso ao computador da vítima e ameaçando apagar dados ou introduzir pornografia infantil nos discos, exigem o dinheiro do resgate.

Esse tipo de extorsão representa uma ampliação do ataque, agora atingindo também funcionários de escritórios, e não apenas altos executivos. Qualquer um conectado à Internet é um alvo em potencial. O valor pedido geralmente oscila entre 20 e 30 dólares. As mensagens são enviadas em massa, a partir de listas de e-mails. Pessoas recebendo tais e-mails não devem responder, mas sim informar à polícia [e ao pessoal de segurança da empresa].

CYBER blackmail targets office workers. Reuters, 29 Dec. 2003. Disponível em: <http://edition.cnn.com/2003/TECH/internet/12/29/cyber.blackmail.reut/>.

Como se Proteger

A proteção contra os ataques depende de três providências:

1. mudança dos hábitos do internauta;

2. instalação de programas de segurança;

3. manter-se informado.

1. Mudança de hábitos

Quanto aos hábitos, é preciso *não instalar nem executar* nenhum programa sem ter certeza de sua procedência e de seus efeitos. Evite executar:

Capítulo 10 • A Segurança dos Computadores

1. programas executáveis (terminados em EXE, COM, CMD, BAT, PIF, VBS, JS, JAVA, HTML, XML, WSF e outros) anexados a e-mails, comprados em bancas de jornal ou adquiridos no comércio de piratas;

2. programas baixados da Internet de sites desconhecidos, principalmente os gratuitos;

3. programas de demonstração (*demos*) de origem duvidosa;

4. arquivos do Office (DOC para o Word, XLS para Excel, PPT ou PPS para Power Point, MDB para Access) com possíveis macros embutidas (macros são programas que vêm anexados ao documento; os vírus que vêm junto com as macros são chamados *vírus de macro*). No Office, o nível de segurança para macros deve ser *médio*: clique em Ferramentas, Macros, Segurança, Nível de Segurança, Médio. Assim, cada vez que uma macro estiver para ser executada, será solicitada permissão para executá-la. Se o usuário não der a permissão, ela não será executada, e o vírus em potencial não será instalado;

5. páginas da WWW em HTML, que podem conter applets em Java, ou em XML (extensão da linguagem HTML), que podem conter vírus;

6. programas zipados com auto-extração (*self-extracting files*, EXE);

7. e-mails de procedência duvidosa: não tente sequer abri-los, pois isso pode bastar para acionar um programa que instala vírus e worms na máquina;

8. e-mails de amigos e conhecidos, porém suspeitos (exemplo: mensagem em inglês de um amigo que não entende inglês); apague imediatamente, pois há malwares que usam a caixa postal da vítima para infectar os amigos desta.

Atenção: toda vez que você receber um e-mail com a frase *Clique aqui* (ou algo parecido), *delete-o imediatamente*, sem nem sequer abri-lo. Caso contrário, você poderá estar enfiando um bicho na sua máquina (vírus, trojan etc.), que provavelmente ficará tentando descobrir como acessar a sua conta bancária.

Outro hábito importante diz respeito às *cópias de segurança* (backups). Por ser uma tarefa cansativa e demorada, nem sempre os usuários fazem cópias para os casos de desastre (disco deixa de funcionar, vírus destrói os arquivos etc.). Embora os sistemas das empresas grandes sempre sejam automaticamente *becapeados*, nas médias e pequenas empresas e nos usuários domésticos essa prática nem sempre é comum. Mas é importante, pois se arquivos forem perdidos, por qualquer razão, poderão ser restaurados a partir das cópias de segurança. Se não houver backup, a perda pode ser irrecuperável. Lembremos que há vírus que se "divertem" destruindo arquivos, ou mesmo o disco inteiro.

2. Programas de segurança

Há inúmeros programas de segurança. Além de usar o firewall (entre a rede externa e interna da empresa) e a VPN (virtual private network), cada computador deve ser protegido com, pelo menos, um antivírus e um firewall *com atualização automática pela Internet*. Essa atualização é importante, pois todo dia surgem novos vírus e worms. Sem atualização, a máquina só fica protegida contra os vírus existentes até (no máximo) a data de sua instalação.

> **Firewall** é a *parede corta-fogo* usada para evitar que os incêndios se propaguem. Em redes, consiste em um software ou hardware que evita a passagem de mensagens não autorizadas para dentro da rede, ou de dentro para fora, protegendo a rede interna da empresa. Cada PC, além do antivírus, também deve ter um firewall, como o Internet Security da McAfee ou da Symantec. Veja o filme *Warriors of the Net* (*Guerreiros da Rede*), da Ericsson, *baixável* de qualquer um destes três sites (MPEG, 77MB, há versões em espanhol): http://www.warriorsofthe.net/movie.html, http://ftp.sunet.se/pub/tv+movies/warriors/download.html, ftp://ftp.luth.se/.1/www.warriorsofthe.net/.

Mas, *mesmo com atualização automática*, durante uns sete dias o usuário *não está* protegido contra os vírus mais recentes, pois o fabricante de antivírus demora esse tempo para: a) tomar conhecimento do novo vírus; b) fazer a sua autópsia; c) criar um antídoto; e d) enviar a atualização para os usuários de seu produto via Internet (*automatic update*). Nesse caso, é conveniente habilitar a *proteção heurística* que alguns antivírus possuem, que fica verificando certos comportamentos característicos de vírus (como o acesso à trilha zero do disco) e dando o alarme.

Por sua vez, a Cisco está lançando equipamentos que impedem o acesso à Internet de computadores sem antivírus instalado [26].

Para os PCs (os mais atacados), os programas de segurança mais vendidos são os da McAfee e da Symantec. De preferência, instale a última versão do Internet Security, que vem com antivírus, firewall e vários acessórios (como eliminador de adwares, spywares e cookies não padronizados).

> Um **cookie** (*biscoitinho*) é um pequeno arquivo em formato texto (TXT) que o site que você acessa introduz em sua máquina, sem sua permissão, geralmente na pasta: C:\Documents and Settings\usuarioxxx\Cookies. Eis um exemplo de cookie do Yahoo:
> B087jrs0vte6ak&b=2yahoo.com/1024985407488300720223563177344 2960566*.
>
> O cookie é um arquivo em código que (geralmente) registra as suas preferências pessoais, ao visitar o site, para uso do pessoal de marketing (perfil do consumidor). Quando você volta ao site, o servidor vai procurar o cookie, atualizando-o. Há sites que não são carregados se você impedir a introdução de cookies em sua máquina. A Microsoft vai mais longe: envia uma tela explicando as vantagens do cookie e pedindo que você o libere. Caso contrário, não poderá acessar o site. O Windows tem rotinas de limpeza que eliminam os cookies do disco (IE/Internet Options/Delete Cookies). Mas, sabendo disso, algumas empresas têm gravado cookies

Capítulo 10 • A Segurança dos Computadores **143**

com formatos diferentes em locais mais escondidos. O McAfee Internet Security também costuma eliminar tais cookies furtivos (cookies indiretos) com o Security Check.

3. Manter-se informado

Para se manter atualizado há vários sites especializados [27], assim como bons livros no mercado [28].

Por fim, há muitas lendas e invenções sobre vírus e segurança em geral. Veja estes sites: http://hoaxbusters.ciac.org (lendas norte-americanas), http://www.quatrocantos.com/-lendas/index.htm (lendas brasileiras).

Uma das lendas registradas nesses sites é a do *vírus do telefone celular*. No entanto, talvez tenha deixado de ser uma lenda:

> Os jornalistas estranharam nesta terça-feira quando leram uma mensagem de correio eletrônico, assinada pelo Departamento de Marketing da TIM Nordeste, que chamava a concorrente OI de "a melhor empresa de telefonia móvel do Brasil". Mais uma fusão no agitado setor de celular? Não dessa vez. O e-mail foi obra de um hacker. O delinqüente digital usou o endereço eletrônico da empresa italiana e sua lista de jornalistas cadastrados, para disparar a mensagem.
>
> A OI, que pertence à Telemar, informou que não tem nada a ver com a história. Até a tarde desta terça, a TIM não havia conseguido apurar quem foi o autor do ataque ou como ele ocorreu. "Todas as medidas de segurança estão sendo tomadas para que o problema não volte a acontecer", informou a empresa, em comunicado.
>
> CRUZ, R. *Agência Estado*, São Paulo, 09 dez. 2003.

Criptografia

A **criptografia** (do grego *kruptós*, escondido + *graphía*, escrita) é uma forma de codificar um texto sigiloso, evitando que estranhos o leiam.

Suponha que uma mensagem secreta seja enviada: VHJUHGR. Ela pode passar na mão de muitas pessoas, que não vão saber do que se trata. Também alguém pode invadir o arquivo e pegar essa mensagem que não vai adiantar nada. Quando o destinatário, que conhece o código usado, receber a mensagem, vai decifrá-la e encontrar a palavra SEGREDO, já que o código consiste em tomar a terceira letra seguinte do alfabeto: S ☐ V, E ☐ H etc.

Essa foi uma das primeiras formas de criptografia, usada por generais romanos, por volta do início da Era Cristã.

Esse tipo de codificação — usar uma fórmula para converter uma letra em outra — funcionou até a Segunda Guerra, quando o serviço norte-americano de inteligência decifrou os códigos do exército alemão.

A idéia foi simples e genial. Eles tomaram vários textos em alemão, interceptados e criptografados, e fizeram uma análise estatística da incidência de cada letra no texto. Depois, fizeram o mesmo com textos não criptografados, para saber quais as letras que mais aparecem no idioma alemão. Comparando as duas estatísticas, conseguiram decifrar o código (mas depois os alemães inventaram a indecifrável máquina ENIGMA).

A partir daí, novas técnicas foram desenvolvidas, com o auxílio de uma ou duas chaves de encriptação (*encryption key*), tornando muito mais difícil quebrar o código. Quanto maior a chave, mais difícil decifrar a mensagem. Até uns cinco caracteres (40 bits), é possível decifrar, usando computadores. Mais que isso é muito difícil (mas não impossível).

Por essa razão, os órgãos de segurança dos Estados Unidos proibiram a exportação de sistemas de encriptação com mais de 40 bits (cinco caracteres). Chaves com mais de 40 bits são chamadas de *strong cryptography* (criptografia poderosa).

Entrementes, um especialista em criptografia, Paul Zimmermann, conseguiu inventar, em 1991, um algoritmo que aceitava duas chaves de até 4.096 bits cada (uma chave pública e outra privada). Era o mais potente algoritmo de encriptação existente, e também ultra-secreto, pois já era usado pelos órgãos de segurança norte-americanos (sem que ninguém o soubesse).

Mas Paul queria que todos pudessem usar seu programa open source, cuja exportação para fora dos Estados Unidos era *proibida*. Então, ele pôs o algoritmo em um livro e exportou o livro, o que era legal. Depois disso, em 1999, o governo acabou por perceber a irracionalidade dessa regulamentação burocrática e aboliu a proibição.

O software se chama Pretty Good Privacy (PGP), ou Privacidade Muito Boa, e é o mais potente algoritmo de criptografia existente. O software PGP não podia ser baixado dos Estados Unidos (proibida a exportação), mas o PGPi (internacional) pode ser baixado para qualquer outro país (www.pgpi.org).

O PGP se tornou o padrão de criptografia para e-mails. Com ele, qualquer um pode enviar um documento sigiloso, sem se preocupar que alguém o leia (um e-mail pode ser lido pelos técnicos que operam os servidores da Internet, ambiente em que não há sigilo; é o oposto do correio, em que a correspondência não pode ser violada). O destinatário, que deve ter a chave pública do emitente, pode, então, decriptar o e-mail e lê-lo.

> Um e-mail enviado pela Internet *não tem qualquer segurança*. Em cada servidor por onde ele passa, os técnicos podem abri-lo e ler seu conteúdo sem dificuldades. Os que circulam dentro da empresa também podem ser lidos pelo pessoal da área de sistemas. A única maneira de manter o sigilo é criptografando a mensagem. Mas há empresas que proíbem essa prática.

Essa é a maneira segura de lidar com documentos confidenciais ou secretos. Isso se aplica tanto a e-mails como a quaisquer outros arquivos. Por exemplo, em um notebook, os arquivos confidenciais devem ser criptografados com *strong criptography*. Se alguém furtar ou roubar o notebook, não conseguirá entender os documentos, mesmo tendo vários supercomputadores. Leia o Apêndice 2.

Capítulo 10 • A Segurança dos Computadores

Certa vez, uma revista publicou o caso de um notebook roubado em uma cidade do interior. Nele havia fotos de festas íntimas, com pessoas conhecidas, que depois apareceram na Internet, causando-lhes muitos problemas. Claro que as fotos não estavam encriptadas.

O PGP, por usar duas chaves, é um pouco mais complicado. Mas há alternativas mais simples, que usam apenas uma chave. Uma delas é o conhecido WinZip (www.winzip.com), que tem a opção de criptografia. Outra é o CrypText (www.tip.net.au/~njpayne), muito prático para ser usado com o Windows, além de ser gratuito. O Cypherix (www.cypherix.com) foi recomendado pela PC *Magazine* e também é gratuito.

É praticamente impossível quebrar uma proteção com uma chave de 4.096 bits, como no PGP, pois deveríamos fazer até *n* tentativas para descobrir a chave, sendo *n* um número com 9.830 casas decimais (256 elevado à potência 4.096). Mesmo com um supercomputador que efetuasse 1 Tera (ou 1.000 Giga) testes por segundo, a operação demoraria um número de anos com 9.844 dígitos decimais. A idade do Universo é estimada em 13 bilhões de anos.

No entanto, convém ressaltar que, ao fazer as tentativas para quebrar uma chave, sempre há uma *rara* possibilidade de, logo nas primeiras, a chave ser descoberta. A chance é infinitamente menor que acertar na Sena da Caixa Econômica Federal, mas existe. Como sempre, a Estatística nos informa qual é a chance (ou o risco), mas nunca nos diz quando ocorrerá.

Atenção:

Seu e-mail não tem qualquer sigilo, privacidade ou inviolabilidade. O correio eletrônico é *totalmente* diferente do correio de papel. Qualquer webmaster ou hacker ou mesmo seu chefe pode abrir e ler o seu e-mail: basta querer.

A única maneira de mantê-lo em sigilo é criptografando-o com um programa independente. Nesse caso, você precisa combinar com o destinatário uma senha comum. Sempre use senhas diferentes para destinatários diferentes.

Por exemplo, se você usa Microsoft, então use um programa de criptografia de *outro* fabricante (PGP, WinZip, Cryptext, Cypherix ou outro confiável).

Jamais use programa de criptografia no qual você não tenha total confiança.

Veja se sua empresa permite que você criptografe seus e-mails.

Esse método protege você na Internet, *mas não "dentro de casa"*. Para um sigilo absoluto, leia o Apêndice 2.

Quando usarmos uma chave criptográfica, para que ela seja segura, devemos seguir as regras:

1. usar pelo menos 128 bits (ou 16 caracteres), que é o padrão bancário;

2. usar (de preferência) todo o teclado: letras maiúsculas, minúsculas, números e caracteres especiais (!@#$ etc.); com uma chave como *asdfgqlkjhpoiuym*, é

mais fácil decifrar uma mensagem, do que com $dEaRT21kiDF%V$x, embora ambas tenham 16 caracteres (128 bits);

3. manter a chave criptográfica em local seguro, pois se ela for perdida será impossível decifrar o texto criptografado.

> Em 1999, houve a primeira quebra de uma chave de 512 bits (64 caracteres na senha), realizada por um grupo de cientistas de seis países diferentes, que testaram todas as possibilidades com 300 computadores, trabalhando coordenadamente em paralelo, durante sete meses. A chave foi quebrada após testarem apenas 30% de todas as possibilidades. Esse padrão (RSA-155) era usado por 95% dos sites de comércio eletrônico. *Após essa quebra, o padrão de 512 bits se tornou inseguro* [38].

Trabalhando com Documentos Sigilosos em Segurança

Se você quiser trabalhar com documentos sigilosos, confidenciais ou secretos, com *alto nível de segurança*, veja o Apêndice 2.

Esteganografia

Uma outra forma de enviar mensagens secretas é por meio da **esteganografia** (do grego *steganós*, coberto, protegido + *graphé*, escritura). Junto com uma inocente foto (geralmente em formato GIF ou BMP), pode-se enviar uma mensagem disfarçada. Por exemplo, a rede terrorista Al-Qaeda distribui fotos pela Internet, esteganografando nelas seus métodos para fabricar bombas [30]. A tecnologia usada na esteganografia está explicada em [31]. Não confundir *esteganografia* com *estenografia* (taquigrafia).

Uma inocente foto de Shakespeare, contendo uma mensagem secreta esteganografada (Johnson e Jajodia).

A tecnologia é moralmente *neutra*. Tanto pode ser usada *para o bem* como *para o mal*, dependendo da pessoa que dela está fazendo uso (seu livre-arbítrio). Por exemplo, uma faca de cozinha pode ser usada para fatiar uma saborosa picanha, ou então para matar uma pessoa. A tecnologia da bomba atômica foi usada para destruir Hiroshima e Nagasaki, na Segunda Guerra, mas também tem servido para fornecer energia elétrica para a população e para acionar submarinos, navios e aviões, por meio dos reatores nucleares. Os casos Oppenheimer (construtor da bomba atômica no Projeto Manhattan) e Santos Dumond [32] (inventor do avião) são casos famosos de cientistas que se revoltaram quando viram seus inventos usados para a destruição. Santos Dumond chegou mesmo a se suicidar em 1932, enforcando-se com uma gravata, em um hotel no Guarujá (São Paulo), por ter se desiludido ao ver seus aviões sendo usados pelos militares para matar pessoas (segundo consta).

Redes Estratégicas

As **redes estratégicas**, como a da Defesa Militar dos Estados Unidos, *não são* conectadas à Internet, mas constituem redes privadas com nível de segurança máximo, por razões óbvias. Todos os dados são encriptados e o pessoal que as opera é rigorosamente selecionado. O risco, embora existente, é mínimo.

O filme *War games* relata uma invasão ao simulador de guerras do Pentágono (Estados Unidos).

Se uma empresa necessitar de uma rede absolutamente segura, deve seguir esse modelo. Uma rede conectada à Internet ou a outras redes sempre estará sujeita a riscos de invasão, ou pelos internautas ou pelos seus próprios operadores e usuários.

O Rei dos Hackers

Preso em Israel o invasor do Pentágono e de outros 200 sistemas de alta segurança.

Os principais alvos invadidos pelo "Analista":
* Centro Naval de Guerra Submarina dos Estados Unidos
* Instituto de Tecnologia de Massachusetts (MIT)
* Nasa
* Parlamento de Israel
* Pentágono

Preocupado com as constantes violações nos últimos meses em computadores de órgãos de segurança, como o Pentágono e o Centro Naval de Guerra Submarina, o Departamento de Justiça dos Estados Unidos desfechou uma caçada mundial ao responsável pela onda de invasões virtuais. Na última quarta, finalmente, a polícia colocou as mãos no intruso. Foi uma surpresa. Ao contrário do que se imaginava, *o mestre de todos os hackers*, como é conhecido, não lembra em nada o protótipo de um perigoso terrorista internacional.

(continua)

(continuação)

> Ehud Tenebaum é um jovem israelense de 18 anos, cabelos negros curtos, espinhas espalhadas pelo rosto imberbe e sorriso irônico. Foi detido num subúrbio de Tel-Aviv e submetido a um interrogatório de sete horas. Estavam em sua companhia dois colegas da mesma idade, acusados de ser comparsas na perigosa brincadeira cibernética. Tenebaum, apelidado de o *Analista*, deixou as autoridades de cabelo em pé ao penetrar em aproximadamente 200 sistemas secretos. O caso ganhou tanta importância que o primeiro-ministro de Israel, Benjamin Netanyahu, veio a público anunciar seu desfecho. Na ocasião, não resistiu a fazer um comentário sobre as habilidades do hacker. "É terrivelmente bom, mas muito perigoso", afirmou.
>
> O Analista começou a carreira nos Estados Unidos, acessando os códigos do laboratório de plasma do Instituto de Tecnologia de Massachusetts (MIT) e, suspeita-se, pode ter entrado até nos arquivos do Parlamento de Israel. Por ironia, Tenebaum foi preso no momento em que pensava em pendurar as chuteiras. Numa entrevista veiculada na Walla, uma revista israelense na Internet, ele assumia os ataques e manifestava o desejo de abandonar o mundo das violações cibernéticas, não sem antes passar o bastão a dois discípulos. "Seria uma pena largar tudo isso e deixar meu conhecimento acumulado se perder", justificou, na maior cara-de-pau. A divulgação do artigo facilitou tremendamente o trabalho das autoridades. Dias depois, o FBI localizou os "herdeiros" do hacker – dois adolescentes californianos. Em seguida, a polícia israelense completou o trabalho, capturando Tenebaum e seus dois outros colegas.
>
> *Crime grave* – Acusado de ser o mentor do mais sistemático e organizado ataque aos sistemas de computadores do Pentágono, o Analista fez sua defesa alegando que não destruiu nenhum dos arquivos, nem acessou informações altamente confidenciais. "Ele até ajudou o Pentágono, mostrando quais eram as deficiências dos códigos de segurança", disse o advogado do hacker, Amnon Zichroni. Depois de entregar seus passaportes às autoridades e pagar uma fiança de quantia não revelada, o trio capturado em Israel pôde sair da prisão, assumindo o compromisso de não mais se encontrar. Além de uma questão de honra, o caso foi encarado pela polícia como uma forma de dar uma bela lição em outros invasores virtuais com aspirações tão ousadas quanto às de Tenebaum. "É um exemplo para que todos os hackers, espalhados ao redor do mundo, saibam que o governo americano considera sua atividade um crime grave", afirmou a secretária de Justiça dos Estados Unidos, Janet Reno.
>
> A linha dura adotada no tratamento dos invasores virtuais já rendeu outro troféu à polícia. O espertalhão, nesse caso, chama-se Calldan Levi Coffman, 20 anos, preso no último dia 10 em sua casa, em Washington. Líder de um grupo de hackers conhecido como ViRii, ele é acusado de violar os códigos de segurança da Nasa e interferir no sistema de computadores da agência espacial americana. Os agentes investigam agora – ainda sem resultados conclusivos – se as atividades de Coffman têm alguma conexão com as promovidas pelo hacker Analista. Outro fato ocorrido na semana passada reforça ainda mais a política de intimidação contra os invasores virtuais. Num acordo ainda a ser confirmado por um juiz, o adolescente responsável pela pane nos serviços do aeroporto de Massachusetts em 1997 deve ser condenado a pagar 5.000 dólares de indenização e prestar 250 horas de serviço comunitário. O hacker, que não teve seu nome divulgado, recebeu ainda o mais pesado castigo que pode ser imposto a alguém de sua espécie: foi proibido de utilizar qualquer computador com um modem e de acessar a Internet durante dois anos.
>
> *Veja*, 25 mar. 1998, p. 101.

Leia também a interessante entrevista com Len Hynds, chefe da unidade de combate ao crime cibernético da polícia inglesa na Veja de 03 de nov. de 2004 (p. 9).

CAPÍTULO **11**

PROJETO E IMPLANTAÇÃO DE SISTEMAS DE INFORMAÇÃO

Uma idéia nova inicialmente é atacada como absurda. Depois, começa a ser admitida, embora não seja óbvia. Por fim, todos acabam dizendo que a idéia é deles.

William James

Quem não se lembra do passado está condenado a repeti-lo.

George Santayana

Não há nada mais complexo, complicado e arriscado do que implantar um novo Sistema de Informação na empresa. O processo é análogo à substituição das turbinas de um avião em pleno vôo: a troca dos sistemas, ou a introdução de um novo, é feita em paralelo com o funcionamento da empresa, que *não pode parar* para que as mudanças sejam efetuadas.

A complexidade decorre do envolvimento de pessoas, cargos, empregos, salários, jogos de poder etc.

Os analistas e programadores costumam dizer: "O que atrapalha os sistemas são as pessoas".

As Etapas do Processo

Tudo começa com a percepção de que algo não está funcionando bem, ou então de que algo novo precisa ser instalado. Pode ser o processamento de um pedido que está demorado demais, levando à perda de clientes, ou a Internet que chegou e é preciso conectar-se a ela.

O processo, planejado por meio de um PERT — Program Evaluation and Review Technique [1], requer cinco grandes etapas:

1. levantamento das necessidades;

2. elaboração e testes do sistema;

3. treinamento do usuário;

4. implantação;

5. manutenção.

São semelhantes ao lançamento de um produto novo pela empresa, como se nota no Quadro 11.1:

QUADRO 11.1 Etapas para a implantação de um novo sistema e sua semelhança com o lançamento de um produto novo

Ordem	Etapas	Sistema	Produto novo
1	Levantamento das necessidades	Verificar de que o usuário necessita, como as rotinas devem ser realizadas, o que deve permanecer etc.	Pesquisa de mercado: estimativa das vendas, do preço final etc.
2	Elaboração e testes	Se aprovado o sistema, selecionar o equipamento mais adequado e os softwares necessários a ele, tendo em vista uma vida útil de x anos. Testes piloto para verificar a funcionalidade do sistema. Elaboração dos manuais de operação e do usuário.	Se aprovado, projeto do novo produto. Testes piloto de funcionamento.
3	Treinamento	Ensinar como o usuário deverá usar o novo sistema.	Preparação dos manuais de operação (vendidos junto com o produto) e de manutenção.
4	Implantação	Substituição das rotinas antigas pelas novas, ou instalação de novos procedimentos.	Criação da linha de produção e início da fabricação. Campanha de vendas. Lançamento do produto, obsoletando o antigo, se existir.
5	Manutenção	Assistência ao usuário (help desk). Alterações no sistema (bugs, novas tabelas etc.) durante a sua vida útil.	Pós-venda: serviço de atendimento ao consumidor (SAC). Manutenção e garantia.

Essas cinco etapas são o padrão para o desenvolvimento de sistemas. No entanto, à semelhança do que ocorre com os novos produtos, nem sempre um projeto chega até o fim, parando geralmente na segunda ou na quarta etapa, com as conseqüentes perdas do dinheiro já gasto. É sabido que apenas uma pequena percentagem (talvez 1%) das novas idéias se transformam em um produto de sucesso no mercado.

Riscos Envolvidos

Vários estudos têm mostrado que apenas uma *pequena parcela* dos projetos de sistema consegue ter um "final feliz". Os demais ou são abandonados, ou precisam ser refeitos.

Os erros no desenvolvimento e no uso de sistemas de computadores não são apenas lugar comum – são geralmente a regra. De acordo com um levantamento nos Estados Unidos, um impressionante 75% de todos os desenvolvimentos de sistemas levados a cabo, ou nunca são terminados, ou então nunca chegam a ser utilizados, mesmo quando completados. Alguns articulistas têm identificado uma "crise" no desenvolvimento de sistemas, com a descoberta de que 70% dos projetos de software são geralmente destinados à manutenção (detecção e correção de erros), depois de o próprio sistema ter sido "verificado" e "validado" para uso. Outras pesquisas parecem também confirmar esse fato: um estudo de 1979, feito pelo Escritório Geral de Contabilidade (EGC) do Governo Americano, mostrou que, de 9 projetos de software com um custo total de US$ 6,8 milhões, projetos no valor de 3,2 milhões (47% do total) foram distribuídos, mas não utilizados; US$ 1,3 milhões foram abandonados ou refeitos; e apenas US$ 200.000 chegaram a ser usados, depois de substanciais modificações. Incrivelmente, apenas um projeto valendo menos de US$ 100.000 acabou sendo utilizado da forma como foi fornecido pelo produtor.

Outro relatório do EGC, sobre um antigo sistema de alerta da Força Aérea Americana (USAF) na Califórnia e no Colorado, mencionou dois enormes projetos de integração de sistemas da IBM, que estavam com atrasos de cinco anos e com gastos de centenas de milhões de dólares acima do orçamento. A estimativa inicial de US$ 600 milhões acabou por chegar aos 1,95 bilhões, antes de ser completado em 1993, afirmou o EGC.

Ao mesmo tempo, a Divisão de Sistemas Eletrônicos da USAF tem estado avaliando as potencialidades de seus fornecedores de software: 84% de seus 174 contratados obtiveram uma pontuação no nível mais baixo, com controles dos processos de desenvolvimento de software muito pobres ou mesmo caóticos; apenas 14% chegaram ao segundo nível, significando que poderiam repetir tarefas anteriores; e um mero 2% atingiu o terceiro nível, com processos bem conhecidos. *Nenhum contratado atingiu nem o quarto nem o quinto (e ótimo) nível.*

Nesse meio tempo, um outro relatório do EGC, sobre o Escritório de Mineração de Superfície dos Estados Unidos, rotulou como "falido" um sistema computacional de US$ 15 milhões, desenvolvido para evitar que mineiros infratores obtivessem novas permissões para a exploração de minas, e o Departamento de Estado de Serviços Sociais na Virgínia abandonou um sistema de US$ 4,5 milhões, projetado para efetuar pagamentos a crianças maltratadas. O estado da Virgínia está agora procurando um novo sistema que custará mais de US$ 10 milhões.

Exemplos mais espetaculares de enganos de computadores, ou de perdas no desenvolvimento de sistemas, incluem o Banco da América, tendo de abandonar em 1988 um sistema de US$ 20 milhões, depois de ter gasto cinco anos e um adicional de US$ 20 milhões tentando fazê-lo funcionar; e a Companhia de Seguros de Allstate vendo o custo de seu novo sistema de computação subir de US$ 8 milhões para um espantoso US$ 100 milhões, com término atrasado de 1987 para 1993. O Pentágono, a cidade de Richmond, os estados de New Jersey e Oklahoma, a Companhia de Sistemas de Geofísica e a Cruz Azul de Wiscosin, todos sofreram recentemente grandes perdas. Além do mais, o problema parece estar ficando cada vez mais grave: em 1988 a Associação de Juízes Americanos trabalhou em 190 processos de computadores, a maior parte envolvendo sistemas "falidos". As indenizações totalizaram US$ 200 milhões – bem acima dos apenas US$ 31 milhões em 1984.

FORESTER, T.; MORRISON, P. A insegurança do computador e a vulnerabilidade social. Tradução de A. C. Mattos. *Revista de Administração de Empresas*, São Paulo, v. 31, n. 4, p. 73-83, out./dez. 1991.

Mesmo os projetos que chegam até o fim e entram em produção (funcionamento normal), podem acabar gerando falhas (bugs) e conseqüentes prejuízos, que chegam a US$ 60 bilhões por ano nos Estados Unidos.

Strassman, em seu livro *The squandered computer* (O *computador desperdiçado*), em 1997, mostrou que *apenas* 16% *dos projetos de sistemas* costumam ter um "final feliz".

Levantamento Identifica Prejuízos com Programas Defeituosos de Computador

Um levantamento realizado pelo Instituto Estadunidense de Padrões e Tecnologia (National Institute of Standards and Technology – NIST) identificou que a economia desse país perde aproximadamente US$ 60 bilhões a cada ano em conseqüência de programas defeituosos de computador.

De acordo com este levantamento, um maior esforço na fase de testes destes produtos poderia eliminar aproximadamente um terço de todas aquelas perdas, *entretanto a maior parte das falhas restantes continuaria acontecendo*.

O estudo procurou analisar este problema do ponto de vista da maneira como ele afeta três importantes setores econômicos dos Estados Unidos, o automotivo, o aeroespacial e os serviços financeiros, e extrapolou os resultados obtidos para todos os demais setores econômicos.

Os responsáveis por este levantamento não apresentaram sugestões no que se refere a linhas específicas de ação para se enfrentar tal problema. Entretanto, eles ressaltaram que os métodos utilizados atualmente durante o processo de teste de tais programas de computador podem ser considerados *totalmente primitivos* e que melhorias significativas deveriam ser implementadas neste campo.

ComputerWorld, 25 Junho 2002.
Veja o relatório do NIST em (2)

Em 1994, uma pesquisa do Standish Group já concluiu que, dos projetos de informática de 365 empresas americanas, 31% foram cancelados antes de prontos (e isso custou-lhes 81 bilhões de dólares), 53% estouraram mais de 90% no custo previsto (a um preço de 59 bilhões), 13% estouraram mais de 200% e apenas 16% foram concluídos dentro do prazo e do orçamento. No Brasil, *empresas tentam encobrir de todas as formas os casos flagrantes de desperdício*, mas algumas já começam a admitir que, sem enfrentar esse problema, os executivos da área de informática não sobreviverão.

Exame, São Paulo, 28 maio 1997.

Capítulo 11 • Projeto e Implantação de Sistemas de Informação **153**

As Causas das Falhas nos Projetos

O fato de que apenas 10% a 20% dos projetos sejam bem-sucedidos tem uma série de razões. A seguir é exposta uma lista *não exaustiva*.

CAUSA 1. A usual redução dos custos e dos prazos do projeto para *facilitar a aprovação*. Suponhamos um sistema que demore dez anos para entrar em funcionamento, a um custo de US$ 80 milhões. É possível que tal proposta não seja jamais aprovada. Então, reduzem-se os parâmetros para uns quatro anos e US$ 30 milhões, tornando-o mais *viável*. Essa é uma das razões pelas quais mais da metade dos projetos acaba por ter seus prazos e custos reformulados.

A única maneira de ter valores mais precisos é visitando empresas de porte parecido, em que sistemas semelhantes tenham sido implantados com sucesso, se existirem.

CAUSA 2. A Fase 1 (levantamento das necessidades) pode ser fonte de futuros problemas, devido a falhas de comunicação. Imagine-se um analista de sistemas, formado em Física, conversando com um financista, formado em Economia. Vai ser um diálogo difícil do *economês* com o *computês*, pois cada um usa uma linguagem diferente. O que o analista entendeu talvez seja diferente do que o financista queria, com a complicação de que o físico não foi treinado para conhecer administração de empresas, nem o economista para conhecer análise de sistemas (ver Figura 11.1).

> Os gerentes de sistemas costumam dizer que "um projeto bem elaborado demora o dobro do tempo para entrar em funcionamento; já um mal elaborado, duas ou três vezes mais".

> Por ocasião da implantação de um sistema de contabilidade, o contador estava arrancando os cabelos, pois no novo sistema o Ativo não batia com o Passivo. Consultado o analista, um engenheiro, este disse: "Mas essa condição não foi especificada pelo usuário", ao que o contador respondeu: "Ora, qualquer imbecil sabe disso". O sistema teve de ser todo refeito.

Outra fonte de "ruído" é que o usuário geralmente não sabe direito o que quer. Ele sabe onde está o problema, mas não costuma ter idéia clara de como resolvê-lo. O analista acaba, então, definindo uma solução, que pode não agradar ao usuário.

> No desenvolvimento de uma folha de pagamento, havia muitas situações que poderiam ocorrer com os funcionários e precisavam estar previstas nos programas. Consultando o Departamento de Pessoal e a Consultoria Jurídica, chegou-se à conclusão de que tais situações, menos comuns, não estavam previstas na legislação, nem nos usos e costumes. O analista, então, definiu *por conta própria* o que seria feito nesses casos, já que os programas *não podem* ter condições em aberto (todas as alternativas devem ter um tratamento, caso contrário o programa pára, apresentando um bug).

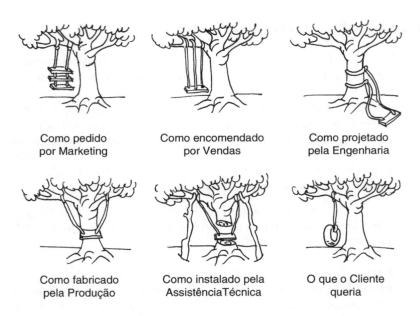

FIGURA 11.1 O que o cliente queria e o que foi feito

CAUSA 3. Na Fase 2 (elaboração do sistema) talvez o maior problema seja a *pressa*. Para apresentar resultados o quanto antes, os programadores e analistas são pressionados, levando a colocar em funcionamento um sistema que não foi devidamente testado. Empresas de software também estabelecem prazos para o lançamento de seus produtos, geralmente em função dos concorrentes, o que pode tornar impossível um adequado desenvolvimento e teste do sistema. Fatalmente, este acaba sendo lançado com bugs, que com o tempo vão sendo *consertados* (*patches, new releases, updates* etc.).

CAUSA 4. Ainda na Fase 2, o *turn-over* de pessoal pode ser fonte de problemas. Principalmente com sistemas mais complexos e demorados, que são desenvolvidos por diferentes *times* (*teams*), grupos de projeto ou comissões, que acabam por ter diferentes filosofias e estilos, perdendo a uniformidade e criando incompatibilidades. O pessoal de TI geralmente tem alta rotatividade, devido à própria natureza estressante de seu trabalho. A Figura 11.2 mostra um desenho conhecido pelos programadores e analistas.

CAUSA 5: A implantação (Fase 4), sem sombra de dúvida, é a mais problemática de todas, por mexer na estrutura da empresa. O maior temor é sempre a perda do cargo, posição ou do próprio emprego. A alteração da estrutura é acompanhada pela mudança nas relações de poder: o contador passa a ter sete funcionários em vez de 20, os desenhistas são extintos, aparece mais um diretor para dividir

FIGURA 11.2   O resultado de um comitê (*committee* ou *team*)

o poder na diretoria (diretor de sistemas ou CIO) etc. Isso tudo cria um péssimo ambiente dentro da empresa, com queda de produtividade, ansiedades, fofocas (a *rádio peão*) etc. Não é raro haver tanta resistência que o sistema acaba se arrastando por muito tempo (ou até mesmo cancelado).

> O Chief Information Officer (CIO) (lê-se "CI-AI-OU") é o executivo principal de TI na empresa, algo como um diretor de informática [16]. O Chief Executive Officer (CEO) (lê-se "CI-I-OU") é o executivo principal, o presidente da empresa.

CAUSA 6. Se o sistema tiver sorte e conseguir entrar em funcionamento, como ocorre em somente uns 15% dos casos, a Fase 5 (manutenção) pode ser dolorosa. Como sempre, surgirão falhas e erros a serem consertados, por mais cuidado que se tenha tido. O pessoal da manutenção terá de se desdobrar para *não deixar a peteca cair*. Muitas vezes será melhor avisar que existe uma falha ou bug do que consertá-la, já que em sistemas grandes um conserto geralmente gera mais um ou dois erros novos (ver Figura 11.3).

CAUSA 7. Reinventar a roda (*rediscover the wheel*). Uma tendência da cultura latina é começar a fazer as coisas partindo do zero (*from scratch*). No Primeiro Mundo, essa é a *derradeira* alternativa a ser seguida. A primeira é pesquisar o que já existe sobre o assunto. Achado algum precedente, procura-se partir daí, construindo algo novo em cima do que já foi feito anteriormente. No caso dos países não desenvolvidos, o partir do zero *não gera desenvolvimento*, pois se estará sempre *reinventando a roda*, como se diz no Primeiro Mundo. Uma das razões da demora na elaboração pode ser não aproveitar o que já existe.

CAUSA 8. Não usar *top down approach* (abordagem de cima para baixo). Nos anos 70, a IBM ganhou concorrências por apresentar projetos de menor custo e menor duração. Guardada em segredo durante algum tempo, essa metodologia se

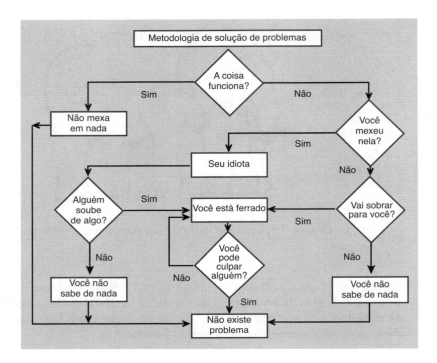

FIGURA 11.3 Uma "metodologia" que às vezes circula pela área de informática

mostrou acertada, por construir um sistema a partir das macrodefinições, descendo aos níveis mais detalhados em seguida, mas sempre mantendo integração com os níveis mais altos. Isso faz com que haja compatibilidade entre as partes, por construção.

O processo inverso, que era até então seguido, começava pela elaboração dos programas e dos detalhes, que depois eram *encaixados* entre si. Muitas vezes descobria-se nos níveis mais altos a falta de algum item importante (como um registro para o banco de dados), levando à reelaboração de vários programas, aumentando os prazos e os custos.

Os Cargos Básicos da Área de TI

Os principais cargos do pessoal da área de sistemas (TI) são:

1. *digitador*, de nível médio, responsável pela entrada de dados no sistema a partir de originais em papel;

2. *programador*, de nível médio ou superior, que elabora os programas em uma dada linguagem: Java, C++, Basic, Fortran, Cobol, Pascal, Assembly etc.;

Capítulo 11 • Projeto e Implantação de Sistemas de Informação

3. *analista de sistemas*, nível superior, que define as macrofunções do sistema (Contabilidade, Controle de Estoques etc.), sem se preocupar com os detalhes da programação ou da linguagem; o analista deve ter realizado algum curso de administração de empresas;

4. *gerente de sistemas ou de* TI, nível superior, executivo responsável pelo pessoal de uma das áreas de TI: informática, sistemas, telecomunicações, banco de dados, comércio eletrônico etc.; o gerente deve ter feito algum curso de administração de empresas;

5. CIO, nível superior, principal executivo das áreas de Tecnologia da Informação. Deve ter realizado algum curso de administração de empresas.

Bibliografia

No site do Departamento de Defesa dos Estados Unidos (www.dacs.dtic.mil/techs), pode ser encontrado material referente ao desenvolvimento de sistemas e controle de qualidade do software, como exigido nos contratos militares.

Veja também O *que os executivos não sabem sobre engenharia de software* em [3], bem como um estudo de caso de uma implantação de um sistema integrado de informações [4].

CAPÍTULO **12**

O Desperdício na Informática

Não creiais em coisa alguma pelo fato de vos mostrarem o testemunho escrito de algum sábio antigo. Não creiais em coisa alguma com base na autoridade de mestres e sacerdotes. Aquilo, porém, que se enquadrar na vossa razão e, depois de minucioso estudo, for confirmado pela vossa experiência, conduzindo ao vosso próprio bem e ao de todas as outras coisas vivas: A isso aceitai como Verdade. Por isso, pautai a vossa conduta.

Gautama Buda, ~500 a.C.

O Desperdício

Em 20 de dezembro de 1996, o *Wall Street Journal*, em editorial, comentou que:

> No futuro próximo, alguém deverá escrever um livro sobre como os executivos dos anos 1990 gastaram muito dinheiro em Tecnologia da Informação, porque eles tinham medo de administrá-la adequadamente. Confiavam nos técnicos para aumentar o valor dos negócios a partir de investimentos em Tecnologia da Informação.

O livro T*he squandered computer* (O *computador desperdiçado*) foi escrito em 1997 por Paul Strassman, antigo responsável pelo setor de informática do Pentágono. Foi o primeiro livro a levantar a questão dos gastos exagerados com computadores, sem benefício para as empresas (www.infoeconomics.com/squandered.php).

A principal conclusão das pesquisas de Strassman foi que *não tem havido qualquer relação entre os investimentos em computadores e o sucesso da empresa*, seja ele referente à produtividade, ao aumento das vendas ou à lucratividade.

Causas do Desperdício

1. Alheamento dos executivos. Achando o assunto muito técnico e específico, entregam milhões de dólares nas mãos de especialistas de informática que, embora conhecedores do assunto, não têm necessariamente a visão empresarial dos executivos. Esse foi o recado do *Wall Street Journal* em 1996. O caso da Receita Federal norte-americana, que já desperdiçou mais de US$ 1 bilhão de dólares em várias tentativas, serve como exemplo [1].

2. Inexistência de critérios objetivos de investimento. Existem muitas variáveis impossíveis de quantificação. Os contadores chamam-nas de *intangíveis*, e os economistas de *imponderáveis econômicos*. São exemplos o know-how (conhecimento) e os segredos industriais de uma empresa. A *análise de custo-benefício*, usada na avaliação de investimentos, pode funcionar na troca de uma máquina de solda em uma fábrica, mas não com a Tecnologia da Informação, cujos benefícios são impossíveis de medir em termos monetários, além de não se saber distinguir — na empresa como um todo — os retornos oriundos apenas dos Sistemas de Informação. O risco de uma decisão na base do *feeling* (sentimento) existe. Pode dar certo, como no exemplo a seguir. Ou não.

> *Feeling* é a palavra mais usada quando se pede um método que permita contabilizar em reais um investimento feito em reais. "Nosso maior retorno é a satisfação do cliente. Só seria viável fazer as contas na ponta do lápis se houvesse maior precisão de informações", diz Aluízio Borges, diretor executivo do Bradesco.
>
> O Bradesco sempre esteve na vanguarda tecnológica, como quando iniciou seu home banking, ou criou uma premiada interface para auxiliar os deficientes físicos, ou anteviu o sucesso dos caixas eletrônicos, ou lançou os cartões inteligentes (*smart cards*). "Essas são coisas que eu usaria como cliente – e isso é importante na hora de decidir. A análise de custos só serve para a gente dizer não a um projeto. Para o sim, não basta."
>
> *Exame*, São Paulo, 28 maio 1997.

3. Modismo. Uma nova onda se espalha e todos começam a segui-la *para não ficar para trás*. Mas o modismo pode se revelar sem sentido com o passar do tempo.

> Em 1992, o Banco Bamerindus resolveu seguir a onda do *downsizing*, isto é, trocar os mainframes de grande porte por uma rede de microcomputadores. Contratou a Andersen Consulting para fazer a reengenharia do Banco. A idéia era centralizar o processamento em Curitiba e, em dois anos, desativar os mainframes. Para o desenvolvimento do software foram contratadas empresas indianas, que têm fama de possuir bons programadores.
>
> Em 1994, pouco havia sido feito e os prazos não tinham sido cumpridos. O Bamerindus rompeu o contrato com a Andersen e contratou a Hewlett Packard. Passado mais algum tempo, a implantação continuava parada, pois, como depois acabou se constatando, não era possível substituir mainframes por microcomputadores em Bancos, devido à grande quantidade de transações diárias. Já haviam sido gastos 300 milhões de dólares.
>
> "Superservidores da HP ficaram parados. Durante mais de um ano, os caixas eletrônicos da NCR ficaram no depósito esperando software novo. Todo o software acabou sendo jogado fora. Feitas as contas, uns 100 milhões de dólares foram para o lixo", conta um alto executivo de informática que

Capítulo 12 • O Desperdício na Informática

participou do processo. O Banco nunca conseguiu desativar todos os mainframes. Acabou indo à bancarrota.

Exame, São Paulo, 28 maio 1997.

4. Megalomania. Soluções mais simples e baratas são substituídas por outras mais avançadas e complexas.

O site de comércio eletrônico Boo.com surgiu na Internet em 1999, prometendo aos seus investidores e consumidores, através de ampla publicidade, um local agradável para fazer compras.

A idéia do Boo.com veio de dois amigos suecos, de 28 anos, com o suporte do Bancos HSBC e da J. P. Morgan. Os consumidores poderiam ver qualquer produto em três dimensões (espacial), ampliar ou reduzir a imagem (zoom), girar de 360 graus e observá-lo de qualquer ângulo. Havia também a senhora Boo, uma atendente virtual, que fazia sugestões aos clientes. O site era fluente em sete línguas, incluindo inglês dos Estados Unidos e da Inglaterra. Aceitava moeda de 18 países, calculando os impostos de acordo com o país de onde vinha o pedido. Os preços eram iguais aos das lojas do mundo real, aumentando a rentabilidade, já que os custos de uma loja virtual são menores. Haveria "filiais" em Paris, Amsterdã, Munique e Nova York.

O lançamento, previsto para maio de 1999, sofreu consecutivos atrasos, devido à complexidade do Sistema de Informação em desenvolvimento, que partiu da estaca zero. Quase 500 funcionários já tinham sido contratados. As campanhas de marketing, anunciando uma data de início, e depois postergando-a, foram minando a confiança dos potenciais consumidores.

Finalmente, em novembro de 1999 o site entrou em operação. Mas os internautas não conseguiam navegar direito, tal a quantidade de erros que havia no sistema, que foi feito às pressas para poder ser inaugurado. Além disso, o complexo ambiente gráfico exigia recursos computacionais que os usuários geralmente não possuíam, tornando o acesso e a navegação lentos como uma tartaruga. Mesmo assim, as vendas nos primeiros três meses foram de US$ 880.000, embora os custos tenham passado de US$ 1 milhão.

Os contínuos prejuízos, combinados com o fim do boom na Nasdaq, em fevereiro de 2000, e a retração dos investidores, jogou a Boo na lona. Seis meses após sua inauguração, a Boo abriu falência. As perdas foram de US$ 185 milhões.

LAUDON, K. C.; LAUDON, J. P. *Management information systems*. 7. ed. Upper Saddle River: Prentice Hall, 2002. p. 135.

5. Despreparo. O executivo que assumiu o controle da área de sistemas não conhece o assunto. Isso geralmente ocorre nas *indicações políticas* (comuns na área pública).

Nos anos 70, José, um executivo de uma empresa estatal, resolveu informatizá-la. Embora não entendendo nada do assunto, chamou o vendedor de uma empresa que importava *cérebros eletrônicos* e solicitou a compra do equipamento. Ao ver que o custo era maior que a previsão orçamentária, disse ao vendedor: "Quero um computador que custe até x mil dólares, que é o que posso gastar". O vendedor, partindo do princípio de que "o cliente sempre tem razão", vendeu-lhe o computador dentro de seu orçamento. Chegada a máquina, José reservou-lhe uma grande sala e convidou as autoridades para a inauguração. Foi uma festa pomposa.

No entanto, também estavam presentes alguns técnicos de informática, que não conseguiam entender uma coisa: só estavam vendo o processador central (CPU), mas não viam impressoras, unidades de disco e de fitas, leitoras de cartões etc. "Onde estava o resto?", perguntavam. A resposta veio logo: "Comprei o computador com o dinheiro que tinha. Quando entrar mais dinheiro, compro os acessórios. É como um automóvel".

Desnecessário dizer que a máquina ficou encostada por um bom tempo, pois não havia recursos para comprar os caros "acessórios" (periféricos). Por fim, acabou sendo sucatada, por ter ficado completamente obsoleta.

Este outro caso também é real.

Em uma pequena empresa, Silva, o responsável pela área de sistemas, vai falar com o diretor:

Silva: "Precisamos de um modem".

Diretor: "O que você sugere?"

Silva: "Sugiro um de 33.600".

Diretor: "Você está louco?... esse é muito caro!"

Silva: "Tudo bem, podemos comprar o de 28.800".

Diretor: "Continua caro! Qual é o mais barato?"

Silva: "Bem... existe o de 2.400, antigo e mais difícil de achar..."

Diretor: "O.*k*.!" – vira para secretária – "Ô Cláudia, faz um cheque de R$ 2.400 para a compra do modem".

Na realidade, Silva estava se referindo à velocidade do modem: 33.600 bits por segundo. Esse modem custava R$ 180.

6. Consultoria. Decisão de deixar tudo a cargo de uma empresa de consultoria que, por ter sua receita proporcional ao custo do projeto, não será necessariamente motivada com as soluções mais econômicas. Além de poder ser representante de algum fabricante de software ou hardware.

"Muita gente é fascinada com investimentos em computadores. Nós pensamos o contrário", diz Sérgio Rubens Loeb, diretor industrial da Semp Toshiba. A empresa não tinha centro de processamento de dados até 1989. Quando se informatizou, já adotou uma rede de micros, em vez de um computador de grande porte. Só agora está pensando em trocar os programas de banco de dados que rodam no sistema Clipper, que, se não é jurássico como os mainframes, pode muito bem ser chamado de cretáceo. Dos cerca de 400 microcomputadores, poucos são os que rodam Windows 95. Há um ano e meio, a Semp começou a avaliar novos programas de bancos de dados e os chamados softwares de gestão, feitos por empresas como SAP e Baan. "Eles

Capítulo 12 • O Desperdício na Informática **163**

não vendem software, vendem um pacote com consultoria, cursos, manuais e um monte de papel", diz Fábio Tancredi Tonelli, gerente de informática da empresa. "Não se oferece nem um módulo para importação que converse com o Sistema de Comércio Exterior da Receita Federal, fundamental para quem importa componentes."

Exame, São Paulo, 28 maio 1997.

7. Mudanças bruscas do ambiente político-econômico. Uma das características dos países não desenvolvidos é a *instabilidade das instituições*, que pode alterar completamente os planos da empresa (não há *desenvolvimento sustentável*).

O Pão de Açúcar comprou, em 1989, um computador de grande porte para suas operações, um IBM-3090 de US$ 16 milhões, a ser pago em duas fases, além de US$ 2 milhões para as instalações. Com a crise do Plano Collor, o computador acabou ficando parado, sendo depois sucatado por ter se tornado antiquado.

Exame, São Paulo, 28 maio 1997.

8. Futzing. Tempo gasto com atividades não produtivas (43%).

De acordo com um levantamento do Grupo Gartner, a distribuição dos custos com uma rede típica de computadores é:

* 21% – custo amortizado do hardware e do software — essa estimativa foi feita levando-se em conta PCs equipados com o Windows, o software Office Standard e os cabos, hubs, roteadores e servidores que fazem parte de uma rede local;

* 27% – custo do suporte técnico;

* 9% – custo de se administrar o sistema;

* 43% – custo do tempo que o usuário gasta em "trabalhos paralelos" com a máquina (organizando o disco rígido, instalando software, esperando pela impressora, jogando Paciência e navegando improdutivamente na Rede).

Forbes, New York, p. 280, 21 Oct. 1996.

Os Beneficiados com o Desperdício

Os beneficiários são, principalmente, os que *vendem* os produtos e serviços.

1. Os *fabricantes* de computadores e de softwares, que apenas mostram as vantagens de seus produtos, cabendo ao comprador descobrir a outra face da moeda (o que nem sempre se dá).

2. O *setor da empresa encarregado da administração dos sistemas*. Com o crescimento dos equipamentos e investimentos, sua influência política também aumenta.

3. As *firmas de consultoria*, cujo faturamento é proporcional ao custo do projeto. Os serviços prestados cada vez mais envolvem o desenvolvimento e a implantação de Sistemas de Informação. Parte da receita também pode vir de comissões recebidas do fabricante de equipamentos ou de software, o que faz com que ela possa ganhar nas duas pontas.

Evitando o Desperdício

Infelizmente, *não há uma "receita de bolo" contra o desperdício*. O que pode ser válido em um caso pode não ser verdade em outro. Uma empresa com equipamento antigo, sem recursos suficientes para interagir com as demais, necessita trocar seus sistemas por outros mais recentes (ver o caso da US Steel, no Capítulo 15). Já a empresa atualizada pode não necessitar de novas versões de seus sistemas, que muitas vezes, de novidade, só tem "perfumaria".

No caso geral, somente o bom senso (*feeling*), a visão empresarial e o conhecimento das tendências da TI é que ditarão a decisão mais sensata. O *assunto é complexo demais para ser reduzido a uma dúzia de regras definitivas*.

As únicas *sugestões* disponíveis são as que seguem.

1. Na dúvida, deixe como está.

2. Não seja *boi de piranha* (o primeiro a usar um produto novo).

3. Converse antes com quem já passou por isso (se houver).

4. Não vá atrás da conversa do vendedor: o objetivo dele é diferente do seu.

Capítulo 13

INTELIGÊNCIA ARTIFICIAL

O mundo real é resultado do programa que existe em nosso cérebro. Se mudarmos o programa, mudamos o mundo.

Do filme Matrix

Origens da Inteligência Artificial

Não há área mais ambiciosa da Tecnologia da Informação do que a da **inteligência artificial**. Seu objetivo é "simples": substituir o cérebro humano pelo computador.

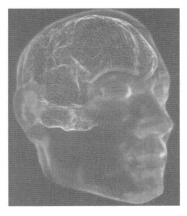

FIGURA 13.1   Rede neural humana

Há muito tempo, as pessoas procuram delegar às máquinas as atividades técnicas, sobrando àquelas mais tempo para as artes, o lazer e a filosofia. Essa foi a força motivadora nas Três Ondas de Alvin Toffler (Ver mais sobre esse assunto no Capítulo 14). Na primeira, trazer a comida para perto de si, sem ter de ir atrás dela (Revolução da Agricultura). Na segunda, passar para as máquinas mecânicas o trabalho braçal, que requer esforço físico, como empilhar sacos, transportar materiais ou tecer roupas (Revolução Industrial). Na terceira, o objeto é o cérebro: delegar às máquinas as operações mentais, como cálculos matemáticos, arquivamento e recuperação de dados, e o próprio raciocínio (como decidir a melhor hora de comprar ou vender ações na Bolsa). Ou mesmo uma combinação da eletromecânica com a inteligência, como ocorre nos robôs (mecatrônica) [1].

Essa tentativa ambiciosa de substituir o pensamento humano pelo das máquinas é assustadora, pois significa passar o controle, exercido pelo cérebro, para os equipamentos. É uma faca de dois gumes: pode liberar o tempo das pessoas para atividades menos enfadonhas, como o lazer, mas também pode criar situações complicadas, como mostrado em vários filmes, em que as máquinas começam a dominar as pessoas (como em *Matrix*). Isso, *aliás*, *já ocorre*, em menor escala, no mundo de hoje: dada pessoa é digna de crédito bancário ou não? Pode entrar nos Estados Unidos ou não? Sofre de qual doença? Essas já são aplicações bem-sucedidas da inteligência artificial.

> O filme *Matrix* foi inspirado no livro do renomado filósofo francês Jean Baudrillard, intitulado *Simulacros e simulações*. Ed. Relógio D'Água, Lisboa 1991. 200 p. *Simulacro* é algo com aparência enganosa, fingida ou dissimulada.

Eis mais alguns exemplos:

1. máquinas que "conversam" com pessoas, como as da IBM, Dragon e Lernout & Hauspie;

2. softwares financeiros, usado por Bancos para rastrear transações de cartão de crédito, buscando padrões não usuais do usuário, o que pode indicar fraude; um desses produtos pode evitar perdas de US$ 500 milhões anualmente para os bancos;

3. sistemas de diagnóstico da leucemia, que forneceram resultados melhores que os feitos por médicos;

4. tradução automática, como o sistema usado no Ministério do Meio Ambiente do Canadá, desenvolvido em 1970, que traduz previsões do tempo do francês para o inglês e vice-versa;

5. controladores para máquina de lavar louça.

Nos anos 50, Newell e Simon disseram que, dentro de algumas décadas, seria possível haver aplicações como:

1. jogar xadrez como os grandes mestres internacionais;

2. compor música clássica;

3. descobrir novos e importantes teoremas matemáticos;

4. entender e traduzir linguagens faladas.

Capítulo 13 • Inteligência Artificial

Naturalmente, ainda estamos longe de conseguir esses resultados. No entanto, nada indica que sejam impossíveis de atingir (SIMON, H. A.; NEWELL, A. Heuristic problem solving: the next advance in operations research. *Operation Research*, p. 1-10, Jan./Feb. 1958).

Tipos de Inteligência Artificial

Há quatro tipos de inteligência artificial que já fazem parte do arsenal tecnológico.

Sistemas Especialistas

Nos **sistemas especialistas**, a idéia é transferir para o computador o conhecimento (know-how) dos especialistas. Um primeiro exemplo bem-sucedido foi o desenvolvido pela IBM para a manutenção de computadores. Cada técnico, ao atender a uma chamada, consulta um sistema de diagnóstico e correção de erros, que o orienta na solução do problema específico (como falhas na memória principal, ou uma unidade de disco que às vezes não grava os dados). Se o problema não tiver sido previsto, ele alimenta o sistema com o novo problema encontrado e a solução que funcionou, para que outros possam, no futuro, lançar mão de seu conhecimento.

O filme 2001: *uma odisséia no espaço*, de 1968, do genial Stanley Kubrick, mostra um outro exemplo, usado na detecção de erros de circuitos eletrônicos: o astronauta, usando uma ponta de prova (semelhante à usada em osciloscópios e multímetros), vai tocando pontos da placa de um circuito da nave espacial que ruma a Júpiter, e um mostrador (*display*) vai indicando se existe alguma anormalidade no circuito ou não. O computador HAL-2000, que controla a nave, é a mais avançada ficção do que pode vir a ser um dia a Inteligência Artificial. A sigla HAL é obtida de IBM, tomando a letra anterior do alfabeto.

Mas os sistemas especialistas têm duas dificuldades de implementação.

Primeiro, é *demorada* sua elaboração, pois: a) o técnico nem sempre sabe explicar como ele diagnostica falhas conhecidas, pois muitas vezes lança mão de raciocínios heurísticos, que não podem ser traduzidos em instruções para o computador (não são passíveis de programação); b) nem todas as situações podem ser equacionadas e resolvidas, podendo requerer uma pesquisa (como o caso de um bug novo em um programa); c) programar todos os possíveis erros que podem ser encontrados em um equipamento é demorado e complexo.

Segundo, uma *questão humana*. Quando o técnico percebe que todo o seu conhecimento está sendo "chupado" e passado para o computador, imediatamente lhe surge a pergunta: "Para que vou servir depois que todo meu know-how estiver transformado em um sistema especialista?" Isso geralmente o leva a "esconder o leite" e não revelar alguns pulos-do-gato que sua experiência lhe trouxe. Afinal, o sistema especialista está extinguindo o seu emprego, tornando-o *dispensável*.

Aliás, segundo o economista da Universidade de Harvard, J. K. Galbraith, é o *conhecimento* que separa os países adiantados dos outros, ou uma empresa oligopolista das demais, que não possuem poder competitivo. No entanto, se alguma dessas empresas, pequena ou média, tiver um know-how avançado ou estratégico, fatalmente acabará sendo adquirida pela empresa de grande porte e cartelizada. Essa tem sido a regra, como os jornais financeiros estão sempre a mostrar. Por exemplo, quando a Microsoft adquiriu a Hotmail, na realidade estava comprando o know-how de seus fundadores, que desenvolveram um sistema eficiente para administrar milhões de contas de correio eletrônico.

> Para conhecer as idéias de J. K. Galbraith, veja o livro A *economia ao alcance de (quase) todos*. Trata-se de uma entrevista feita pela jornalista francesa Nicole Salinger. Lançado em 1978, o livro continua atual.

Sistemas de Força Bruta (Brute Force)

No caso dos **sistemas de força bruta**, o computador testa todas as alternativas (ou, pelo menos, uma boa parte entre todas), para descobrir a solução de um problema, sem usar um *raciocínio lógico* no sentido humano.

Talvez o exemplo mais marcante desse tipo de inteligência artificial tenha sido a já citada vitória do Deep Blue (www.research.ibm.com/deepblue), um supercomputador da IBM que ganhou uma competição internacional de xadrez, jogando contra o grande mestre Kasparov, em 1997. Após a vitória, o valor da IBM aumentou US$ 18 bilhões com a valorização de suas ações na Bolsa (Fig. 13.2).

Figura 13.2 O Deep Blue IBM/6000-SP, campeão mundial de xadrez.

O algoritmo utilizado foi o MiniMax (da teoria dos jogos), combinado com um potente processamento paralelo (muitas CPUs trabalhando ao mesmo tempo), que analisava várias jogadas à frente, escolhendo a mais vantajosa.

Outro exemplo (1999), já citado, foi a quebra de um código de criptografia de 512 bits (64 caracteres na senha), realizado por um grupo de cientistas de seis países diferentes, que testaram todas as possibilidades em 300 computadores, trabalhando coordenadamente em paralelo, durante sete meses. Esse padrão (RSA-155) é usado por 95% dos sites de comércio eletrônico. O código foi quebrado em apenas 30% das tentativas possíveis [2].

Há quem diga, como a IBM (www.research.ibm.com/deepblue/meet/html/-d.3.3a.html#ai), que o método da *força bruta* não se enquadra na *inteligência artificial*, como mencionado na FAQ em [3]. Mas o caso do Deep Blue levanta sérias questões, inclusive por ter Kasparov afirmado que ele sentia "um novo tipo de inteligência no tabuleiro à sua frente". Aliás, o cérebro humano *também* usa a força bruta, como quando procura resolver um problema pelo método de *tentativa e erro* (Ver RUSSELL, S. J. e NORVIG, P. *Artificial intelligence*, p. 27).

Robôs

Os **robôs** são um caso bem conhecido de associação de máquinas eletromecânicas com Inteligência Artificial. Podem ser primitivos, como os de uma linha de produção industrial, ou mais desenvolvidos, como o piloto automático do avião (que controla o avião sem necessidade de piloto humano), ou alguns tipos experimentais que atuam como fiscais de segurança em aeroportos dos Estados Unidos. A área da engenharia que estuda os robôs chama-se mecatrônica (mecânica + eletrônica) (Figuras 13.3 e 13.4).

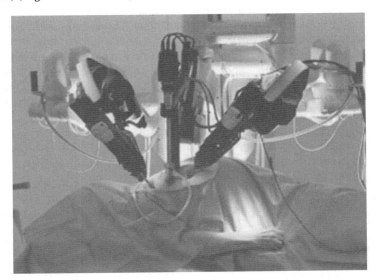

FIGURA 13.3 Robôs experimentais da Da Vinci Surgical Systems realizando uma cirurgia em paciente sem vida.

Fonte: www.intuitivesurgical.com/products/da_vinci.html.

FIGURA 13.4 O silencioso robô comercial Kärcher-2000 (no tapete). Ele mantém o ar limpo e o chão livre de pó. De tempos em tempos, vai até sua base para carregar a bateria e limpar seus filtros.

Fonte: www.robocleaner.de.

Redes Neurais Artificiais (*Artificial Neural Networks — ANNS*)

As **redes neurais artificiais** (*artificial neural networks* — ANN) são a mais nova e promissora área da inteligência artificial. Trata-se da audaciosa tentativa de criar um *modelo do cérebro* em computador. Seus resultados têm sido surpreendentes.

A Figura 13.5 mostra o resultado de um sistema de previsão da taxa de câmbio, usado por um Banco. Dados de hora em hora, dos últimos 200 dias, foram utilizados para alimentar a ANN. Com isso, é feita a estimativa para os 60 dias seguintes. A linha pontilhada foi a previsão feita pela ANN, enquanto as linhas retas indicam as previsões feitas pela estatística convencional. A acertada *adivinhação* do ponto em que a taxa de câmbio pára de baixar e começa a subir (*ponto de virada*), um dado importante no mercado de divisas internacionais, jamais seria possível com as técnicas estatísticas disponíveis.

> Um dos primeiros livros a relatar aplicações das ANN à área financeira foi o *Neural networks in finance and investing* (Redes neurais em finanças e investimento), de Trippi e Turban. Essa obra é hoje um clássico do assunto. A Figura 13.5 encontra-se à p. 482, no artigo de A. N. Refenes, *Constructive learning and its application to currency exchange rate forecasting* (Treinamento construtivo [da rede] e sua aplicação à previsão da taxa de câmbio de moedas).

Um sistema como esse pode custar milhões de dólares, pois requer computadores extremamente rápidos. O Deep Blue, da IBM, rodando em um ambiente Linux, é um exemplo de configuração adequada. No entanto, esse alto custo inicial pode ser amortizado em poucos meses, com os lucros obtidos pelo setor de

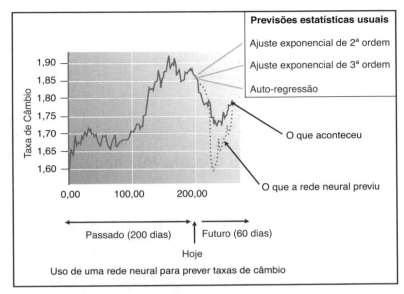

Fonte: TRIPPI, R. R.; TURBAN, E. (Ed.). *Neural networks in finance and investing*: using artificial intelligence to improve real-world performance. Chicago: Probus, 1993. p. 482. Na prática, os bancos usam um sistema de realimentação para obter previsões de hora em hora, auxiliando o trabalho dos operadores de câmbio. Os dados da última hora são introduzidos na ANN, que novamente atualiza sua previsão. Esse processo se repete, fazendo com que os operadores tenham previsões quase em tempo real (real-time).

FIGURA 13.5 Previsão da taxa de câmbio com redes neurais

câmbio do banco. Um projeto caro com *payback* de poucos meses não é comum encontrar. Naturalmente, a tecnologia desenvolvida é mantida sob rigoroso sigilo, pois dá ao banco uma grande vantagem competitiva frente aos demais.

Se as previsões não precisarem ser de hora em hora, como é o caso da taxa de inflação mensal, então poderá ser usado até um microcomputador, que talvez fique dias treinando a rede, até obter o resultado final.

No Banco Votorantim, as previsões da Bolsa de Valores são diárias, tendo o computador umas 16 horas para realizar as previsões para o dia seguinte, entre o fim de um pregão e o início do outro.

As redes neurais fazem milhões de cálculos e mostram na tela as previsões para o dia seguinte. A análise fornece os valores futuros para o Ibovespa (índice da Bolsa de São Paulo), índice Dow Jones, Nasdaq, taxas de juros, cotação do dólar e outros. "Além de prever os índices do dia seguinte, o programa mostra também as tendências de médio prazo. Por exemplo, ele pode indicar que amanhã o Dow Jones vai cair, mas que a tendência é de alta", diz Cheng. O Votorantim é um dos únicos Bancos brasileiros a utilizar Inteligência Artificial para análise do mercado financeiro. "Na véspera do *crash* da Nasdaq, as redes neurais sinalizavam que comprar ações não era uma boa idéia", diz Pedro Mollo, diretor adjunto da área internacional do Votorantim. "Mas a análise foi mais útil depois do estouro da bolha, pois apontou com precisão quando a situação havia chegado ao fundo do poço. Isso ajudou a nos posicionarmos no mercado."

Exame, São Paulo, dez. 2001.

As Redes Neurais

Funcionamento Básico do Cérebro Humano

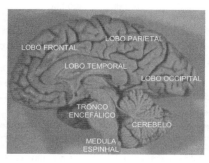

FIGURA 13.6 O cérebro humano

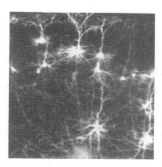

Fonte: LENT, R. *Cem bilhões de neurônios*. Rio de Janeiro: Atheneu, 2001, p. 15.

FIGURA 13.7 A rede neural, vista do microscópio

A Figura 13.8 é um modelo simplificado do cérebro, mostrando como os vários neurônios (as células nervosas) se conectam por meio das sinapses. O sistema funciona, basicamente, da maneira descrita a seguir:

1. Sinais elétricos gerados nos sensores (retina ocular, papilas gustativas da língua etc.) caminham pelos axônios (chamados de *nervos*).

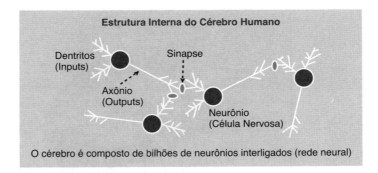

FIGURA 13.8 A rede neural e as sinapses

2. Os sinais percorrem o axônio a uma velocidade média de 25 metros por segundo. Não é uma corrente eletrônica negativa, como nos fios elétricos, mas uma *corrente de íons positivos de sódio e de potássio*.

3. Os axônios podem ter vários centímetros de comprimento. São sempre duplicados, em paralelo, para aumentar a confiabilidade do sistema nervoso. Um *nervo* tem milhares de axônios. Cada axônio tem uma capa isolante de proteína (mielina), como se fosse um fio elétrico.

4. Antes de o sinal elétrico entrar no próximo neurônio, deve passar por uma sinapse, que é o processo digital de ligação entre o axônio e o dendrito. A passagem não é elétrica, mas química (por meio da substância serotonina).

5. Se o sinal for superior a uns 50mV (0,05 Volts, o limiar do disparo, ou *threshold*), segue pelo dendrito. Caso contrário, é bloqueado na sinapse e não prossegue: é considerado *irrelevante*, isto é, não chama a nossa atenção. O sistema é, pois, essencialmente não-linear (isto é, não segue a *regra de três* ou da proporcionalidade), funcionando na base do "prossegue" ou "não prossegue". É um circuito biológico digital.

6. Na passagem por um dendrito, a caminho do neurônio, um sinal pode ser *amplificado ou atenuado*, isto é, a cada condutor está associado um peso (*weight*) pelo qual o sinal é multiplicado. A *memória são os pesos*.

7. O neurônio, ao receber os sinais de entrada que vêm dos dendritos, *soma aritmeticamente esses sinais* e envia a soma para os neurônios próximos, pelo seu axônio. Assim o sinal elétrico vai seguindo o seu percurso no cérebro.

8. Cada região do cérebro é especializada em dada função, como processamento de sinais auditivos, sonoros, elaboração de pensamentos, desejos etc. Esse processamento se dá por meio de redes particulares. Cada região do cérebro possui uma arquitetura de rede diferente: varia o número de neurônios, de sinapses, o valor dos limiares, dos pesos etc. (ver a Figura 13.9).

9. O valor dos pesos é estabelecido por meio de *treinamentos* recebidos pelo cérebro durante a sua vida útil. É a memorização. *Mudando-se o valor dos pesos, altera-se a memória.*

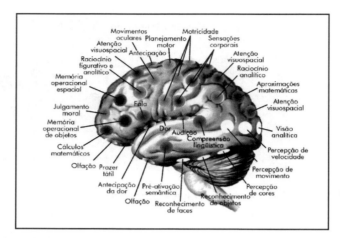

Fonte: LENT, R. Cem bilhões de neurônios. Rio de Janeiro: Atheneu, 2001, p. 23.

FIGURA 13.9 As redes neurais especializadas do cérebro

O cérebro humano possui cerca de 100 bilhões de neurônios, cada um com uns 1.000 dendritos, formando 100 trilhões de sinapses. Ele opera a cerca de 100 hertz (cada neurônio pode disparar um pulso 100 vezes por segundo) — *muito lento* pelos padrões dos computadores, nos quais, por exemplo, uma CPU Pentium da Intel opera a freqüências de gigahertz, ou bilhões de hertz, mas executando *uma instrução de cada vez*.

Os neurônios do cérebro, por outro lado, operam *em paralelo* e o cérebro humano pode acionar cerca de 10 *quatrilhões de interconexões por segundo*. Isso excede *de longe* a capacidade de qualquer máquina hoje conhecida, ou de qualquer máquina já planejada, ou até mesmo de alguma ainda a ser desenvolvida com a tecnologia atual. O cérebro humano pesa 1,5kg (ver Laudon, ed. de 1996, p. 661).

> Para mais detalhes sobre o funcionamento do sistema nervoso humano, veja o excelente livro *Cem bilhões de neurônios: conceitos fundamentais de neurociência*, de Roberto Lent.
>
> Convém mencionar que, diariamente, 50.000 neurônios morrem no cérebro, após a idade de 20 anos. Assim, uma pessoa com 80 anos perdeu 1% do cérebro. No entanto, devido à redundância da rede neural, tais mortes não afetam seu funcionamento.

Modelagem Matemática do Cérebro

Conhecido o funcionamento do cérebro (embora de forma muito simplificada), precisamos agora traduzi-lo em *termos matemáticos*, para que possa depois ser transformado em um programa de computador.

A Figura 13.10 mostra como isso é feito. Exemplificando para o caso de aprovação de crédito bancário, temos o que segue:

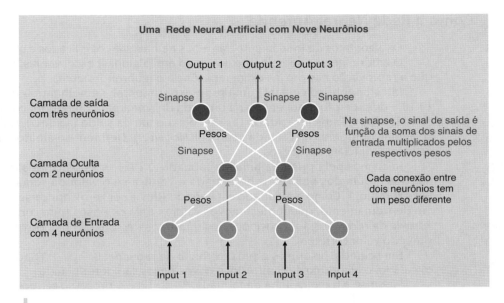

FIGURA 13.10 Uma rede neural artificial com nove neurônios

1. As **unidades de entrada** (input) são números normalizados entre 0,1 e 0,9 e podem representar dados do cliente (renda, profissão, valor dos bens de raiz etc.) e da conjuntura (nível inflacionário, crescimento do PIB real etc.). Quem define os dados de entrada relevantes é o profissional da área, com experiência. No entanto, ele pode se enganar, pois a rede pode descobrir (não se sabe como) que algum dado aparentemente sem importância é fundamental na decisão (e vice-versa). Nas entradas não há sinapses.

2. As **unidades ocultas** (*hidden*) são onde se realizam as associações entre os dados. Seu número é determinado experimentalmente, caso a caso. Não há regra geral. Na Figura 13.10, há dois neurônios ocultos.

3. As **unidades de saída** (output) fornecem os resultados da rede. São números normalizados entre 0,1 e 0,9 e podem representar o limite de crédito a ser concedido, o prazo máximo de pagamento etc. Representam as informações de interesse para o usuário da rede.

4. A cada conexão está associado um peso (um número geralmente entre +1 e –1 que representa a memorização da rede). O valor ótimo dos pesos é determinado pelo algoritmo de treinamento da rede. Esse treinamento pode requerer horas para convergir, onde há necessidade de computadores rápidos, sistemas operacionais eficientes, como o Linux, e programação em linguagens rápidas, como C e Assembly.

5. Nas unidades escondidas e nas de saída, existe uma sinapse da soma ponderada dos sinais de entrada na respectiva unidade.

Como a Rede Neural Aprende

Os algoritmos de treinamento das redes neurais são complicados e artificiosos.

O critério geral é semelhante ao usado em (algumas) escolas brasileiras, em que a reprovação nas provas exige repetência e reaprendizagem.

Inicialmente se constrói uma rede experimental, semelhante à da Figura 13.10. Por exemplo, para ensinar a tabuada da soma para uma rede, começa-se com dois neurônios na entrada (as parcelas) e um na saída (a soma). Colocam-se alguns neurônios na camada oculta (*hidden layer*). Definem-se aleatoriamente os valores iniciais dos pesos.

Iniciamos pela primeira linha da tabuada: 0 + 0 = 0. As parcelas são colocadas nos inputs dos neurônios de entrada e verifica-se o valor da soma, que foi, por exemplo, 7. Como o resultado está errado (devia ser zero), aplica-se o algoritmo de treinamento, que fornece novos valores para os pesos (que constituem a *memória* da rede e estão associados aos dendritos). A soma, então, deve se aproximar do valor correto.

Em seguida, inserimos a próxima linha da tabuada: 0 + 1 = 1. O novo erro é calculado, o algoritmo é reaplicado, e novos pesos são determinados.

Passa-se à terceira linha da tabuada: 0 + 2 = 2, e o processo se repete.

Após milhares (ou milhões) de aplicações do algoritmo de treinamento, os pesos (geralmente) convergem para valores que fazem com que a rede acerte os resultados das somas. Nesse ponto, ela é considerada treinada e pode ser usada.

Tratando-se de previsões, os dados usados no treinamento são *uma parte* dos dados históricos. A outra parte é usada para *testar* se a rede aprendeu satisfatoriamente. Aprovada no teste, ela está pronta para *adivinhar o futuro*.

Se a rede não funcionar após o treinamento, é porque:

1. há poucos neurônios ocultos;

2. há neurônios ocultos demais;

3. o algoritmo não é adequado (encontrou um conjunto de pesos, mas há outro conjunto melhor de pesos);

4. o problema não tem solução (a série histórica é aleatória e não tem uma lógica interna, como os resultados da Loteria Federal);

5. a rede não está sendo atualizada com dados recentes;

6. a rede neural não funciona com esse tipo de problema (fica neurótica, demente ou caótica, quando treinada com esse tipo de série histórica).

Na prática, quando a rede funcionar, o treinamento será contínuo: à medida que o tempo for passando e novos dados reais forem surgindo, esses serão usados para *retreinar* a rede, melhorando seus acertos.

> Mais detalhes sobre a *parte operacional* das Redes Neurais:
>
> As bases teóricas das redes estão no livro didático *Redes neurais, princípios e prática*, de Simon Haykin. (HAYKIN, 2001, traduzido do original da Prentice Hall de 1999, *Neural Networks, a Comprehensive Foundation*).
>
> Quem tiver pendores matemáticos pode encontrar em [4] a construção do algoritmo da *Regra Delta* (*delta rule*), o primeiro usado no treinamento de redes neurais (Rumelhart e McClelland).

Capítulo 13 • Inteligência Artificial

Algoritmos já programados em C estão em *Practical neural networks recipes in C++* (*Receitas práticas em C++ para redes neurais*) e *Advanced algorithms for neural networks: a C++ sourcebook* (*Algoritmos avançados para redes neurais: um livro de programas-fonte em C++*), ambos de Timothy Masters.

Um software open source gratuito (em desenvolvimento) para as redes, o Joone (Java Object Oriented Neural Engine, ou Mecanismo Neural em Java Orientado para Objetos), pode ser encontrado em www.jooneworld.com. Esse software pode ser usado para testar a melhor arquitetura (ou topologia) de uma rede para um caso específico. Depois, ela deve entrar em produção com programas otimizados e rápidos (em C e Assembly, e ambiente Linux ou Unix). Um sofisticado sistema foi desenvolvido na Universidade de Stuttgart, o SNNS, gratuito (www-ra.informatik.uni-tuebingen.de/SNNS).

Uma boa introdução técnica às Redes Neurais (usada pelo Joone) pode ser encontrada no site do Departamento de Defesa dos Estados Unidos: www.dacs.dtic.mil/techs/neural. Uma revista gratuita online sobre pesquisas é o *Journal of Artificial Intelligence Research* (www.jair.org).

As Origens das Redes Neurais Artificiais

A origem das ANNs se encontra em um livro do psicólogo Donald Hebb, intitulado T*he organization of behavior* (A *organização do comportamento*), de 1949, em que ele descreveu pela primeira vez o funcionamento quantitativo da sinapse e do processo de treinamento humano.

A idéia foi depois desenvolvida por Rosemblatt, do MIT (Estados Unidos), e publicada em seu *Perceptrons*. Mas, em 1969, Minsky, em outra obra com título semelhante, mostrou que o futuro desse modelo não era muito promissor, devido às grandes dificuldades da matemática envolvida, bem como aos poucos recursos computacionais disponíveis. Essa afirmação encerrou a Primeira Onda das ANNs (1949-1969).

O assunto ficou praticamente esquecido (a Segunda Onda), até que, em 1986 (início da atual Terceira Onda), um professor de Psicologia da Universidade de Stanford, David E. Rumelhart, e seu colega James L. McClelland, professor de Psicologia da Universidade Carnegie-Mellon, publicaram um famoso livro: P*arallel distributed processing: explorations in the microstructure of cognition*, em que apresentaram um modelo matemático e computacional que, pela primeira vez, propiciou o treinamento supervisionado dos neurônios artificiais. Era o back-propagation algorithm, um algoritmo de otimização global sem restrições. Tornando a rede operacional e prática, deu-se um explosivo desenvolvimento dessa área.

> A tradução do título do livro é *Processamento paralelo distribuído: explorando a microestrutura do conhecimento*. Discorre sobre o tipo de processamento de dados realizado no cérebro. O treinamento supervisionado significa que a todo treinamento segue um teste: se o sistema for reprovado, o treinamento se repete. A back propagation, ou *repropagação*, tem esse nome porque o erro cometido durante o teste é transformado em dado de entrada para correção dos pesos da rede (a sua memória).

Mas logo começaram a surgir alguns problemas. O treinamento da rede era muito complexo e demorado. Novos algoritmos de otimização dos pesos das sinapses, como o Gradiente Conjugado de Polak *Computational methods in optmization* e o Simulated Annealing (*Practical Neural Network Recipes in* C++, de Timonthy Masters), tornaram o treinamento supervisionado mais rápido. Também se utilizam **algoritmos genéticos** na otimização: os pesos das sinapses vão sendo escolhidos de acordo com um processo darwiniano de seleção natural; somente sobrevivem as redes (organismos) que manifestarem um comportamento adequado aos objetivos estabelecidos para a rede. As demais são excluídas ou extintas.

O treinamento das ANNs requer uma *grande massa de dados históricos*, já que a aprendizagem se dá pela repetida (e até enfadonha) apresentação de exemplos passados (*patterns*) à rede, as chamadas *épocas*. E o tempo de treinamento cresce muito com o número de épocas e de camadas ocultas.

Para simplificar, lança-se mão de uma nova técnica, a fuzzy logic (lógica vaga ou difusa) criada nos Estados Unidos mas desenvolvida no Japão (os norte-americanos não levaram a sério essa nova teoria, que desmontava, ao mesmo tempo, os fundamentos da Teoria da Probabilidade e da Lógica Aristotélica). Por meio da fuzzy logic, é possível reduzir o volume dos dados, *fuzzyficando-os* e usando-os assim para treinar a rede. Após o aprendizado, os neurônios começam a ter um comportamento condizente com o treinamento recebido, mas suas respostas são fuzzy. Realiza-se, então, uma *defuzzyficação*, obtendo de volta dados mais detalhados para os usuários da rede.

> Na fuzzy logic, em vez de *certo* ou *errado*, existe uma escala: *certo, quase certo, meio certo, meio errado, quase errado, errado*. Ver *Fuzzy logic: the revolutionary computer technology that is changing our world* de McNeill e Freiberger. *Fuzzy logic for business and industry* de Eare D. Cox.

Um outro problema que surgiu com as ANNs foi o comportamento caótico que, por vezes, elas assumem. Isso não deve ser novidade, pois, tratando-se de um modelo dinâmico e não-linear, o caos é sempre possível.

> A Teoria do Caos surgiu quando ecologistas, na década de 70, tentavam um modelo de previsão de crescimento das populações mais elaborado que o do economista Malthus (no qual a população sempre crescia sem parar). Tentaram um modelo simples, uma equação recursiva de diferenças finitas do tipo $X_{n+1} = R * X_n * (1 - X_n)$, onde R é a velocidade de crescimento, X_{n+1} é a população do ano seguinte, e X_n é a população do ano; e os valores de X estão sempre entre 0 e 1 (são normalizados). No entanto, notaram que esse modelo fazia previsões caóticas quando R era maior que 3. Não havia qualquer explicação para esse fato novo. A Matemática entrou em pane. O futuro ficou imprevisível (ver geração de caos com a planilha Excel em [5]). A conclusão prática foi a constatação de que a capacidade de previsão humana é *bem mais limitada* do que até então se supunha e depende *fortemente* do ponto de partida (do valor de X_0). Veja o clássico *Caos: a criação de uma nova ciência*, de James Gleick. Como se diz nos meios científicos, "a batida das asas de uma borboleta na Amazônia pode alterar o clima no Texas" (isso não é piada, é um fato científico).

Mas, a despeito de tudo isso, o uso das ANNs tem crescido de forma explosiva nos países desenvolvidos, abrindo às empresas uma tecnologia revolucionária

Capítulo 13 • Inteligência Artificial **179**

na tomada de decisão. Não é difícil prever que as empresas que não estiverem fazendo uso dessa técnica poderão perder competitividade no mercado.

Aplicações Práticas

A cada dia, novas aplicações bem-sucedidas são descobertas. Eis algumas:

1. administração de projetos de investimentos;

2. análise do risco de investimentos em moeda estrangeira;

3. análise de cartas do presidente aos acionistas;

4. avaliação do risco de ações da Bolsa e de debêntures;

5. concessão de crédito bancário;

6. construção de índices financeiros para análise do desempenho das empresas;

7. diagnóstico do sistema de controle de automóveis;

8. diagnóstico médico em Cardiologia (veja a notícia *Rede neural bate médicos no diagnóstico*) [6];

9. diagnóstico médico em Dermatologia;

10. identificação de alvos militares detectados pelo sonar submarino;

11. previsão da cotação do marco alemão no mercado de câmbio do dólar;

12. previsão do comportamento dos preços de *commodities*;

13. previsão de crises econômicas;

14. previsão da cotação das ações na Bolsa;

15. previsão de falência de associações de poupança e empréstimo;

16. previsão de falência de Bancos;

17. planejamento universitário [7].

Vantagens e Desvantagens das Redes Neurais

Vantagens

1. **Qualidade superior.** As redes permitem resultados superiores aos conseguidos com técnicas estatísticas.

2. **Competitividade.** Empresas que tenham conseguido redes bem elaboradas possuem maior poder de fogo frente aos seus concorrentes, dado que essa é uma tecnologia ainda nova e pouco conhecida.

3. Auto-aprendizado. Não necessitam de conhecimentos de especialistas para tomar decisões; elas se baseiam unicamente nas séries históricas fornecidas: não é necessário informar ou justificar por que os dados apresentaram este ou aquele comportamento.

4. Implementação mais rápida. O tempo necessário para se implementar uma rede é menor que o utilizado na construção de um sistema especialista equivalente, além de envolver menor custo.

5. Imunidade a falhas. Como as unidades da rede operam em paralelo, a destruição ou defeito em um de seus neurônios não torna a rede inoperante, podendo até mesmo não causar grandes problemas em seu funcionamento (como ocorre com o cérebro humano, onde morrem 1.000 neurônios por dia).

6. Capacidade de generalização. Mesmo com dados incompletos ou imprecisos, as redes podem preencher as lacunas sem sofrer degradação.

7. Imunidade a ruídos. Os dados reais sempre contêm ruído (variações aleatórias adicionadas aos valores originais); as redes conseguem separar o ruído da informação relevante, tendo sido utilizadas como filtros de dados.

8. Adaptabilidade. Uma vez construída uma rede eficiente, ela pode ser utilizada em aplicações em tempo real, sem necessidade de ter sua arquitetura alterada a cada atualização; basta que seja retreinada com base nos novos dados históricos que forem surgindo.

Desvantagens

1. Resultados desconcertantes. As redes podem chegar a conclusões que contrariem as regras e teorias estabelecidas, bem como considerar como básicos dados aparentemente irrelevantes; somente o bom senso do profissional experiente saberá tratar tais casos.

2. Treinamento demorado. O treinamento de uma rede, dependendo da aplicação, pode ser demorado (horas ou mesmo dias).

3. Hardware de alta tecnologia. O hardware necessário para o treinamento deve ser de processamento rápido: um PC pode ser suficiente, mas um supercomputador é sempre uma possibilidade. Pode ser necessário usar placas especiais de processamento paralelo. Como regra, quanto menor o período entre duas previsões, mais avançado deverá ser o hardware. Quanto ao software, a plataforma mais adequada é Linux ou Unix. A programação deve ser feita nas linguagens C e Assembly, as mais rápidas.

4. Caixa-preta. É impossível saber por que a rede chegou a dada conclusão; seus critérios decisórios são ocultos, não se sabendo que pesos são relevantes para a

Capítulo 13 • Inteligência Artificial **181**

tomada de uma decisão; os milhares de pesos (memórias) não aceitam interpretação: sabe-se apenas que funcionam.

5. Volume grande de dados. Para uma rede poder aprender corretamente, necessita de milhares de dados históricos; a carência de dados passados relevantes em quantidade suficiente torna a rede inaplicável.

6. Preparação de dados. Os dados de entrada necessitam de tratamento prévio: devem ser normalizados, em alguns casos *fuzzificados* (usando-se fuzzy logic) e devem ser cuidadosamente selecionados para que a rede seja corretamente ensinada a agir: dados de má qualidade (como a omissão de algum parâmetro importante no treinamento) produzem resultados falhos.

7. Trabalho artesanal. Não há regras gerais para determinar o volume de dados de entrada para treinamento, quantos neurônios ocultos devem ser utilizados, quantas camadas ocultas são necessárias, a melhor estratégia de treinamento, que porcentagem de dados deve ser destinada ao treinamento e ao teste da rede. Esses parâmetros só podem ser estabelecidos através de bom senso, experiência e tentativa e erro. Ou seja, raciocínio heurístico.

> As redes neurais *não devem* ser usadas onde inexista uma *lógica interna* regulando o processo. Assim, tentar usá-las em fenômenos aleatórios e estocásticos, como loterias e jogos de azar, é perda de tempo.

Bibliografia, Software, Links

Links sobre redes neurais em [8]. Bibliografia em [9]. Para entrar com contato com profissionais de redes neurais, procure a Sociedade Brasileira de Redes Neurais (www.sbrn.org.br).

Uma pergunta freqüente sobre Inteligência Artificial é: "Poderão as máquinas substituir as pessoas?" O livro A *new kind of science*, de Stephen Wolfram, criador do famoso software Mathematica (www.wolfram.com), diz que é possível, por meio dos *autômatos celulares*, que mudarão completamente a face da ciência, que nos últimos 300 anos têm feito as coisas pelo caminho errado. Já o livro T*he emperor's new mind: concerning computers, minds, and the laws of Physics* do também famoso físico e matemático Roger Penrose, pretende refutar, de uma vez por todas, a possibilidade de substituir pessoas por máquinas e computadores.

O fato é que os computadores já estão substituindo o cérebro em várias aplicações, como exposto acima. Resta apenas saber se existe algum limite para essa substituição.

CAPÍTULO 14

O FUTURO DOS SISTEMAS DE INFORMAÇÃO

Já ancorado na Antártida, ouvi ruídos que pareciam fritura.
Pensei: será que até aqui existem chineses fritando pastéis?
Eram cristais de água doce congelada que faziam aquele som
quando entravam em contato com a água salgada.
O efeito visual era belíssimo.
Pensei em fotografar, mas falei para mim mesmo:
"Calma, você terá muito tempo para isso".
Nos 367 dias que se seguiram, o fenômeno não se repetiu.
Algumas oportunidades são únicas.

Amyr Klink, navegador

Observei ainda e vi que, debaixo do sol,
não é dos ligeiros a carreira,
nem dos fortes a peleja,
nem tampouco dos sábios o pão,
nem ainda dos prudentes a riqueza,
nem dos entendidos o favor;
mas que a ocasião e a sorte ocorrem a todos.

Eclesiastes, 9: 11

Especular sobre o futuro é uma necessidade para todos os responsáveis pelo comando de uma organização, pois precisam estabelecer um objetivo a ser alcançado no longo prazo. Caso contrário, estarão navegando em uma nau sem bússola.

O executivo que consegue acertar suas previsões, percebendo para onde o mercado se dirige, como Bill Gates, da Microsoft, pode até se tornar o homem mais rico do mundo [1]. E o que errar será substituído. Essa tem sido a regra geral.

Mas, como ninguém tem *bola de cristal*, essas previsões são sempre sujeitas a inúmeros erros. Por exemplo, ninguém jamais anteviu, nem mesmo a onisciente CIA, o fim do comunismo na União Soviética, que se desmontou junto com o Muro de Berlim, em 1989. Também parecia inimaginável alguém bombardear o poderoso Pentágono, como ocorreu em 2001. Previsões como o fim do mundo em fins de 2000 também foram muito discutidas nas igrejas ("Até 2000 chegarás, mas de 2000 não passarás").

A bem da verdade, deve ser mencionado que o fim do comunismo e o ataque ao Pentágono foram corretamente previstos por Dolores Cannon, em seu *best-seller* de 1986 com o título *Conversando com Nostradamus* [2].

Os economistas que, por dever de ofício, são constantemente solicitados a realizar previsões, são também os mais alvejados, por não possuírem a bola de cristal. Eis duas de suas previsões:

1. as contradições do capitalismo levam inexoravelmente à substituição desse sistema pelo socialismo;
2. o Japão vai suplantar os Estados Unidos na briga pela supremacia econômica ainda no século XX.

Assim, não fugindo à regra [3], os itens que seguem podem se revelar falsos no futuro. Ou verdadeiros.

O Choque do Futuro

Nos anos 60, um sociólogo chamado Alvin Toffler elaborou um estudo sobre o que se poderia esperar do futuro. Ele admitiu possibilidades como o crescimento explosivo dos computadores, o aparecimento do PC, agentes eletrônicos, realidade virtual, redes eletrônicas globais, gravador de DVD, TV a cabo e outras idéias absurdas. Mas, quando essas coisas começaram a acontecer, seu livro, *O choque do futuro*, virou *best-seller*. O *choque* se refere ao fato de que *as pessoas não conseguem acompanhar o rápido desenvolvimento tecnológico*, com todas as suas conseqüências:

1. sensação de estar perdido no meio das máquinas, ou de estar sendo "devorado" por elas (como no filme *Tempos modernos*, de Charles Chaplin, que se referia à Revolução Industrial);
2. frustração de não saber operar direito os equipamentos, cometendo erros;

3. incapacidade de acompanhar os cursos de reciclagem e treinamento, sentindo-se *meio burro*;
4. desemprego tecnológico, como conseqüência dessas desadaptações.

Mais tarde, nos anos 80, Toffler escreveu outro *best-seller*, A *Terceira Onda*, em que mostrou ter havido três grandes revoluções na História da humanidade. A primeira foi a da Agricultura, há cerca de 10.000 anos, o que permitiu trazer o alimento até as pessoas, em vez de elas irem atrás da comida (quando eram nômades). Isso também viabilizou a criação de cidades.

A *Segunda Onda* foi a substituição dos músculos das pessoas pelas máquinas, durante a Revolução Industrial. A partir daí, as pessoas musculosas e fortes — o padrão grego da beleza masculina — não faziam mais falta à produção industrial: o cérebro era mais importante.

Por fim, a *Terceira Onda*, com a substituição do cérebro pelas máquinas (ainda não consolidada, felizmente...), na Era da Informação, também chamada de Pós-Industrial.

Essa Nova Era, reforçada pela Internet globalizada, chegou para ficar.

Você precisa abrir seu e-mail com mais freqüência.
Já despedi você há duas semanas

Uma reportagem da *Carta Capital* mostra que o choque do futuro também atinge os executivos [4].

Computadores e Internet Geram Desemprego?

Questão muito antiga, é sempre levantada quando ocorrem revoluções tecnológicas. Foi discutida durante a Revolução Industrial (século XIX); depois, com a invenção do *cérebro eletrônico* (computador) na Segunda Guerra; em seguida, com a disseminação do computador pessoal nas empresas (1982); e, agora, com a Internet. Também esteve em voga com a invenção da lâmpada elétrica, do motor elétrico e do automóvel.

A primeira impressão é de que, de fato, a tecnologia causa desemprego: um computador desemprega todo o pessoal responsável pelos cálculos da folha de pagamento. Por isso, a prefeita de uma cidade mandou desligar os computadores de uma empresa municipal. No entanto, o mesmo computador gera inúmeros empregos novos: engenheiros eletrônicos digitais, analistas e programadores, gerentes de informática, programadores de linhas de montagem etc.

Necessidade de especialistas em computação está deixando os recrutadores loucos

Pelo menos 350.000 empregos para programadores, analistas de sistemas, cientistas da computação e engenheiros ainda não foram preenchidos nos Estados Unidos, de acordo com um levantamento de 1998 realizado pela Virginia Tech e pela Information Technology Association of America (Associação Estadunidense de Tecnologia da Informação). Em conseqüência, um recrutador relativamente inexperiente, porém agressivo, pode ganhar de US$ 100.000 a US$ 200.000 por ano para ajudar as companhias a preencherem as colocações disponíveis na área de Tecnologia da Informação. Entretanto, os engenheiros, freqüentemente, estão numa posição tal que são capazes de determinar os termos de sua contratação. "Trata-se de um mercado em que os agentes possuem plenos poderes e o pessoal lá fora sabe disso", observou Mark Edwards, presidente da empresa de consultoria em compensações iQuantic. Edwards ainda ressaltou: "Eu nunca vi as companhias tão flexíveis na maneira como elas conquistam e mantêm seu pessoal". Não é nada incomum para um engenheiro disponibilizar seu currículo na Internet e ser contatado por diversos recrutadores em poucos dias. A guerra de propostas pelos serviços de um engenheiro provavelmente poderá incluir salários próximos dos seis dígitos, opções por ações que potencialmente vão valer milhões de dólares, períodos de férias mais longos, exigências de vestuário cada vez mais informais e opção de trabalhar em casa.

New York Times, New York, 18 Nov. 1999.

É difícil, senão impossível, *isolar* a influência da tecnologia na geração de emprego. Do ponto de vista macroeconômico, muitas outras variáveis se *misturam* na equação do desemprego, como por exemplo:

1. recessão, quando as vendas começam subitamente a cair (queda no PIB);

2. crescimento populacional, quando a população cresce a 3% ao ano, enquanto as vendas (PIB) crescem a 1% ao ano;

3. mudança de hábitos de consumo, quando as pessoas deixam de fumar, desempregando os funcionários da indústria de fumo e reduzindo os impostos coletados (a maior parte do IPI provinha do fumo);

4. aumento de produtividade, quando Henry Ford inventa a linha de produção, precisando de menos operários para montar automóveis;

5. guerras, destruindo a economia, como na Europa em 1943;

6. mudanças naturais, como o desaparecimento dos peixes nas costas peruanas nos anos 70, acabando com a indústria do pescado;

7. população predominantemente jovem, não conseguindo ser absorvida pelo mercado de trabalho, como ocorre nos países subdesenvolvidos;

8. erros educacionais, como no Brasil, com seu excesso de advogados e falta de técnicos especializados para as indústrias;

9. excessiva e cara burocracia governamental, resultado de legislação obsoleta, desestimulando as empresas a contratarem funcionários *com carteira assinada* (as estatísticas geralmente só consideram os com *carteira assinada*; os que têm emprego informal são considerados *desempregados*);

10. desincentivo para os empresários abrirem novas empresas, devido a:
    - instabilidade política e social, como invasão de propriedades rurais;
    - impostos escorchantes (o pequeno empresário, que paga todos os impostos, quebra);
    - corrupção na fiscalização do governo e na polícia;
    - *venda de sentenças* por parte de juízes e escritórios de advocacia;
    - Justiça morosa e, portanto, inútil (levando muitas vezes a se resolver os conflitos *de outras maneiras*): em fins de 2003, na segunda instância em São Paulo, capital, havia mais de *meio milhão* de processos aguardando julgamento;
    - seqüestros e assaltos generalizados ("O Brasil é o campeão mundial de homicídios, diz a Organização Mundial da Saúde", A*gência Estado*, São Paulo, 08 dez. 2003).

11. movimento migratório do campo (camponeses) e das indústrias (*colarinho azul*) para o setor de serviços, subsetor *colarinho branco*, em que a ênfase é no processamento das informações, como mostra a Figura 14.1

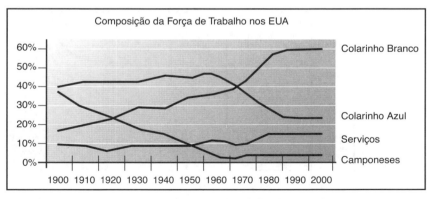

Fonte: LAUDON, K. C.; LAUDON, J. P. *Management information systems*: managing the digital firm. 8. ed. Upper Saddle River: Prentice Hall, 2003 e U.S. Bureau of Census.

FIGURA 14.1 Composição da força de trabalho nos Estados Unidos (note que, na década de 70, surgiram o mainframe e robôs e, na de 80, o microcomputador):

Veja o artigo *Computador e desemprego* em [5].

Há quem defenda a tese de que são os computadores que causam desemprego, como Jeremy Rifkin, em seu livro O *fim dos empregos: o declínio inevitável dos níveis dos empregos e a redução da força global de trabalho* [6].

> Segundo Rifkin, o desemprego em âmbito mundial alcança, atualmente, seu nível mais alto desde a grande depressão da década de 1930. O número de pessoas subempregadas ou sem trabalho está aumentando rapidamente, à medida que milhões de ingressantes na força de trabalho se descobrem vítimas de uma extraordinária revolução da alta tecnologia. Computadores sofisticados, robótica, telecomunicações e outras tecnologias de ponta estão, rapidamente, substituindo seres humanos em, virtualmente, cada setor e indústria – manufatura, varejo, serviços financeiros, transporte, agricultura e governo.
>
> Muitas funções jamais voltarão. Operários, secretárias, recepcionistas, auxiliares de escritório, vendedores, caixas de banco, telefonistas, bibliotecários, atacadistas e gerentes médios são apenas algumas das funções destinadas à virtual extinção. Embora algumas novas funções estejam sendo criadas, são, na maioria, empregos de baixa remuneração e, em geral, temporários. O mundo está rapidamente polarizando-se em duas forças potencialmente irreconciliáveis: de um lado, a elite da informação, que controla e administra a economia global de alta tecnologia e, de outro, o número crescente de trabalhadores deslocados, com poucas perspectivas e pequenas esperanças de encontrar bons empregos em um mundo cada vez mais automatizado.

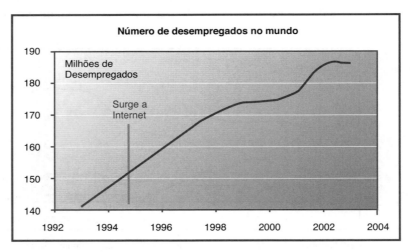

Fonte: Organização Mundial do Trabalho (OIT). *O Estado de S.Paulo*, p. B4, 01 mar. 2004.

FIGURA 14.2 Número de desempregados no mundo

Capítulo 14 • O Futuro dos Sistemas de Informação

Se isso for de fato verdade, mecanismos compensatórios deverão ser implementados, como o seguro-desemprego para todos, ou a situação social se tornará explosiva e fora de controle. Como diziam os imperadores romanos (como Tibério), "para se manter o controle da população, bastam duas coisas: pão e circo" (*panem et circenses*). O circo já existe (TV e futebol), mas o pão pode faltar, e o rei Luís XVI da França pagou caro por isso, de nada tendo adiantado sua esposa, a rainha Maria Antonieta, ter dito: "Não tem pão? Que comam brioches!"

De qualquer forma, é necessária uma pesquisa aprofundada, séria e isenta, para passar a limpo essa questão.

> Veja no site da American Federation of Labor and Congress of Industrial Organizations (AFL-CIO), um sindicato de trabalhadores, quanto ganham os executivos (www.aflcio.org/corporateamerica/paywatch/ceou/database.cfm). Um quadro comparativo dos salários no mundo (*Wall Street Journal* e *O Estado de S.Paulo*, jan. 2000) está em [7].

Profissões Novas e Obsoletas

Embora a Internet deva afetar profissões como vendedores, corretores, bibliotecárias, secretárias, agentes de viagem, bancários, cartorários, telefonistas, leiloeiros etc., mais de 20 novas profissões deverão surgir com a Internet.

O que vai ocorrer é que, entre a extinção de uma profissão e a criação de outra nova, as pessoas ficarão meio perdidas no mercado de trabalho, pois sua especialidade não mais será procurada, enquanto para outras, em que há muita oferta de empregos, não se encontrarão profissionais habilitados. Isso é o que se chama *desemprego tecnológico*.

Uma parte dos desempregados, geralmente os mais jovens, procurará se reciclar, indo às escolas em busca de uma nova profissão, ou para atualizar seus conhecimentos. Outra, mais idosa e já sem disposição para assistir às aulas, acabará por fazer parte das estatísticas de desemprego.

O que é importante notar nesse processo de transição é que a escolha da profissão pelos jovens deve ser feita com base no que ocorrerá nos próximos 20 ou 30 anos, e não na situação de hoje (que, infelizmente, é o critério mais usado). *Quem se decidir por uma carreira com base no que existe hoje correrá o risco de ter de ser reciclado no futuro, se quiser manter o emprego.*

Por outro lado, as escolas precisam também se reciclar. Os sindicalistas acusam as escolas tradicionais de estar formando jovens para o desemprego, já que qualificam estudantes para profissões em extinção. Entre exemplos de cursos obsoletos podem ser citados:

1. desenho Industrial baseado em régua, compasso e tinta nanquim (em lugar de CAD);

2. cursos de Contabilidade baseados em lápis, papel e calculadora;

3. organização e Métodos em escolas de administração (função há muito tempo extinta no Primeiro Mundo);

4. cursos de Direito que ignoram a complexa realidade jurídica do mundo virtual;

5. cursos de Medicina que ignoram o diagnóstico feito pela inteligência artificial.

As novas profissões do século XXI:

1. administrador de sistemas de acesso à Internet;

2. administrador de sites da Internet (home banking, e-commerce);

3. administrador especializado em home banking e em transferência de fundos;

4. administrador especializado em marketing virtual;

5. advogado, promotor e juiz especializados em Internet;

6. analista e programador especializados em redes Internet;

7. analista e programador especializados em realidade virtual (VRML — Virtual Reality Modelling Language);

8. analista e programador especializados em linguagens HTML, DHTML e XML;

9. analista e programador especializados em bancos de dados para a Internet;

10. economista e financista especializados em empresas virtuais;

11. engenheiro de segurança da Internet;

12. engenheiro de telecomunicações via Internet;

13. engenheiro e técnico de redes intranet e extranet;

14. engenheiro projetista de hardware para a Internet;

15. engenheiro projetista de sites da Internet;

16. engenheiro projetista de software para a Internet;

17. filósofo, sociólogo, psicólogo e pedagogo especializados em realidade virtual;

18. matemático e estatístico especializados em sistemas dinâmicos complexos não-lineares;

19. médico, dentista e veterinário especializados em consultas e cirurgias pela Internet;

20. professor especializado em ensino virtual;

21. web designer (artista para elaborar páginas multimídia da Internet);

22. webmaster (responsável por sites da Internet);

23. white hacker (especialista em segurança e auditoria de redes).

O Grande Irmão

O Grande Irmão está observando você (do filme 1984)

Em 1948, um escritor inglês, George Orwell (1903-1950), produziu um livro chamado 1984, mostrando uma sociedade em que a elite tecnológica ultra-eficiente ("O Grande Irmão") controlava tudo, espionando a vida íntima da população e transformando os dissidentes em *não-existentes* (eliminados do banco de dados do governo). A elite usava um raciocínio *sui generis*, chamado *duplipensar*, em que *Guerra* significava *Paz*, *Liberdade* era *Escravidão* e *Ignorância* era *Força*.

> Os imperadores romanos consumavam dizer: "*Se vis pacem, para bellum*", isto é, "Se queres a paz, prepara-te para a guerra".

Outra previsão, também sombria, consta no *best-seller Admirável mundo novo*, de Aldous Huxley, de 1931. O resumo do livro está em <www.feranet21.com.br/livros/ordem_alfabetica/a.htm>, e o texto integral em <www.alfredo-braga.pro.br/biblioteca/biblioteca.html>.

Há fortes indícios no mundo de hoje. Os governos estão criando um número único para cada cidadão, permitindo juntar todos seus registros — financeiros, policiais, civis etc. — em um único banco de dados federal. É o fim da privacidade individual. As escutas telefônicas, as invasões dos computadores por programas de agências de publicidade e do governo, o controle da conta bancária pela Receita Federal (por meio da Contribuição Provisória sobre Movimentação ou Transmissão de Valores e de Créditos e Direitos de Natureza Financeira — CPMF), abolindo o antigo *sigilo bancário*, e os *satélites espiões* rastreando a Terra o tempo todo são exemplos de um *Grande Irmão* ainda em sua infância. O *voto eletrônico*, aprovado pelo Congresso em fins de 2003, que, segundo o site Voto Seguro (www.votoseguro.org), permite identificar em quem o eleitor votou, além de impossibilitar a recontagem dos votos, no caso de dúvidas, é a criação da *democracia cibernética*.

Os *crachás espiões* também estão em uso pelo Grande Irmão [8].

Exemplos de *duplipensar* podem ser encontrados no dia-a-dia:

1. *preço sem juros*, quando os juros já estão embutidos no preço;
2. *carro seminovo*, para *carro usado*;
3. *celular de presente*, para *telefone celular com 10% de desconto*;
4. *avanço de 50 anos em 5*, em um programa de governo;
5. *engenharia social*, significando *passar a "cantada" em um incauto*;
6. *"Você é o nosso cliente especial"*, em um anúncio de um Banco na TV.

Urnas falsas encontradas em Brasília.
Charge do Bello sobre as urnas eletrônicas no Brasil.

Fonte: www.votoseguro.org.

O risco do Grande Irmão é real. E a razão é simples. Imaginemos um pequeno empresário que cria, na garagem de sua casa, como Steve Jobs fez com seu microcomputador Apple, uma indústria nascente. No início, Jobs controla tudo: a produção, as finanças, o marketing e a administração em geral. Seus funcionários são conhecidos e seus amigos. A burocracia é mínima.

Mas seu negócio é um sucesso e ele começa a crescer. Já não consegue controlar tudo. Novos funcionários são contratados e a firma vai se expandindo. Os métodos informais já não funcionam. A empresa começa a ficar complexa demais, e entram então em campo a automação, os computadores, os robôs, os grandes Sistemas de Informação e os bancos de dados, coletando informações sobre tudo e todos. O Grande Irmão se instala, como forma de o executivo manter o controle sobre a organização.

Na escala social, o fenômeno é semelhante. A população cresce demasiadamente, e os governos já não conseguem controlar as massas como antigamente. Começam, então, a criar os bancos de dados federais e a espionar cada vez mais a população. A TV, principalmente, encarrega-se do controle das mentes, conduzindo os pensamentos de acordo com os interesses das grandes empresas, com as técnicas do duplipensar. Não é sem razão que Al Ries e Jack Trout já diziam, em seu *best-seller Marketing de guerra*, que "marketing é uma guerra mental: são as idéias que estão na cabeça das pessoas que definirão se um produto terá sucesso ou não".

> Jerry Mander, ex-presidente de uma das maiores agências de publicidade dos Estados Unidos (Freeman, Mander & Gossage, de São Francisco) e considerado o "Ralph Nader da propaganda", chegou mesmo a propor a *abolição da televisão* – chamada por ele de *a máquina da unificação do pensamento* – pelos seus efeitos danosos à população, em seu livro *Four arguments for the elimination of television*. Naturalmente, ele se refere à TV comercial, cujo objetivo básico não é distrair ou informar, mas manter a audiência (medida pelo Ibope) para condicionar comportamentos políticos e de consumo [9].

Capítulo 14 • O Futuro dos Sistemas de Informação **193**

Traduzido para o português pela Editora Antígona (Lisboa) em 1999 (ISBN 972-608-109-2).

A perda do controle da segurança nos Estados Unidos, como ficou visível em 11 de setembro de 2001, quando três símbolos nacionais foram bombardeados, fez engrandecer o Big Brother norte-americano, que passou a invadir sumariamente a privacidade de qualquer cidadão, principalmente estrangeiros [10].

O Grande Irmão é o resultado do agigantamento das instituições.

Esperamos que o futuro não nos reserve esse ambiente. Mas já existem algumas pistas indicando essa direção, como Alvin Toffler mostrou em entrevista à revista *Veja* [11]. Exemplos concretos são o sistema Carnivore, do FBI, especializado em rastrear qualquer tipo de comunicação eletrônica [12], e o Echelon, um banco de dados ultra-secreto da Agência Nacional de Segurança dos Estados Unidos [13], que oficialmente não existe.

QUADRO **14.1** *Atendimento ao consumidor (customer relationship management – CRM) no século XXI*

Atendente: Obrigado por ligar para a Pizza Hut!

Consumidor: Alô, posso fazer o pedido?

Atendente: Sim! Mas primeiro preciso do número do seu cartão-unificado.

Consumidor: Oh... é... 6.102.049.998.

Atendente: *O.k.*, Sr. Marcos, o senhor está chamando da rua Augusta, número 9.651, telefone 3344.1249. Seu celular é 6893.0943. O Sr. deseja que a pizza seja entregue nesse endereço?

Consumidor: Sim... mas como você tem esses dados?

Atendente: Estamos conectados ao sistema, Sr.

Consumidor: Queria uma pizza de frutos do mar.

Atendente: Essa não é uma boa idéia, Sr.

Consumidor: Como assim?

Atendente: De acordo com seus registros médicos, o Sr. tem pressão e colesterol altos.

Consumidor: Como é?... E o que você recomenda, então?

Atendente: Experimente nossa pizza de iogurte de soja. O Sr. vai gostar.

Consumidor: Como você tem certeza disso?

Atendente: Porque o Sr. comprou o livro *Pratos com iogurte de soja*, na Livraria Santana, no dia 20 último.

Consumidor: *O.k....* desisto... então me manda três pizzas. Quanto é?

Atendente: Sim, isso será suficiente para a sua família de cinco pessoas. O total é R$ 50.

Consumidor: Posso pagar com cartão?

Atendente: Acho que o Sr. deve pagar em dinheiro. Seu cartão ultrapassou o limite e o Sr. deve R$ 3.467,34 para o banco desde outubro último. Sem incluir o pagamento da prestação de sua casa própria, também em atraso.

Consumidor: Hum, então vou sacar o dinheiro no caixa eletrônico, antes do motoqueiro chegar.

(continua)

(continuação)

> Atendente: Isso não será possível, pois o Sr. já atingiu o limite diário de saques.
>
> Consumidor: Bem, não importa. Vou conseguir o dinheiro. Me envia as pizzas. Quanto tempo vai levar?
>
> Atendente: Cerca de 50 minutos, pois hoje é sábado. Mas se o Sr. não puder esperar, pode vir aqui buscá-la com sua moto.
>
> Consumidor: Como é que é?...
>
> Atendente: De acordo com o sistema, o Sr. tem uma Harley, registro número 9352345.
>
> Consumidor: @#%/$@&?#
>
> Atendente: Cuidado com seu linguajar! Lembre-se do dia 15 de julho último, quando o Sr. foi detido por usar essa linguagem com um policial.
>
> Consumidor: (Mudo.)
>
> Atendente: Mais alguma coisa, Sr.?
>
> Consumidor: Não... você vai enviar também os três litros de Pepsi de brinde, como anunciado?
>
> Atendente: Normalmente, sim, mas, como o Sr. é diabético, não poderemos enviar. Sinto muito.
>
> *Desligam o telefone.*
>
> *Distribuído pela Internet nos Estados Unidos e Canadá, em dezembro de 2003. (Adaptado.)*

Por outro lado, o professor Roberto Vacca, da Universidade de Roma, Itália, tem uma visão oposta sobre o futuro das megassociedades. Ele acha que tais conglomerados são instáveis e possuem uma massa crítica — como uma bola de Urânio-235 — a partir da qual as sociedades se desintegram ou explodem, voltando então a haver apenas pequenas cidades autônomas e autogovernáveis, como as antigas sociedades feudais (VACCA, 1975). As favelas do Rio de Janeiro, onde a polícia não entra, as montanhas da Colômbia e do Afeganistão, os ciganos da Romênia e da Bulgária e os guetos são exemplos de *sociedades independentes*.

Capítulo 14 • O Futuro dos Sistemas de Informação 195

François Mitterrand, ex-presidente da França, também tinha apreensões sobre o futuro:

> As ciências e a tecnologia vão se desenvolver, semeando a discórdia, obrigando os homens a conceber uma sociedade de produção diferente. A ausência de fé provocará a multiplicação das seitas. Espero que não haja um grande transbordamento político, como aconteceu na Alemanha em 1933.
>
> *Folha de S.Paulo*, São Paulo, 08 maio 1995.

A Informática Banalizada

Com a disseminação dos computadores na sociedade, alguns estão achando que a informática vai se transformar em um mais um serviço apenas, como luz, água ou telefone, deixando de ser um diferencial competitivo para as empresas.

Essa idéia (lançada no e-business on demand, da IBM) foi apresentada em um polêmico artigo da famosa revista *Harvard Business Review* sob o título IT *doesn't matter* (A *Tecnologia da Informação não faz diferença*) por Nicholas Carr, que declarou: "A tecnologia da informação é basicamente uma modalidade de transporte de dados, como os fios elétricos são uma forma de transportar energia elétrica" [14].

É possível que, tornando-se um serviço básico, como a água ou o telefone, a informática deixe de ser um diferencial para a empresa, da mesma forma que nenhuma empresa pode hoje dizer que é mais avançada que as outras por possuir telefones.

No entanto, dado que a administração de dados é muito mais complexa do que uma rede de distribuição de água, talvez ainda demore um bom tempo até que os sistemas de informação se tornem bastante padronizados, permitindo essa banalização.

Integração das Mídias

Capitaneada por Bill Gates, a tendência será a integração, em um único equipamento, dos vários dispositivos de transmissão de voz, dados, imagem e som (como a TV), do computador, equipamento de som, câmeras fotográficas, telefone fixo ou celular e rádio AM e FM.

Microsoft e Sony formam a aliança PC-TV

A Microsoft e a Sony concordaram em incorporar as tecnologias das duas empresas, em um esforço para atingir a convergência das tecnologias do PC e da TV. A Sony concordou em licenciar o Windows CE para "alguns produtos futuros", e a Microsoft vai licenciar o Módulo de Interligação Doméstica da Sony, para uso com "algumas versões do Windows CE". Os futuros produtos híbridos devem se basear no padrão IEEE-1394. "Nós esperamos criar a verdadeira fusão dos mundos do PC e da TV e, quando isso acontecer, todos sairão vencedores", disse o presidente da Sony America.

InfoWorld Electric, [San Francisco], 07 Apr. 1998.

Esse movimento já está sendo notado nos telefones celulares e palmtops (computadores do tamanho da palma da mão), que já podem enviar e receber e-mail, receber e emitir voz, acessar a Internet, tirar fotos, sintonizar rádio etc.

Comunicação Sem Fio

Junto com a integração das mídias, vem o mundo da comunicação sem fio (wireless), onde os equipamentos interagem por meio de ondas de rádio ou infravermelhas. A alimentação energética se dá por minúsculas baterias solares, sem fios para ligar nas tomadas.

Projeto Teledesic. Os cubos são satélites de comunicação.

Um megaprojeto de bilhões de dólares, chamado Teledesic, foi criado em 1994 por Bill Gates (Microsoft) e Craig McCaw (Nextel), contando também com investidores como Motorola, Boeing, Hugues e príncipes da Arábia Saudita. Consiste no lançamento de 288 satélites de baixa altitude em volta da Terra. É a criação de um gigantesco backbone no espaço. Os computadores se comunicam diretamente com os satélites por meio de antenas parabólicas, sem necessidade de linhas telefônicas, provedores de Internet ou backbones terrestres (como nos celulares via satélite ou no Direct PC, irmão da Direct TV).

O projeto foi interrompido em outubro de 2002, devido ao custo alto. Mas não significa que sua idéia seja inviável: apenas não está madura. O envio de pessoas à Lua também foi descontinuado pelos norte-americanos nos anos 50. Mas as cidades sem fio continuam crescendo [15].

Divisão Digital

Divisão digital foi o nome dado para o fato de haver pessoas que não têm acesso nem à Internet nem aos computadores, como os analfabetos e as tribos africanas. Nos Estados Unidos, mais de 50% das residências já usam a Internet.

Essa divisão, embora diminuindo com o passar do tempo (pois existe o progresso), sempre haverá. Pela mesma razão que hoje existe a *divisão automobilística* (nem todos possuem carro), a *divisão alfabética* (nem todos sabem ler) etc.

Capítulo 14 • O Futuro dos Sistemas de Informação

As estatísticas de participação da sociedade na Internet, já mostradas no Capítulo 7, são muito claras: *a divisão digital é fruto do atraso econômico*. Quanto mais adiantado um país, menor a divisão digital: no Brasil, 8% da população tem acesso à Internet, enquanto na Suécia esse número chega a 70%. Na Etiópia, é zero.

No entanto, a Inglaterra viu uma maneira de reduzir esse problema, oferecendo um PC de US$ 1.400 de graça para cada lar inglês. E com direito à substituição por um mais moderno a cada três anos. Está prevista a distribuição inicial de 200.000 PCs. Mas o beneficiado deverá usá-lo durante pelo menos 30 horas por mês, e a cada 20 minutos de uso verá 1 minuto de propaganda comercial. Parecido com a TV normal, cuja programação também é gratuita. Como sempre, "Não existe almoço de graça" ("The ´free´ PC makes a comeback", CNN, Reuters, 17 dez. 2003).

Doze Regras para Vencer na Era Digital

Para as atividades do conhecimento

1. Insista em que a comunicação flua pela organização através de e-mail, de forma que você possa agir sobre as notícias com a velocidade do reflexo.

2. Estude os dados de venda online para descobrir padrões e compartilhar facilmente *insights*. Entenda as tendências gerais e personalize os serviços para clientes individuais.

3. Use os PCs para a análise dos negócios e transfira os profissionais do conhecimento para o trabalho de pensar em alto nível sobre produtos, serviços e lucratividade.

4. Use ferramentas digitais para criar equipes virtuais interdepartamentais que possam compartilhar conhecimento e aproveitar as idéias de cada um em tempo real, mundialmente. Use os sistemas digitais para capturar históricos da empresa para uso de todos.

5. Converta cada processo em papel para processo digital, eliminando engarrafamentos administrativos e liberando os profissionais do conhecimento para tarefas mais importantes.

Para as operações empresariais

6. Use ferramentas digitais para eliminar funções isoladas ou transformá-las em atividades de valor agregado, administradas por um profissional do conhecimento.

7. Crie circuitos ágeis de *feedback* digital para melhorar a eficácia dos processos físicos e a qualidade dos produtos e serviços. Cada funcionário deve ser capaz de rastrear facilmente todos os principais parâmetros da empresa.

8. Use sistemas digitais para encaminhar imediatamente as queixas dos consumidores às pessoas responsáveis pelo aprimoramento de um produto ou serviço.

9. Use comunicações digitais para redefinir a natureza e as fronteiras de seu negócio. Avalie se seus clientes querem uma empresa maior e mais poderosa, ou uma empresa menor e mais íntima.

Para o comércio

10. Troque informação por tempo. Diminua os ciclos operacionais usando transações digitais com todos os fornecedores e parceiros, e transforme cada processo do negócio numa entrega *just-in-time*.

11. Use a entrega digital de vendas e serviços para eliminar intermediários nas transações com clientes. Se você for um intermediário, use ferramentas digitais para agregar valor às transações.

12. Use ferramentas digitais para ajudar os próprios clientes a resolver problemas, e reserve o contato pessoal para responder às necessidades complexas e de alto valor desses clientes.

GATES, Bill. A *empresa na velocidade do pensamento*.
São Paulo: Cia. das Letras, 1998.

Terceirizar ou Fazer em Casa?

Há duas possibilidades de gerenciamento de Sistemas de Informação:

1. ter uma estrutura própria, dentro do organograma da empresa;

2. terceirizar os serviços, por meio de empresa especializada.

A principal vantagem da terceirização é que a empresa poderá se dedicar melhor ao seu *core business*, ou objetivo (fabricar sapatos, vender carros etc.), deixando a complexa tarefa de administrar os sistemas a cargo de uma empresa especializada. Isso evita o consumo de energia mental em atividades alheias à finalidade da empresa. Caso contrário, ela terá de se especializar *também* em Sistemas de Informação, para poder gerenciar a área de forma profissional.

A terceirização lembra o ditado: "Cada macaco no seu galho".

O que a prática tem mostrado é que várias empresas que resolveram manter seus sistemas em casa não se especializaram em TI como deviam, vindo a cometer uma série de erros primários, que lhes causaram grandes prejuízos. Tais falhas só têm ajudado a encher as estatísticas de desperdícios na informática.

A principal desvantagem da terceirização é que os dados ficam em poder de terceiros, que poderão eventualmente ter acesso a eles, embora isso não seja normal. Se os dados forem todos encriptados com *strong cryptography* (128 bits ou mais), por meio do PGP (Pretty Good Privacy), o sigilo será mantido sem dificuldades.

Como conseqüência da terceirização, a influência do CIO também é reduzida, bem como o número de seus subordinados.

Os Bancos preferiram usar um meio-termo: constituir uma empresa específica para cuidar do processamento de seus dados, portanto terceirizando, mas, ao mesmo tempo, mantendo o controle dessa empresa, pois constitui parte do conglomerado bancário.

Já entre as demais empresas, algumas preferiram a terceirização, e outras não. Ainda não há uma tendência clara no mercado mundial. Mas é possível que a Internet, com sua facilidade de intercomunicação, acabe por tornar a terceirização uma solução predominante.

Dez Revoluções Tecnológicas

1. TV *de banda muito larga*, permitindo assistir ao mesmo tempo a três canais em três telas diferentes, sem cabos nem fios de antena (tecnologia Wi-Fi).

2. Substituição dos códigos de barras por *um identificador por radiofreqüência* do tamanho de um grão de areia, implantado no produto. Com um aparelho, vai ser possível saber exatamente os artigos que um consumidor está usando, quem fabricou, onde comprou etc. Em teste na Wal-Mart. Tecnologia RF-ID. (Esse grão também pode ser implantado nas pessoas, como já ocorreu na Espanha).

3. Acesso à *Internet sem fio*, com alcance de 50km, a velocidades bem maiores que a dos atuais cabos coaxiais ou linhas digitais. Tecnologia Wi-Max.

4. *Baterias miniaturizadas* para celulares e PC laptops, à base de hidrogênio ou metanol. Em desenvolvimento pela NTT DoCoMo do Japão.

5. *Fitas adesivas* GECKO, cuja aderência é conseguida por milhões de finos fios de cabelo (o que lembra o velcro), como ocorre com as lagartixas e lagartos. Uma pessoa calçando um sapato com sola desse material pode subir em uma parede de vidro. Desenvolvido pela Universidade de Manchester, na Inglaterra.

6. *Software anti-spam que funciona*, obrigando os remetentes a se identificar, antes de enviar os e-mails.

7. *Painéis de* LED *orgânico*, à base de carbono, nitrogênio, oxigênio e hidrogênio, mais brilhantes e com menos consumo de energia que os LEDs normais. Tecnologia OLED.

8. *Lâmpadas de* LED, durando até 50 vezes mais que as lâmpadas comuns de filamento e consumindo 80% menos energia. Em testes na Philips (linha de produtos Luxeon).

9. *Memória MRAM magnetorresistiva*, dez vezes mais rápida que as memórias DRAM comuns usadas em computadores e consumindo menos energia.

10. *Modelos para proteínas complexas* em computador, facilitando a descoberta de novos remédios para a cura de enfermidades. Em pesquisa no laboratório de Ciências da Vida da IBM (Life Sciences Lab).

PESCOVITZ, D. Ten technologies to watch in 2004.
CNN *Business*, 24 Dec. 2003. Disponível em:
<http://www.cnn.com/2003/TECH/ptech/12/23/bus2.feat.tech.towatch/>.
(Adaptado.)

Mantenha-se Atualizado Sobre o Futuro

Leia os artigos e notícias da Sociedade de Usuários de Informática e Telecomunicações — SUCESU. Há uma SUCESU em cada estado da federação, como a de São Paulo (www.sucesusp.org.br).

As notícias internacionais diárias sobre Internet e informática, com enfoque executivo, da Educause (www.educause.edu/pub), em inglês, também são úteis. A assinatura é gratuita.

Há várias revistas em papel sobre o assunto, como a *ComputerWorld* (para mainframes), a PC *Magazine* e a PC *World*, todas com enfoque mais técnico.

Não perca também os interessantes artigos do jornalista John C. Dvorak (www.dvorak.org).

Por fim, o artigo A *geração do agora*, dos sociólogos Alvin e Heidi Toffler [17], é um alerta. Como o povo não tem memória, "o atual dilúvio de mudanças está alterando as idéias do tempo passado e do tempo futuro, eliminando tanto uma quanto a outra, e deixando *nada além do agora*. É uma situação tênue e perigosa".

Capítulo 15

Casos Práticos em Sistemas de Informação

É um erro capital criar uma teoria antes de existirem os dados. Uma pessoa insensível torce os fatos para que se encaixem em uma teoria, em vez de mudar a teoria para que esta se adapte aos fatos.

Sir Arthur Connan Doyle, em uma das histórias de Sherlock Holmes

Os estudos de casos que seguem foram selecionados a partir de várias edições do livro de Laudon e Laudon, *Management information systems*, como mais adiante listado. Estão associados ao programa do Anexo 1. A sexta edição também foi traduzida para o espanhol e parte dela está na Internet.

Quadro 15.1 Casos selecionados do Laudon e Laudon para o Curso do Apêndice 1.

	Título	Referência	Comentários
1	Amazon.com *versus* Barnes & Noble: the battle of the bookstores.	6. ed. _____ inglês Cap. 12.	A história do sucesso da pioneira Amazon.com. O processo que lhe foi movido quando ela disse ser a maior loja (virtual) de livros.
2	Using a shoehorn to fit an ERP system.	6. ed. _____ espanhol Cap. 18.	Maior fornecedora de sistemas integrados (ERPs), a SAP alemã implanta seu R/3 em corporações. Mas às vezes a complexidade é grande demais.
3	Analysis to interface design: the example of Cuparla.	6. ed. _____ inglês Cap. 26.	Um dos grandes problemas dos sistemas é conseguir uma interface agradável para a comunicação com o usuário comum.
4	The Environment Protection Agency (EPA) cleans up its own mess with a data warehouse.	6. ed. _____ espanhol Cap. 8.	Como organizar uma grande quantidade de dados dispersos e difíceis de achar.

(continua)

(continuação)

5	Ford and Firestone's Tire Recall: the Costliest Information Gap in History.	7. ed. inglês Cap. 7.	A falta de informações adequadas no banco de dados causou um enorme prejuízo financeiro.
6	Can GE remake itself as a digital firm?	7. ed. inglês Cap. 1.	A implantação da Internet requer uma lenta mudança cultural. Acelerar esse processo é arriscado.
7	Information overload	6. ed. espanhol Cap. 1.	A Internet possibilitou o acesso a uma enorme quantidade de informações. Saber selecioná-las poupa tempo.
8	Profiling you	6. ed. espanhol Cap. 5.	A invasão da privacidade individual.
9	Can Boeing fly high again?	6. ed. inglês Cap. 19.	Um sistema de informações antiquado levou à perda da competitividade.
10	Managing the virtual office. Procuram-se funcionários fantasmas. Em defesa do teletrabalho para profissionais Web.	4. ed. inglês Cap. 3, p. 100, *et al.*	Teletrabalho, uma nova e complicada modalidade de emprego.
11	Can information system save US Steel?	8. ed. inglês Cap. 2.	Um sistema de informações incompleto pode levar à perda do principal cliente.

Veja os links para estes e outros estudos de casos no site www.saraivauni.com.br.

APÊNDICE **1**

Programa de um Curso de Administração de Sistemas de Informação

SISTEMAS DE INFORMAÇÃO
EMPRESARIAIS
Curso com 30 horas de aula (15 créditos)

Objetivo

Apresentar e discutir temas relevantes à Administração de Sistemas de Informação nas empresas.

Critério de Avaliação

Estudo de caso = 40%.
Prova parcial = 30%.
Exame final = 30%.
O estudo de caso consiste na apresentação, geralmente em Power Point, feita por um grupo, para os demais participantes, de um dos casos indicados abaixo, no item "Programa". Cada grupo fará a apresentação durante 40 minutos (uma aula), respondendo às seguintes perguntas, nessa ordem:

1. Qual o principal problema abordado pelo caso? (Um slide.)

2. Qual o histórico da empresa envolvida no caso? (Cinco slides.)

3. Qual o histórico do problema? (Como e por que ele surgiu.) (Cinco slides.)

4. Como o problema foi resolvido pela empresa? (Cinco slides.)

5. Qual a situação da empresa hoje, com relação ao problema? (Consultar a Internet.) (Quatro slides.)

Total: 20 slides.

Sistemas de Informação – Uma Visão Executiva

A **prova parcial** refere-se à análise do caso nº 11.
O **exame final** se refere aos assuntos abordados nas aulas 2 a 8.

Bibliografia

1. Livro-texto: A.C Mattos, *Sistemas de informação – uma visão executiva*. (Editora Saraiva, 2005).

2. Para os casos: Laudon e Laudon, *Management information systems*: managing the digital firm. (Prentice Hall, 2004).

Programa

Os dígitos na coluna "Grupo" indicam os números de chamada no Diário de Classe (*default*). Uma aula corresponde a 100 minutos (dois créditos).

Aula	Dia	Assunto	Grupo	Material
1		Apresent. deste programa Definição dos grupos	1-50	Este programa Esta tabela (aulas 10 a 14)
2		Sistemas de Informação Tipos de computadores	1-50	Livro-texto: Capítulos 1 e 2
3		Sistemas operacionais Por dentro do computador	1-50	Livro-texto: Capítulos 3 e 4
4		Banco de dados Internet	1-50	Livro-texto: Capítulos 5 e 6
5		Impacto da Internet Comércio eletrônico	1-50	Livro-texto: Capítulos 7 e 8
6		Confiabilidade Segurança	1-50	Livro-texto: Capítulos 9 e 10
7		Projeto de sistemas Desperdício	1-50	Livro-texto: Capítulos 11 e 12
8		Inteligência artificial Futuro dos sistemas	1-50	Livro-texto: Capítulos 13 e 14
9		Prova semestral	1-50	Múltipla escolha sobre aulas 2 a 8
10		Estudo de caso 1 Estudo de caso 2	01-05 06-10	Amazon ERP
11		Estudo de caso 3 Estudo de caso 4	11-15 16-20	Cuparla EPA
12		Estudo de caso 5 Estudo de caso 6	21-25 26-30	Ford GE
13		Estudo de caso 7 Estudo de caso 8	31-35 36-40	Information Overload Profiling You
14		Estudo de caso 9 Estudo de caso 10	41-45 46-50	Boeing Teletrabalho
15		Exame	1-50	Múltipla escolha sobre aulas 10 a 14

| APÊNDICE | 2 |

Trabalhando com Documentos Sigilosos em Segurança

Por **Alexandre Deckleva**
wauxnet@usa.net

Psicólogo clínico pela Pontifícia Universidade
Católica de São Paulo (PUC-SP).
Ex-gerente de redes Internet.
Consultor de segurança de Bancos.
Especialista em Engenharia Social.
White hacker.

Introdução

Uma solução *confiável* para elaborar documentos sigilosos com alto nível de segurança é descrita abaixo. Essa prática é seguida por executivos que não querem correr riscos com quebra de sigilo.

Em termos gerais, o processo é como segue:

1. Usamos um notebook, mas *sem* o disco rígido e sem qualquer cabo que o ligue a qualquer rede (no máximo, haverá o cabo de força ligado na tomada).

   Também podemos usar um PC desktop, desde que nas mesmas condições (sem HD e sem cabos de rede). A vantagem do notebook é a facilidade de retirarmos o disco rígido, sem necessidade de desmontar o equipamento (em modelos com disco encaixável, como o i-Buddie 4, de Taiwan), bem como seu uso ser individual (sem acesso de terceiros).

   Há outra vantagem do notebook: sua tela de cristal líquido (LCD). De fato, existem aparelhos que permitem visualizar a tela de um monitor a válvula (CRT – Cathode Ray Tube ou válvula a raios catódicos), captando, a metros de distância, os sinais eletrônicos por ele gerados.

2. Ligamos o notebook, dando a partida por meio do CDR, onde está o sistema operacional Knoppix Privacy Edition (open source), criado exatamente para lidar com documentos sigilosos. *Não deverá haver qualquer disquete no drive do notebook.*

3. Abrimos o Open Office (open source) e digitamos o documento confidencial.
4. Ao gravar (save) o documento em um PenDrive USB, ele será encriptado com o poderoso PGP (Pretty Good Privacy, open source).
5. Por segurança, fazemos uma cópia desse documento em um segundo PenDrive, que também é criptografado antes de ser gravado.
6. Guardamos o primeiro PenDrive no cofre, junto com o CDR do Knoppix.
7. Enviamos o segundo PenDrive para o destinatário, que deverá ter um notebook sem HD e sem cabos de rede, e o mesmo CDR do Knoppix. Ele também receberá, *pessoalmente*, do emitente, a senha para abrir o documento criptografado no PenDrive.

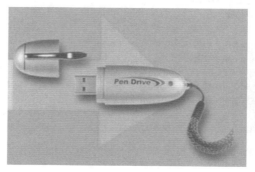

PenDrive para porta USB.

Fonte: www.pendrive.com

Com essa metodologia, mesmo que o notebook, o PenDrive e o CDR sejam acessados por terceiros, o documento confidencial *não poderá* ser lido. A única maneira de acessá-lo é por meio da senha, que deverá ser mudada de tempos em tempos (por exemplo, mensalmente).

Adiante, será também apresentado um procedimento complementar, para o caso de termos um *segundo* CDR com dados (tabelas, gráficos, figuras etc.) a serem incorporados ao documento final, mas sem riscos.

Agora, vamos ao detalhes técnicos e às especificações desses procedimentos.

1. Preparando o seu Notebook.
2. Usando o Knoppix pela primeira vez.
3. Usando o Knoppix outras vezes.
4. Usando um CDR com dados externos.
5. Configurando o teclado.
6. Considerações finais.

Apêndice 2 • Trabalhando com Documentos Sigilosos em Segurança

Preparando seu Notebook

a) Tenha a certeza de que a sala onde você vai elaborar o documento sigiloso não possui microcâmeras, microfones ou quaisquer equipamentos de espionagem. Verifique se as janelas dessa sala estão fechadas, garantindo sua total privacidade;

b) se você não for um *expert* em computadores, chame um técnico de sua *absoluta* confiança, que conheça bem Linux e o hardware do notebook, para configurá-lo e ensinar-lhe a usar o equipamento;

c) seu notebook deverá ter pelo menos duas portas USB 2.0 e 512 MB de memória principal (RAM). Se seus documentos forem complexos ou longos (como gráficos, figuras etc.) você precisará de mais memória RAM: 1 GB ou mais. Lembre-se que não há disco rígido em funcionamento;

d) adquira dois PenDrive USB (www.pendrive.com). Há modelos de 128 MB até 2GB (o de 1 GB pode custar US$ 500). O tamanho adequado depende da memória ocupada pelos documentos sigilosos que você vai enviar. Escreva em um deles "PenDrive1" e no outro "PenDrive2";

> Eis alguns exemplos de memória requerida: a) a Bíblia hebraica da Palestina, traduzida por João Ferreira de Almeida (66 livros), em formato TXT, ocupa 4,7 MB; em formato TXT zipado, 1,4 MB; b) este livro, em formato DOC (MS Word), tem 6,4 MB; em formato Adobe PDF, 6,5 MB; em formato PDF zipado, 4,6 MB; c) uma faixa de música com três minutos, em formado MS WAVE, ocupa 40 MB; em formato MP3 (CBR) ocupa 3 MB; d) o relatório ilustrado do FBI [1] de 23 páginas, em formato PDF (Adobe), sobre fraudes na Internet, tem 240 KB; e) uma apresentação em Power Point (MS Office XP), com 28 slides, ocupa 700 KB.

e) *retire* o disco rígido de seu notebook (ou peça a seu técnico que o faça);

> Quando comprar seu notebook, dê preferência àqueles modelos em que o disco rígido é facilmente removido por meio de um encaixe (sem cabos e sem necessidade de desmontar o notebook), como no já mencionado modelo i-Buddie 4, de Taiwan.

Desligue o notebook de *qualquer* rede. Só deve haver um cabo de energia elétrica ligando seu notebook à tomada. Q*ualquer* outra conexão é suspeita e deve ser eliminada.

> Se a bateria estiver carregada, desligue também o cabo de energia da tomada, pois sem disco rígido o consumo do notebook é menor. Além do mais, a Internet já começa a circular *também* pela rede de energia elétrica.

f) configure a partida do notebook (via BIOS) para inicializar pelo CD-ROM (*boot por* CD-ROM). Isso é feito logo que o computador é ligado;

g) tenha em mãos o CD-ROM do *Linux Knoppix* 3.2 *MiB* 11*b Privacy Edition*. Você pode encomendá-lo em www.bouissou.net por 3,5 euros, mais despesas postais. Essa é a forma mais segura (o risco é o CDR ser trocado quando em trânsito);

Outra maneira (menos segura, pois passa pela Internet e pela rede) é baixar a partir do site www.bouissou.net. Nesse caso, escolha o formato ISO (imagem de CD).

Uma vez baixado o arquivo ISO, grave um CDR *diretamente* a partir desse formato. Esse será o seu CDR do Knoppix.

Essa distribuição do Linux (a Knoppix), desenvolvida na França, foi baseada em uma das versões mais seguras e estáveis do Linux, a Debian. Sua principal vantagem é a capacidade de rodar todo o sistema operacional (no modo gráfico) a partir do CDR, sem precisar instalá-lo no disco rígido. Além disso, como o sistema roda direto do CDR, é impossível modificar ou violar sua estrutura e, assim, seus arquivos se mantêm intactos. Esse CDR *com o Knoppix deve ser guardado no seu cofre* (pois alguém poderá trocá-lo por outro e você não perceber). A figura abaixo mostra a tela do Knoppix.

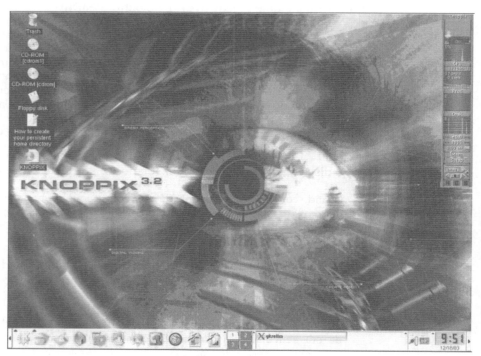

Tela do Knoppix 3.2 MiB 11b

Nunca use CDRW (lê e grava várias vezes), mas somente CDR (apenas leitura), para que eventuais vírus não tenham onde se instalar (e "morram").

Apêndice 2 • Trabalhando com Documentos Sigilosos em Segurança **209**

Usando o Knoppix pela Primeira Vez

a) Certifique-se de que as alterações no hardware já foram feitas (retirada do disco rígido e desconexão às redes). Verifique se o notebook possui no mínimo 512 MB de RAM. *Não deve haver qualquer disquete no drive*;

b) insira seu PenDrive1 em qualquer porta USB livre de seu notebook;

c) insira o CDR do Linux Knoppix no drive de CD;

d) ligue o notebook. O Knoppix vai ser carregado do CD;

e) aguarde a partida (boot), que pode levar alguns minutos. No final, aparecerá na tela do monitor o ambiente gráfico do Linux (o KDE, parecido com o Windows) [2];

f) O Knoppix veio configurado para o teclado francês (Azerty). Se você tiver outro teclado (por exemplo ABNT2), então neste ponto siga as instruções do item "Configurando o teclado", mais adiante.

Configurando o Primeiro PenDrive

a) Localize na tela o ícone com o nome *hard drive sda*1 (que é o PenDrive1) e clique nele. O *sda*1 é o nome que o Linux atribui aos dispositivos remotos. Se você tiver outros, serão sda2, sda3 etc. A janela no monitor é a do Konqueror, o gerenciador de arquivos do Knoppix. Se o ícone *hard drive sda*1 não aparecer no Konqueror, é porque o PenDrive1 não foi reconhecido pelo sistema (está com defeito, mal conectado etc.): nesse caso, reconecte-o ou troque-o;

b) feche a janela. Clique com o botão direito do mouse no ícone *hard drive sda*1 e escolha a opção "Change read/write mode". Isso colocará o PenDrive no modo de escrita e leitura (*read/write*).

c) no menu do Knoppix, clique no ícone K (parecido com o *Iniciar* do Windows). Vá até:

KNOPPIX/Configure/Create persistent home directory

Se estiver em francês, a mensagem será:

Créer un répertoire personnel persistant

d) depois o Knoppix vai perguntar qual partição será utilizada para a encriptação: indique a *sda*1;

e) aparecerá uma pergunta sobre o tamanho a ser utilizado. Se seu PenDrive for de 1GB (1.024 K), escolha esse tamanho (será usado todo o PenDrive);

f) na seqüência, surgirá uma tela perguntado a sua senha. Crie uma de *no mínimo* 20 caracteres alfanuméricos e *no máximo* 256 caracteres. Use apenas letras minúsculas do alfabeto inglês (abcde... z) e algarismos numéricos decimais (0123... 9);.

Quanto *maior* o número de caracteres, *menor* a chance de a chave ser violada (*cracked*) por espiões. O padrão bancário é 128 caracteres. Um exemplo de senha de 20 caracteres é: *documentosdejoao*2004. Jamais use senhas óbvias, como o seu nome, ou esse exemplo. *Nunca perca ou esqueça a senha que você escolheu. Se isso acontecer, nem você nem ninguém conseguirá ler os arquivos do PenDrive.* Como exemplo prático de risco, uma chave de 64 caracteres foi quebrada em sete meses, com 300 PCs trabalhando em paralelo ininterruptamente. Por essa razão, você deve trocar sua chave periodicamente, para não dar tempo de alguém quebrá-la (*to crack the key*).

g) logo após, aparecerá uma tela mostrando a encriptação em andamento. Ao terminar, uma mensagem "successfully completed" surgirá.

Configurando o Segundo PenDrive

a) Insira o PenDrive2 no notebook. O Knoppix vai configurá-lo automaticamente, chamando-o de *sda*2.

b) Clique com o botão direito no ícone *sda*2 e escolha a opção *read/write*.

c) Repita os passos de "Configurando o primeiro PenDrive" acima, agora para o sda2. Você pode usar a mesma chave de encriptação do sda1.

Criando o Documento Sigiloso

a) Abra o Word do Open Office (da Sun Microsystems, parecido com o MS Word), clicando neste ícone (gaivotas sobre uma folha de papel):

b) escreva seu documento confidencial;

c) quando for gravar seu arquivo, escolha o caminho (ponto de montagem ou *mounting point*, na terminologia Linux/Unix): /home/knoppix. Esse ponto se refere ao drive sda1, que é o seu PenDrive1. Em seguida, digite o nome do seu arquivo (por exemplo, relatorio01). No nome, use apenas algarismos e letras minúsculas do alfabeto inglês (sem acentuações, cê-cedilha etc.). Clique em S*ave*;

d) dê dois cliques no ícone sda1 e dois cliques no ícone sda2. Clique com o botão direito do mouse no arquivo que você gravou no PenDrive1, arraste-o para o PenDrive2 e solte o botão. Escolha a opção *Copy*. Com isso, você tirou um backup do documento;

e) desligue o notebook;

Apêndice 2 • Trabalhando com Documentos Sigilosos em Segurança **211**

f) retire o PenDrive1 e o CDR do notebook e guarde-os no cofre;

g) retire o PenDrive2 e envie-o para o destinatário. Se alguém tentar acessar o PenDrive2, não deverá conseguir lê-lo. Somente o destinatário, com sua senha, poderá ler o documento.

Usando o Knoppix Outras Vezes

a) Certifique-se de que as alterações no hardware já foram feitas (retirada do disco rígido e desconexão das redes). Verifique se o notebook possui no mínimo 512 MB de RAM e se não há disquete ou CD no drive;

b) insira seu PenDrive1 e PenDrive2 nas duas portas USB de seu notebook;

c) insira o CDR do Knoppix;

d) ligue o notebook. O Knoppix vai ser carregado do CD;

e) aguarde a partida (boot). No final, aparecerá na tela o ambiente gráfico do Linux, o KDE (parecido com o Windows);

f) aparecerá uma mensagem solicitando a digitação da senha. Digite-a. Se estiver correta, você terá acesso aos PenDrives (sda1 e sda2). Para cada PenDrive criptografado, será perguntada a senha para acessá-lo. Digite-a. Você pode usar a mesma senha para o PenDrive1 e o PenDrive2. O boot continuará;

g) siga as instruções do item "Criando o documento sigiloso" acima.

Usando um CDR com Dados Externos

Se você for usar um segundo CDR, contendo dados a serem incluídos no seu documento sigiloso, então siga os passos adiante.

a) *Atenção*: não podem estar conectados *nenhum* PenDrive *nem* discos rígidos *nem* disquetes ao seu notebook. Se houver, retire-os. Isso impedirá que programas nocivos, vindos da Internet ou do CDR externo, tenham onde se instalar. Não tendo para onde ir, o vírus morre. Nunca use CDRW (gravável);

b) adquira um leitor (não gravador) de CDR para uso externo (na loja, peça um "drive CD-ROM USB externo sem gravador");

c) ligue esse leitor em uma porta USB livre;

d) insira o CDR externo nesse leitor. *Não* pode ser um CDRW;

e) ligue seu notebook na Internet, por meio do cabo de rede;

f) insira o CDR com o Knoppix no leitor interno do notebook;

g) ligue o notebook. Configure o Knoppix para usar a sua rede (é bom chamar o seu técnico, pois são necessários detalhes da rede);

h) após o término do processo de partida do Knoppix, chame o navegador Mozilla (parecido com o Internet Explorer) e acesse o site do antivírus F-PROT (www.f-prot.com/products/home_use/linux/.);
i) baixe desse site o software, clicando em *Download Center* e escolhendo o F-PROT *Antivirus for Linux Workstations GZIP-ed* TAR *file*; armazene-o no /tmp;
j) clique neste ícone (uma tela de monitor com uma concha amarela embaixo):

l) na tela preta, digite: cd /tmp e pressione Enter;
m) digite o comando a seguir para instalar o antivírus: tar - zxvf fp* .tgz;
n) na mesma tela, para verificar se o seu CDR externo não está contaminado com vírus ou programas espiões, digite o comando: /ramdisk/var/tmp/f-prot/f-prot /mnt/cdrom1;
o) verifique se o relatório do antivírus não indica a existência de algum arquivo contaminado. Se houver, providencie *outro* CDR *sem* vírus. O F-PROT procura por vírus de Windows, de Linux e de Unix;
p) *não estando* contaminado seu CDR, desligue o notebook;
q) vá para o item "Usando o Knoppix outras vezes". Você agora pode usar o CDR externo com segurança. No entanto, para reduzir seu risco, *não permita* que esse CDR tenha *qualquer* programa executável (EXE, COM etc.). Deve apenas conter textos (TXT), figuras (JPG, GIF *não animado* etc.) e mídia (MP3, WAVE, MPEG etc.).

Configurando o Teclado

Tipos usuais de teclado:

- *francês* (AZERTY, usado na França e na Bélgica): quando a segunda linha do teclado começa com as letras AZERTY, nessa seqüência;
- *norte-americano* (QWERTY): teclado sem letras acentuadas (a-til, e-agudo etc.); a segunda linha do teclado começa com as letras QWERTY, nessa ordem;
- *norte-americano internacional* (QWERTY International): teclado QWERTY que permite usar acentos e cê-cedilha; por exemplo, o cê-cedilha é obtido digitando-se *aspas simples* + C);
- *brasileiro* (ABNT2): é o QWERTY, mas nele existe a tecla cê-cedilha no teclado, à direita.

Apêndice 2 • Trabalhando com Documentos Sigilosos em Segurança

A distribuição das letras no teclado QWERTY foi feita de modo que, na língua inglesa, as letras mais usadas sejam digitadas pelos dedos mais fortes da mão.

Para mudar a configuração do teclado no Knoppix:

a) clique no ícone K do KDE (parecido com o botão *Iniciar* do Windows);

b) clique em *Configuration* e depois no *Centre du configuration* KDE;

c) na janela que aparecer, clique em *Regionalisation & Accessibilité*;

d) clique em *Disposition du Clavier*;

e) altere o item *Keyboard Model* para incluir o modelo do seu teclado;

f) modifique o item *Primary Layout*;

g) clique em *Apply* e feche a janela.

Considerações Finais

a) Vale lembrar que ambos os PenDrives, original (/home/knoppix) e o backup (sda2) estão *encriptados*. Se algum deles sair de seu controle, só será aberto com a sua senha (ou por algum computador que quebre a chave de encriptação, o que é difícil);

b) os PenDrives, se forem fisicamente abertos ou violados, serão automaticamente destruídos, pois sua *electrically erasable programmable read-only memory* – EEPROM de gravação fica colada na carcaça externa. *Qualquer rompimento físico destrói os dados gravados*;

c) água, calor excessivo, pressão ou radiação podem danificar o PenDrive. *Portanto, sempre faça backup*. Guarde o backup em um lugar seguro (cofre). O PenDrive1 vai para o seu cofre e o PenDrive2 é enviado ao destinatário. Este trabalhará com um PenDrive3, usando o PenDrive2 para a comunicação com você;

d) após ter usado o Knoppix algumas vezes, você verá que os procedimentos são simples, embora o Knoppix seja um sistema operacional para uso específico e menos conhecido;

e) por fim, observe sempre *atentamente* os passos acima indicados, procurando entender as razões. Qualquer falha no seu procedimento pode abrir uma brecha de segurança (*security hole*). É exatamente por aí que os hackers costumam entrar e "fazer a festa".

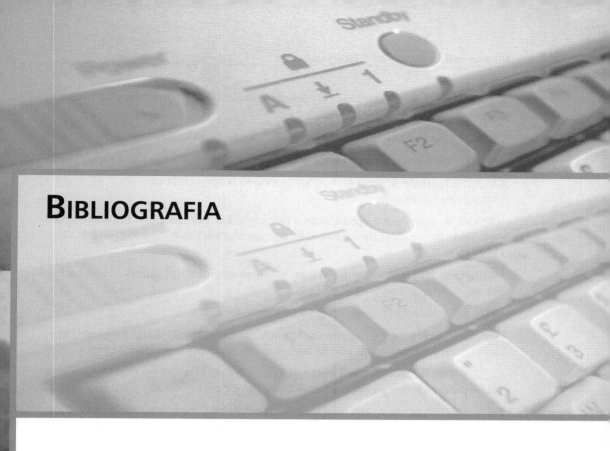

BIBLIOGRAFIA

BAUDRILLARD, J. *Simulacros e simulações*. Lisboa: Relógio D'Água, 1991. 200 p.

CANNON, D. *Conversando com Nostradamus*. 3 v. São Paulo: Best Seller, 1998.

CARR, N. It doesn't matter. *Harvard Business Review*, Harvard, 01 may 2003.

COPI, Irving M. *Introdução à Lógica*. Ed. Mestre Jou, 1974.

COX, E. D. *Fuzzy logic for business and industry*. Hingham: Charles River Media, 1995.

ELLIS, D. O.; LUDWIG, F. J. *Systems philosophy*. [Englewood Cliffs]: Prentice Hall, 1962.

EVERS, Joris. Latest Windows XP Patch Slows PCs. Microsoft Works to repair bug in bug fix. IDG *News Service*, April 22, 2003. Disponível em: <http://www.pcworld.com/news/article/0,aid,110385,00.aps>

FORESTER, T.; MORRISON, P. A insegurança do computador e a vulnerabilidade social. Tradução de A. C. Mattos. *Revista de Administração de Empresas*, São Paulo, v. 31, n. 4, p. 73-83, out./dez. 1991.

FORREST RESEARCH. Em breve, os CDs podem seguir o caminho dos discos de vinil. CNN, 23 jan. 2004.

FURLAN, José Davi; HIGA, Wilson. *Engenharia da informação*: metodologia, técnicas e ferramentas. São Paulo: McGraw-Hill, 1988.

GALBRAITH, J. K.; SALINGER, N. A *economia ao alcance de (quase) todos*. São Paulo: Thomson Learning, 2000. 152 p.

GLEICK, J. *Caos: a criação de uma nova ciência*. Rio de Janeiro: Campus, 1990.

GATES, Bill. *A empresa na velocidade do pensamento*. São Paulo: Cia das Letras, 1998.

GOOGLE tests desktop search. *CNet News.com*. Disponível em: <http://news.com.com>

HAYKIN, S. *Redes neurais*: princípios e prática. 2. ed. Porto Alegre: Bookman, 2001. Traduzido do original *Neural Networks, a Comprehensive Foundation*. Prentice Hall, 1999.

HEBB, D. O. *The organization of behavior*: a neuropsychological theory. [Indianapolis]: John Wiley & Sons, 1949. 335 p.

HUXLEY, A. *Admirável mundo novo*. São Paulo: Globo, 2001.

IBM. *Adapt and thrive*: the journey to e-business on demand. Disponível em: <http://t1d.www−3.cacheibm.com/e-business/doc/content/pdf/odoe11c.pdf>.

_____. *What is it all about, and what does it mean to you*? Disponível em: <http://www-106.ibm.com/developerworks/ibm/library/i-ebodov/>.

JAKOBSKIND, M. A.; MANESCHY, O. *Burla eletrônica*: a máquina que faz seu voto sumir. Rio de Janeiro: Fundação Alberto Pasqualini, 2003. Disponível em: <http://www.votoseguro.org>

KAZAA delivers more than tunes. *Wireless Hot Spot Directory*. Disponível em: <http://www.wired.com/news/business/0,1367,61852,00.html>

LAUDON, K. C.; LAUDON, J. P. *Management Information Systems*: managing the digital firm. 8th ed. Upper Saddle River: Prentice Hall, 2004.

_____. *Management information systems*. 6th ed. Upper Saddle River: Prentice Hall, 2000.

LENT, R. *Cem bilhões de neurônios*: conceitos fundamentais de neurociência. Rio de Janeiro: Atheneu, 2001

MACHOL, R. (Ed.) *System engineering handbook*. [New York]: McGraw-Hill, 1965.

MAGALHÃES, João. Terminologia em Informática. *Agência Estado*, 01 dez. 2003.

MANDER, J. *Quatro argumentos para acabar com a televisão*. Tradução de Carla Oliveira e Sofia Vieira. Lisboa: ed. Antígona, 1999.

_____, J. *Four arguments for the elimination of television*. New York: William Morrow, 1978.

MARTIN, J. *Engenharia da informação*. Rio de Janeiro: Campus, 1991.

MASTERS, T. *Practical neural networks recipes in* C++. [St. Louis]: Academic Press, 1997.

_____. O *choque do futuro*. Rio de Janeiro: Record, 1970.

McNEILL, D.; FREIBERGER, P. *Fuzzy logic*: the revolutionary computer technology that is changing our world. Riverside: Simon & Schuster, 1993.

MINSKY, M. L.; PAPERT, S. *Perceptrons*. Cambridge: MIT Press, 1969.

NIELSEN, J. *Top ten mistakes in web design*. Disponível em: <http://www.useit.com/alertbox/9605.html>.

ORWELL, G. *1984*. São Paulo: Nacional, 2003.

PENROSE, R.; GARDNER, M. *The emperor's new mind*: concerning computers, minds, and the laws of Physics. Oxford: Oxford Press, 2002.

POLAK, E. *Computational methods in optmization*. [St. Louis]: Academic Press, 1987.

RIES, A.; TROUT, J. *Marketing de guerra*. São Paulo: Makron Books, 1989.

RIFKIN, J. O *fim dos empregos*: o declínio inevitável dos níveis dos empregos e a redução da força global de trabalho. São Paulo: Makron Books, 1996.

ROSEMBLATT, F. *Principles of neurodynamics*: perceptrons and the theory of brain mechanisms. Washington: Spartan Books, 1957.

RUMELHART, D. E.; MCCLELLAND, J. L. *Parallel distributed processing*: explorations in the microstructure of cognition. 2 v. Cambridge: MIT Press, 1986.

RUSSEL, Bertrand; WHITEHEAD, Alfred. *Principia Mathematica*. Cambridge University Press, 1910. 410 p.

RUSSELL, S. J.; NORVIG, P. *Artificial intelligence*: a modern approach. 2. ed. Upple Saddle River: Prentice Hall, 2003.

SCHNEIER, B. *Segurança.com*: segredos e mentiras sobre a proteção na vida digital. Rio de Janeiro: Campus, 2001.

SIMON, H. A.; NEWELL, A. Heuristic problem solving: the next advance in operations research. *Operation Research*, p. 1-10, Jan./Feb. 1958.

SPRAGUE JUNIOR, R. H.; WATSON, H. *Sistema de apoio à decisão*. Rio de Janeiro: Campus, 1991.

STRASSMAN, P. A. (Ed.). *The squandered computer*: evaluating the business alignment of information technologies. New Canaan: Information Economics Press, 1997.

THE "free" PC makes a comeback. *Reuters*, 17 Dec. 2003. Disponível em: <http://www.cnn.com/2003/TECH/ptech/12/17/free.pc.reut/>

TOFFLER, A. A *terceira onda*. 26. ed. Rio de Janeiro: Record, 2001.

_____. O *choque do futuro*. Rio de Janeiro: Record, 1970.

TOFFLER, A.; TOFFLER, H. A geração do agora. O *Estado de S.Paulo*, São Paulo, 14 dez. 2003.

TRIPPI, R. R.; Turban, E. (Ed.). *Neural networks in finance and investing*: using artificial intelligence to improve real-world performance. Chicago: Probus, 1993.

VACCA, R. A *próxima Idade Média*: a degradação do grande sistema. Rio de Janeiro: Pallas, 1975.

WIENER, N. *Cibernética ou controle e comunicação no animal e na máquina*. São Paulo: Polígono, 1970.

WOLFRAM, S. A *new kind of science*. [Champaign]: Wolfram Media, 2002.

ZAKABI, R. O Big Brother. *Veja*, São Paulo, p. 11, 15 out. 2003.

Dicionários online

What is. Disponível em: <http://whatis.techtarget.com/2>

Jargon lexicon. Disponível em: <http://www.jargon.8hz.com/html/go01.html3>

Webopedia. Disponível em: <http://www.webopedia.com>

Babylon. Disponível em: <http://www.babylon.com>

Veja outras referências no site www.saraivauni.com.br.

Índice Remissivo

A

Acesso as pessoas, 73
Adulteração em enciclopédia, 123
Adware, 136
Aegis, máquina de guerra automática, 114-115
Agência
    bancária, 87
    de publicidade, 83-84
    de turismo e de viagens, 89
Agente ativo, 75
Alerta, 54
Alheamento dos executivos, 159-160
Alto volume de transações, 35
Alvo, 5
Analista de sistemas, 157
Aplicação lucrativa, 91-92
Aplicações práticas, 179
Aplicativos, 25, 33
Apoio à decisão, 46-49
Applets, 132-135
Arquivos apagados, 123
Arredondamentos lucrativos, 124
Assistência técnica, 34
Atacadistas, 88
Ataque
    de mísseis russos, 110
    por atacado, 135
Automatização, 55

B

Banco de dados
    o que é, 43-45, 54
    tipos, 45-46
Banco de Nova York, 115
Bibliografia, 118, 157, 181
Bibliotecas, 79-80
Boom, 65-66

C

Cargos básicos da área de TI, 156-157
Carro se acelera inesperadamente, 110
Cartórios e tabelionatos, 84-85
Casa da moeda, 87
Casos reais de falhas
    de software, 113-116
    do hardware, 109-11
    no peopleware, 116-118
Causas
    das falhas nos projetos, 153-156
    do desperdício, 159163
Censura, 73

Choque do futuro, 184-185
Cidadão do mundo, 74
CIO, 157
Cirurgia médica, 78
Coleta de dados, 93
Comércio
    de cartões de crédito, 124
    eletrônico, 91-103
    dois modelos operacionais, 93-94
Como
    a rede neural aprende, 175-177
    dominar o mercado, 28-29
    se proteger, 140-143
    segurar o freguês, 30
Companhias telefônicas, 85
Comparador, 5
Compatibilidade, 33
Comportamento, 72
Comprador, 93
Compras e cursos, 74
Computador, democratização, 19
Computadores
    conectando, 60-61
    eletrônicos analógicos, 10-11
    eletrônicos digitais, 11
    mecânicos, 10
    militares, 114
    portáteis, 21
    tipos e histórias, 9-24
Comunicação sem fio, 196
Confiabilidade do peopleware, 116
Confiabilidade, 32
    do Software, 111-113
    dos sistemas de informações, 105-119
Configurando
    o primeiro pen drive, 211
    o segundo pen drive, 212
    o teclado, 214
Conhecimento, 2
Considerações finais, 215
Consultoria, 162-163
Controle de tráfego aéreo, 110, 115
Cookie, 142
Correios, 85
Corretores
    de bolsa de valores, 88
    de imóveis, 89
Crackers, 127
Criando documento sigiloso, 212-213
Crimes por computador, 122
Criptografia, 143-146
Curto-circuito em Connecticut, 109
Customer Relationship Management (CRM), 47

D

Dado, 2
Dados
    confidenciais encontrados no lixo, 117
    primários, 46
    secundários, 46
    terciários, 46
Data mining (DM), 47
Departamento de pessoal, 78
Desperdício, 159
    beneficiados com, 163-164
    evitando o, 164
    na informática, 159-164
Despreparo, 161-162
Dez revoluções tecnológicas, 199-200
Digitador, 156
Divisão digital, 196-197
Divulgando o site, 98-99
Documentação, 34
Downsizing, 20
Doze regras para vencer na era digital, 197-198

E

E-*business on demand*, 54-56
Editoras, 79-80
Equipamento de clonagens de cartões, 124
Erros de inversão, 117
Estatísticas espertas, 124
Esteganografia, 146-147
Etapas do processo, 149-150
Extorsão, 139-140
Extranet, 64-65

F

Fábricas de brinquedos, 76
Facilidade de uso, 31
Falha dos sistemas, 118
Falhas em caças militares, 113
FAQ(*Frequently Asked Questions*), 68
Farmácias e drogarias, 88
Fax, 85
Firewall, 142
Firmas de contratação de pessoal, 78
Fornecedores, 88
Fraude nas eleições no Brasil, 124-125
Fronteiras geográficas, 73
Funcionamento básico do cérebro humano, 172-174
Funcionamento, 38-42
Furto de identidade, 139-140
Futzing, 163

Índice Remissivo

G

Gerente de sistemas ou TI, 157
Grande irmão, 191-195
Gratuidade, 75
Gravadoras de CD, 86-87

H

Hackers do mal, 127
Hackers, 127-131
Headhunters, 78
Horas extras, 123-124

I

Incêndio em Tóquio, 109
Inexistência de critérios objetivos de investimento, 160
Informação, 2
Informática banalizada, 195
Inglês, 74
Integração das mídias, 195-196
Integração, 55
Inteligência artificial, 165-181
    origens, 165-167
    tipos, 167-169
Internet
    e Bolsa de valores, 65-66
    impacto na sociedade, 69-90, 75-76
    Internet-2, 65
    limites no Brasil, 101-102
    o que é, 57-60
    origens, 61-63
    usos, 67-68
Intranet, 64-65

J

Jornal, 82-83

L

Lamer, 127
Laptops, 21
Legislação, 73
Leilões, 89
Liberdade
    de criação, 74
    de publicação, 75
Links, 181
Livrarias, 79-80
Lógica Booleana, 11-14
Loja de discos, 86-87

Lojas comerciais, 88
Luser, 127

M

Malwares, 132-135
Manifestações públicas, 78-79
Mantenha-se atualizado sobre o futuro, 200
Manter-se informado, 143
Máquinas virtuais, 35-36
Megalomania, 161
Memória, 3
Mercado
    da Internet, 99-101
    de desktops, 32-33
Microcomputadores, surgimento, 19-21
Mídia, 73
Modelagem matemática do cérebro, 174-175
Modismo, 160
Módulo
    de comunicação, 2-3
    de controle, 4
Monopólio dos Estados Unidos, 23-24
Mortes em hospitais, 114
Mudança
    brusca do ambiente político-econômico, 163
    cultural, 70-71
    de hábitos, 140-142
Mundo real e mundo virtual, 72-75

N

Negação de serviço, 135
Newbie, 127
Nomes de domínio, 63-64

O

O buraco de ozônio desaparece na Antártida, 114
Onze regras para a nova loja, 103
Or Not Xor, 11-14
Ordens específicas, 25

P

Pedrinhas, 9-10
Personalização, 35
Phreakers, 127
Pirataria, 74
Por dentro do computador, 37-42
Preço, 31
Preparando seu notebook, 209-210
Primeiro computador digital, 14-15
Privacidade, 72

Processador, 4
Profissões novas e obsoletas, 189-190
Programador, 156
Programas de segurança, 142-143
Propaganda, 95
Provedores de serviços de Internet, 85

Q

Quando a lixeira não funciona, 117
Quarta geração, 17

R

Rádio, 82-83
Radioamadores, 85
Rapidez e acesso, 74
Realimentação, 5
Redes
    neurais, 6
    estratégicas, 147-148
    globais e Internet, 57-68
    neurais artificiais, 170-172
        origens, 177-179
        vantagens e desvantagens, 179-181
    P2P, 135-136
    proprietárias, 54
Referência ou objetivo a ser atingido, 5
Representantes comerciais, 88
Restrição tecnológica, 74
Revelação de fotos, 82
Rightsizing, 20
Riscos envolvidos, 151-152
Robôs, 169
Roubo e fraude, 74

S

Sabotagem na Austrália, 123
Scammers, 136-139
Segurança dos computadores, 121-148
Segurança, 31-32
Selo de qualidade da UL, 109
SET, 94-95
Shopping centers, 88
Simultaneidade de acesso, 75
Simultaneidade, 73
Sistema
    aberto e fechado, 34
    aberto, 55
    amigável, 27
    de força bruta, 168-169
    de informação empresarial, 7
    de informação, 5-6

operacional no controle, 30-31
Sistemas de informação
    casos práticos, 201-202
    o futuro do, 183-200
    o que são, 1-7
    programa de um curso de administração, 203-
        205
    projeto e implantação, 149-157
Sistemas
    especialistas, 116, 167-168
    fly-by-wire, 110-111
    integrados, 49-54
        comercializados, 53-54
        desvantagens, 50-53
        e banco de dados, 43-56
        proprietários, 54
        vantagens, 50
Sistemas operacionais, 25-36
Software, 181
Spam, 96
Spyware, 136
Supercomputadores, 21-23
Supermercados, 88
Surge um concorrente, 27

T

Técnicas de marketing no Governo, 30-31
Telegramas, 85
Televisão, 82-83
Tempo, 73
Teoria da confiabilidade, 105-108
Terceira geração, 17
Terceirizar ou fazer em casa?, 198-199
Tipos de falhas e custos, 108-109
Trabalhando com documentos sigilosos em segu-
    rança, 146, 207-215
Trabalho, 76-77
Transação eletrônica segura, 94-95
Tratamento médico, 113
Três gerações de computadores, 15-17
Três módulos básicos, 37-38
Trojans, 132-135

U

Universidades e escolas, 80-82
Usando CDR com dados externos, 213-214
Usando knoppix, 209, 211

V

Varejistas, 88
Vendedor, 93

Vendedores ambulantes, 88
Viagens espaciais, 114
Videolocadora, 82
Virtualização, 55
Vírus financeiro, 124
Virus, 132-135

W

Wannabe, 127
Web Design, 96-98
White hackers, 127
Worms, 132-135